职业教育课程改革规划教材

网店运营实训

李玉梅　李玉显　主　编

张金玲　侯卫芹　白雯雯
周　原　马甜甜　闫　宁　副主编

山东科学技术出版社
·济南·

图书在版编目（CIP）数据

网店运营实训 / 李玉梅，李玉显主编 . —济南：
山东科学技术出版社，2018.3（2022.1 重印）
ISBN 978-7-5331-9252-5

Ⅰ . ①网…　Ⅱ . ①李…　②李…　Ⅲ . ①网店—
商业经营　Ⅳ . ① F713.365.2

中国版本图书馆 CIP 数据核字(2018)第 025150 号

网店运营实训

WANGDIAN YUNYING SHIXUN

责任编辑：邱赛琳　焦　卫
装帧设计：李玉颖　孙　佳

主管单位：山东出版传媒股份有限公司
出 版 者：山东科学技术出版社
地址：济南市市中区英雄山路189号
邮编：250002　电话：（0531）82098088
网址：www. lkj. com. cn
电子邮件：sdkj@sdpress.com.cn
发 行 者：山东科学技术出版社
地址：济南市市中区英雄山路189号
邮编：250002　电话：（0531）82098071
印 刷 者：高密市现代印刷有限公司
地址：山东省高密市南人工湖南侧利群路 3799 号
邮编：261500　电话：（0536）2356908

规格： 16 开（184 mm × 260 mm）
印张： 13.5　　**字数：** 280千
版次： 2018 年3月第1版　　2022年1月第4次印刷
定价： 39.80元

前言

电子商务行业的迅猛发展对一线岗位的技术型、应用型人才需求呈井喷式增长。作为培养企业一线人才的职业院校，如何满足企业需要，培养具有一定的理论水平、较高的操作技能和创新意识、创新能力的合格人才是我们研究的方向和课题。

《网店运营实训》是电子商务专业核心课程之一，本课程基于网店运营的工作过程设计，从店铺策划、店铺开设、店铺管理、店铺推广的流程设计教学内容，主要服务于电子商务领域的网店美工、网店运营、网店客服等工作岗位。

教材编写从教学实际需求出发，合理安排知识结构，循序渐进地认识和练习经营网店的方法和技巧。本书共分为8个项目：项目一，介绍电子商务的主要模式及代表性平台；项目二，介绍网上开店的流程以及网店的设置方法；项目三，介绍淘宝PC端网店的装修技巧；项目四，介绍淘宝无线端网店的装修方法；项目五，介绍天猫淘宝网店站内的推广与营销；项目六，介绍站外推广与营销的渠道和方法；项目七，介绍微店和微商城的开通与优化技巧；项目八，介绍网店客服的流程和技巧。推荐课时安排见下表：

项目	重点内容	教学课时
项目一 电子商务基础与网络零售	1. 电子商务主要模式分析 2. 网络零售及平台选择	4学时
项目二 网上开店	1. 店铺开通流程 2. 店铺设置 3. 发布宝贝	8学时
项目三 淘宝PC端网店装修	1. 店铺配色、页头和页面信息 2. 旺铺基础装修模块 3. 页面布局设计及模板管理 4. 图片空间的管理与应用 5. 店招的设计及上传 6. 详情页设计和主图制作	30学时

（续表）

项目	重点内容	教学课时
项目四 无线端网店装修	1. 无线淘宝店铺首页装修 2. 店铺动态和分类	6学时
项目五 网店推广与营销	1. 直通车推广 2. 淘宝客推广 3. 钻石展位推广 4. 打造网店单品爆款	24学时
项目六 站外推广与营销	1. 微信营销 2. QQ营销 3. 微博营销	20学时
项目七 微商城	1. 微店 2. 有赞微商城	8学时
项目八 网店客服	1. 客服流程 2. 客服技巧	8学时

本教材根据职业学校学生思维敏捷、动手能力强但知识基础比较差的特点，在编写上摒弃了枯燥的理论和技术，力求知识点短、精、简，用图表、插图等多种表现形式，做到通俗易懂。八个项目的学习，让学生不仅能掌握电子商务基础知识和技能，还能掌握并熟练操作网店运营各个环节的业务流程。

参加本教材编写的教师多年奋战在教学一线，教学经验丰富，对学生学情研究透彻，编写的教材符合学生实际，利于学生的学习和接受。本教材得到电商企业栾澜、郭欣两位领导的指导，使本教材的应用性更切合企业需求。由于时间所限，在编写过程中肯定有许多不尽如人意的地方，还请广大读者提出宝贵的意见和建议，以便再版时修订。

编　者

2017年12月

目录

项目一　电子商务基础与网络零售

项目导读

电子商务广泛应用于各个领域，人们从网上发布信息、招揽生意，到直接把店铺开到了网上，它已经变成了一种行业的表现形式。随着网络交易规模的扩大，支持网络交易的平台也相继涌现，在互联网交易领域发挥着各自独特的作用。各网络平台的不同优势也对客户如何根据自身商品特点有针对性地做出选择提出了挑战。知己知彼，方能百战百胜。了解电商的发展趋势和电商平台的特点，是经营好电商产品的前提。

案例导入

2016年3月21日14时58分37秒，阿里巴巴集团2016财年零售交易总额突破3万亿元人民币，有望在财年内超越沃尔玛，跃升成为全世界最大的零售平台。同时阿里巴巴为数百万大学生和年轻人提供了创业机会，带来了1500万个直接就业机会，以及3000万个以上的间接就业机会。这标志着以沃尔玛为代表的传统商业时代结束，阿里巴巴所引领的新商业时代走到了舞台中央。

学习目标

- 掌握电子商务的含义。
- 掌握电子商务的主要模式及其应用。
- 熟练掌握代表性网络平台的特点。

任务一　初识电子商务

任务描述

学习电子商务的定义及组成，了解电子商务的分类，能够区分电子商务和传统商务，了解电子商务的产生和发展，对电子商务的发展现状及应用前景进行分析。为今后系统学习电商知识奠定理论基础。

任务目标

知识目标：理解电子商务的含义、特点与分类，了解电子商务的起源与发展，熟悉电子商务的发展趋势，理解电子商务的应用。

技能目标：能利用互联网进行初步的购物体验。

情感目标：能够利用互联网不断学习新知识、新技术，有一定的创新意识，具有电子商务行业的敏感度，善于捕捉相关电子商务行业的最新信息。

任务实施

一、电子商务的含义

电子商务的主要成分是“商务”， 是在“电子”基础上的商务。电子商务的前提是商务信息化，电子商务的核心是人，电子商务的出发点和归宿是商务，商务的中心是人或人的集合。电子商务的含义有广义和狭义之分，见表1–1–1。

表1–1–1　电子商务含义

电子商务名称	简称	含义	举例
广义的电子商务（Electronic Business）	EB	利用包括Internet、Intranet等各种不同形式的网络在内的一切计算机网络进行的所有商贸活动都归属于电子商务	电子教务、电子公务、电子医务等
狭义的电子商务（Electronic Commerce）	EC	指人们利用电子化手段进行以商品交换为中心的各种商务活动	电子广告、电子交易、电子合同、企业网络营销、网络广告、网上谈判、网上购物等

二、电子商务的分类

电子商务有多种分类方式，按照不同的标准，可以划分为不同的类型：

（一）按交易对象分类，如图1–1–1所示。

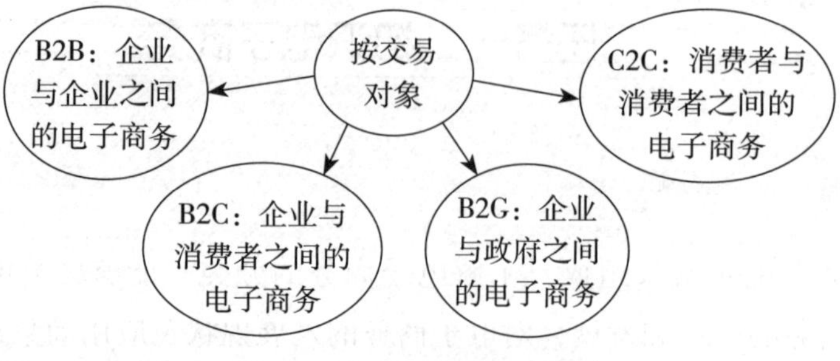

图1–1–1　电子商务按交易对象分类

（二）按使用网络类型分类

根据开展电子商务的企业所使用的网络类型不同，可以将电子商务分为以下三种形式：

1. 基于EDI（Electronic Data Interchange）的电子商务，EDI是指电子数据交换。

2.基于Internet（因特网）的电子商务：Internet是指利用互联网开展的电子商务活动。

3. 基于Intranet（内联网）的电子商务： Intranet指的是企业内部网，或称内联网。

（三）按交易的商品内容分类

1. 有形产品（或称间接电子商务）。有形商品指的是实物商品，这种商品的交付不能通过计算机网络实现。有形商品的电子商务模式指的是这种商品在互联网上进行交易，而实际交付仍然要通过传统的邮递服务来完成送货。例如：鲜花、书籍、食品、汽车等。

2. 无形产品（或称直接电子商务）。无形产品如信息、计算机软件、视听娱乐产品等，可以通过网络直接向消费者提供。

（四）按交易过程分类

1. 交易前电子商务。

2. 交易中电子商务。

（五）按电子商务用户使用的终端分类

1. 传统电子商务。传统电子商务是指以电脑（台式计算机、笔记本电脑）为终端，依托互联网开展的电子商务。这是目前普遍采用而且日益成熟的电子商务形式。

2. 移动电子商务。移动电子商务是指通过手机等小型、可移动的“口袋式”终端而开展的B2B、B2C、C2C的电子商务。

三、电子商务的起源与发展

（一）基于EDI的电子商务（20世纪60年代至20世纪90年代）

早在20世纪60年代，人们就开始用电报报文发送商务文件的工作；20世纪70年代，人们开始采用EDI作为企业间电子商务的应用技术，将业务文件按一个公认的标准从一台计算机传输到另一台计算机，由于EDI极大地减少了纸张票据，因此人们形象地称之为“无纸贸易”或“无纸交易”。

（二）基于互联网的电子商务

由于使用VAN的费用很高，仅大型企业才会使用，因此限制了基于EDI的电子商务应用范围的扩大。20世纪90年代中期以后，互联网迅速普及，其功能也已从信息共享演变为一种大众化的信息传播工具。

四、我国电子商务的发展趋势

展望我国电子商务未来的发展，纵深化、专业化、国际化、区域化和移动化将成为其发展的趋势。

五、电子商务的应用

（一）市场电子商务应用

以市场交易为中心的商务活动即市场电子商务。市场电子商务包括促成交易实现的各种商务活动，如网上展示、网上公关和网上洽谈等活动，市场电子商务的代表就是网上商店。

（二）企业电子商务应用

电子商务的应用落实到企业就是根据市场需求对企业业务进行系统化规范，并重新设计业务流程和基本架构，以适应网络知识经济时代的数字化运营。例如网上银行就是银行以互联网为基础提供的金融服务，其功能包括银行业务项目、商务服务、信息发布等。

（三）移动电子商务应用

移动电子商务就是利用手机及掌上电脑等无线终端进行的电子商务。它将互联网、移动通信技术、短距离通信技术及其他技术完美结合，使人们在任何时间、任何地点都能进行各种商务活动。

（四）社会电子商务应用

社会电子商务应用是整个社会经济活动都以互联网为基础，利用信息和通信技术，在大众公用计算机网络上有效实现行政、服务及内部管理等功能，“网上政府”所实现的也就是人们常常提到的电子政务。在电子政务中，最显著的应用就是政府网上采购和网上税收管理。

课后练习

练习一：判断。

A. 电子商务就等同于商务电子化；

B. 电子商务的模式只有四种：B2B，C2C，O2O，B2C；

C. 电子商务是以信息网络技术为手段，以商品交换为中心的商务活动；

D. 网络营销是电子商务的一种产物；

E. 构成电子商务的四要素是：商城、消费者、产品、物流；

F. 电子商务目前阶段仅仅只是指购物；

G. 电子商务是以网络为目的，以盈利为手段的；

H. 电商即使在各国或不同的领域有不同的定义，但其关键依据是依靠着电子设备和网络技术进行的商业模式。

练习二：电子商务的分类有哪些？各举例说明。

练习三：利用网络及相关资料进行调研，找出我国成立较早的5家电子商务公司，比较其平台、网站、经营范围和市场规模等情况，完成下表。

	公司名称	创始人	成立时间	经营范围	年交易额或目前市值（元）	成功或失败原因
1						
2						
3						
4						
5						
结论						

任务二　电子商务主要模式分析

任务描述

电子商务主要模式分析是进行电子商务课程学习必须掌握的内容，同时这也是我们进行电商操作必须掌握的基本知识。

任务目标

知识目标：理解电子商务三种模式的基本含义。

技能目标：理解电子商务模式的运营方式和盈利模式。

情感目标：具有电子商务行业的敏感度，善于捕捉相关电子商务行业、企业的最新信息。

任务实施

一、B2B交易模式概述

B2B电子商务模式，全称为Business to Business，是企业对企业的电子商务，具体是指互联网企业以提供互联网展示推广平台的方式，为跨行业的各类企业的即时沟通提供便利，同时也在线下为企业提供市场推广服务。

二、B2B交易模式的类型

B2B网站分类，见表1–2–1。

表1–2–1　国内B2B网站分类

模式	主要特征	行业应用
综合B2B模式	品牌知名度广，行业覆盖面广，大而全，服务泛而不精	阿里巴巴、慧聪网、中国制造网、环球资源网
垂直B2B	面向制造业或面向商业的垂直B2B（行业B2B）。垂直B2B可以分为两个方向，即上游和下游	中国化工网、中国服装网
水平B2B	面向中间交易市场的B2B（区域性B2B）。这种交易模式是水平B2B，它是将各个行业中相近的交易过程集中到一个场所，为企业的采购方和供应方提供了一个交易的机会	阿里巴巴、慧聪网、中国制造网、环球资源网等

三、B2B电子商务网站的盈利模式

网站盈利模式主要包括会员费、广告费、竞价排名和增值服务费等，如图1–2–1所示。

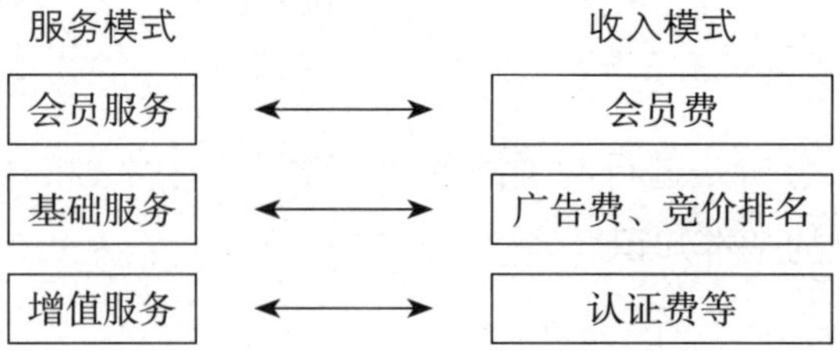

图1–2–1　B2B网站服务与收入分析

四、C2C电子商务模式的含义

C2C电子商务模式全称为Customer to Customer，是指消费者与消费者之间通过分类广告在电子商务在线交易平台上进行的个人商品拍卖。

五、C2C电子商务网站的盈利模式

C2C网站的盈利模式大致可以包括商品登录费、店铺费用、交易服务费、广告费、搜索费用和其他服务收费等，见表1–2–2。

表1-2-2　C2C电子商务网站盈利模式

盈利模式	收入的具体形式
商品登录费	产品图片发布费、橱窗展示费
店铺费用	年租费/月租费
交易服务费	按交易金额提成一定比例
广告费	推荐位费用、竞价排名
搜索费用	关键字搜索
其他服务收费	特色服务费、支付交易费、物流服务收费

六、C2C模式的交易流程

C2C模式的交易流程由卖方和买方系统共同完成。

卖方步骤如图1-2-2所示。

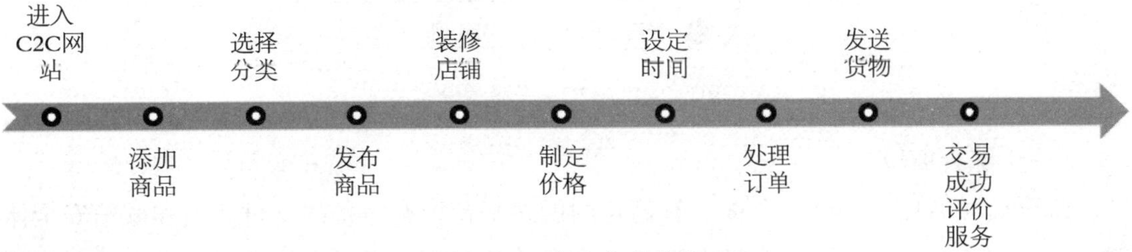

图1-2-2　卖方交易流程

买方步骤如图1-2-3所示。

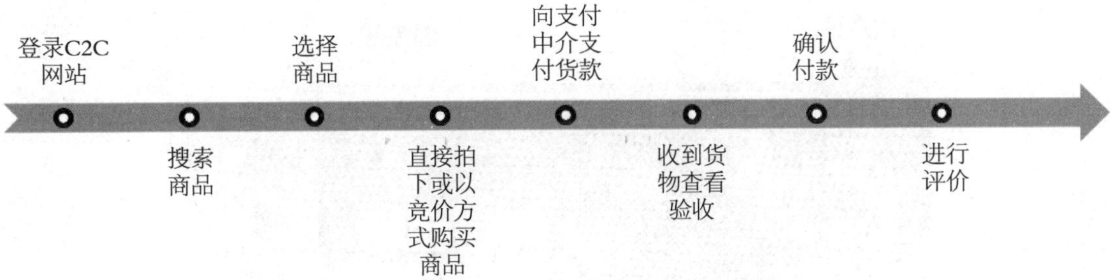

图1-2-3　买方交易流程

七、B2C交易模式概述

B2C模式全称为Business to Customer，是指企业与消费者之间的电子商务模式。该模式一般以网络零售业为主，企业通过互联网为消费者提供一个新型的购物环境——网上商店，消费者通过网络在网上购物、支付。

八、B2C交易模式的分类

根据不同的标准，B2C模式可以划分为不同的类型，目前较全面的是把B2C模式划分为以下几类，如图1-2-4所示。

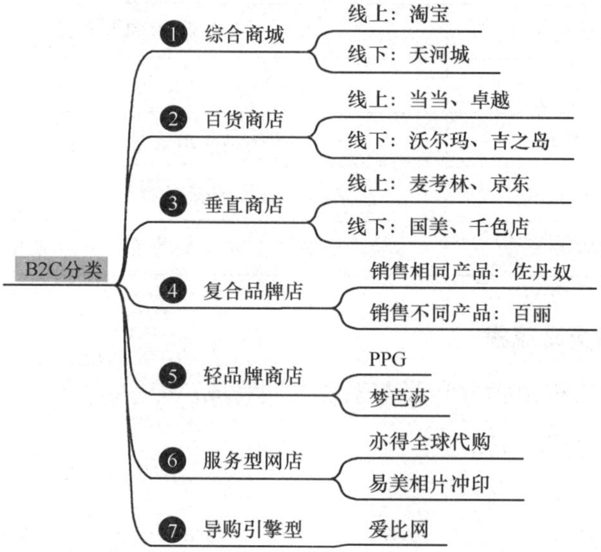

图1-2-4　B2C交易模式分类

（一）综合商城

综合商城有庞大的购物群体，有稳定的网站平台，有完备的支付体系和诚信安全体系，与传统商城一样，综合商城自身是不卖东西的，而是提供完备的销售配套。典型代表有天猫商城，如图1-2-5所示。

图1-2-5　天猫商城

（二）百货商店

百货商店只有一个卖家，由卖家负责提供满足用户日常消费需求的丰富产品线，类似于线下的沃尔玛、屈臣氏等大型超市，在线百货商店甚至会有自己的品牌。典型代表有当当网、亚马逊，如图1–2–6、图1–2–7所示。

图1–2–6　亚马逊网站

图1–2–7　当当网主页

（三）垂直商店

垂直商店销售的商品存在着很多相似性，要么是满足于某一人群，要么是满足某种需要，亦或是满足某个平台。在线垂直商店主要针对特定用户的特定需求，进行细分领域商品的专业化销售，相对于综合商城和在线百货商店，商品类型更为集中，并通常能为用户提供相关领域更专业的建议，更适合用户比价查询。典型代表有线上的麦考林、京东商城、中关村在线等，兼有线下的国美、苏宁易购等，如图1-2-8所示。

图1-2-8　中关村在线

（四）复合品牌店

随着电子商务的逐渐成熟，会有越来越多的传统品牌商以抢占新市场、拓展新渠道、优化产品线与渠道资源为目标加入电商市场。典型代表有线上线下销售相同产品的佐丹奴、线上线下销售不同产品的百丽，如图1-2-9、图1-2-10所示。

图1-2-9　佐丹奴

图1-2-10　百丽

（五）服务型网站

随着服务业的发展，为了满足人们不同的个性需求，服务型的网店也越来越多。典型代表有12306火车订票网、58同城网、肯德基的在线订餐等，如图1–2–11所示。

图1–2–11　12306火车订票网

（六）导购引擎型

导购类型的网站意在增加购物的趣味性和便捷性。目前我国诸多购物网站都推出了购物返现活动，少部分推出了联合购物返现，这些策略都是用来激发消费者的购物兴趣。典型代表：返利网。

（七）在线商品定制型

商品定制是互联网的新兴产业，很多客户可能只看中了商品的某一特点，却不得不花钱购买了整件商品，而商品定制可以完美地解决这一问题，它让消费者参与到商品的设计中，能够购买到自己真正需要和喜欢的商品。典型代表有忆典定制、网易印像派等，如图1–2–12所示。

图1–2–12　网易印象派

九、B2C模式的交易流程

B2C电子商务的交易流程大致可以分为用户注册、选购商品、支付结算和物流配送等4个过程，如图1-2-13所示。

图1-2-13　B2C模式交易流程图

课后练习

练习一：B2B、B2C、C2C交易模式的含义。

练习二：以下描述中，哪些是B2B模式的优点，哪些是B2B模式的缺点？

A. 业界龙头主导；B. 提升业者的竞争性；C. 向不认识的购货来源购买有风险；

D. 如果是供应商，可能必须要削价和同业竞争；E. 扩大客户群；F. 节约成本；

G. 迅速搜寻

练习三：对以下描述按垂直型B2C，综合型B2C和平台型B2C进行分类。

A. 中小企业“触网”首选；

B. 多个买方和多个卖方通过这个集认证、付费、安全、客服和渠道于一体的统一平台提供的相关服务完成交易的商业模式；

C. 天猫；D. 乐淘；E. “大”而“全”；F. 产品和服务的专业化；

G. 产品线结构非常丰富，拥有广泛的、忠诚的注册用户，以及众多的合作供应商；

H. “专”而“深”；I. 京东商城、当当网、亚马逊

练习四：对下列相应网站进行归类。

A. 淘宝；B. 天猫；C. 阿里巴巴；D. 当当网；E. 58同城；F. 京东商城；

练习五：以下哪些属于C2C网站盈利模式？

A. 下载收费；B. 商家展会；C. 广告费；D. 会员费；

E. 搜索排名竞价；F. 分站加盟；G. 支付环节收费；H. 交易提成

练习六：找到并浏览国内5家B2B电子商务网站，了解其经营范围、面向对象、交易流程与收入来源等，对B2B电子商务网站形成认识。

对B2B电子商务网站的认识

	网站名称	经营范围	面向对象	交易流程	收入来源
1					
2					
3					
4					
5					
结论					

练习七：对B2C网站做整体认识，利用搜索引擎搜索出4家电子商务企业，浏览它们的网站，并做出比较，填写下表。

B2C网站对比

	网站名称	服务种类	网站特色	盈利模式	市场规模
1					
2					
3					
4					
结论					

任务三　网络零售及平台选择

任务描述

了解网络零售及各平台的内容和交易的流程，为未来运用或从事电商工作打下基础。

任务目标

知识目标：了解网络零售的概念；理解与运用网络零售交易的一般流程。

技能目标：掌握网络零售交易的销售以及购物流程。

情感目标：有一定的创新意识，具有网络零售行业的敏感度。

任务实施

随着互联网的普及，电子商务应用在中国快速发展。我国网络零售的发展历史大致可以划分为如下三个重要阶段，见表1–3–1。

表1–3–1 网络零售发展历史阶段

序号	第一阶段（1999年）	第二阶段（2003–2005年）	第三阶段（2006年至今）
1	易趣（1999年）	淘宝（2003年）	凡客诚品（2007年）
2	当当网（1999年）	京东（2004年）	兰亭集势（2007年）
3	卓越网（1999年）	红孩子（2004年）	麦包包（2006年）

一、网络零售的概念

网络零售是指交易双方以互联网或其他电子渠道为媒介的商品交易活动，即通过互联网进行的信息的组织和传递，实现有形商品和无形商品所有权的转移或服务的消费。

二、网络平台类型

以B2C和C2C两大代表性平台为例。我国代表性B2C网络零售平台比较如下，见表1–3–2。

表1–3–2 我国代表性B2C网络零售平台比较

涉及主要领域	B2C厂商	成立时间	有无自建物流	有无开展线下业务
百货类	当当网	1999.11	无	无
	卓越亚马逊	2000.5	有	无
家电3C类	京东商城	2004.1	有	无
	苏宁易购	2009.8	有	有
服装类	凡客诚品	2007.10	有	无

我国代表性C2C网络销售平台比较如下，见表1–3–3。

表1–3–3 我国代表性C2C网络销售平台比较

服务商	成立时间	支付工具	沟通工具	投资商
淘宝网	2003.5	支付宝	阿里旺旺	阿里巴巴
易趣网	2006.12	安付通	易趣通	美国ebay
拍拍网	2006.3	财付通	QQ	腾讯

三、自建网络销售平台

自建型网络销售平台是在互联网上进行商务活动的虚拟网络空间和保障商务顺利运营的管理环境，企业或商家可充分利用电子商务平台提供的网络基础设施、平台支付、安全平台、管理平台等共享资源有效低成本地开展自己的商业活动。例如海尔商城，如图1-3-1所示。

图1-3-1　海尔商城主页

四、第三方电子商务平台

第三方电子商务平台泛指独立于产品或服务的提供者和需求者，通过网络服务平台按照特定的交易与服务规范为买卖双方提供服务，如图1-3-2所示。

图1-3-2　淘宝网

课后练习

练习一：试对网络零售和传统零售进行比较，分析二者的优势和劣势。

练习二：自己任意申请注册一个零售网站账号，并完成一个完整的商品购物流程。

项目小结

本章主要介绍了电子商务的相关知识和网络零售的相关概念，学习了电子商务的主要模式及重要的网络平台，以及各网络平台的经营方式。学生们在理解了有关知识概念之后，为今后学习和掌握电子商务课程打下基础。

学习自测

任务模块	测试内容	学习自测	分值权重
综合素质	协作能力		10
	沟通能力		10
基本知识	电商基础知识		10
	电子商务的主要模式		20
	网络零售知识		10
操作技能	电商三个主要模式操作流程		30
	网络零售操作流程		10
学习感悟			

项目二 网上开店

项目导读

网上开店是指店主（卖家）自己建立网站或通过第三方平台，把商品（形象、性能、质量、价值、功能等）展示在网络上给顾客看，然后在网络上留下联系和支付方式，买卖双方相互联系，然后买家以汇款或网上银行的方式跟店主进行买卖，来达成交易的整个流程。

网购人群不断发展壮大，加上越来越多的人想利用这个机会实现自己创业的梦想，在这两方面因素共同作用下，网上开店形势十分火爆。本项目以在淘宝网开店为例，详细讲解账户的开通与认证、免费开店、店铺设置以及发布宝贝的方法。

案例导入

大学毕业的苗苗已经在网上做了半年多生意，她说："刚毕业的时候，一时没找到合适的工作，在一个朋友的启发下在网上开了家服装店。这个冬天棉衣服卖得特别好，现在天气转暖了，我又进了批彩色的隐形眼镜，今年流行戴这个，肯定卖得好。"苗苗还告诉记者，在网上开店很简单，先选定一个适合自己的电子商务网站，把身份证的复制件上传到网上，得到该网站客户服务部的确认，三天后网店就可以开张了。开店最重要的是小店的信誉度要高，得到顾客的好评越多，它在网上的排名就会越靠前，出于安全的考虑，顾客也多会选择在那些排名靠前的小店里买东西。关于收入，用苗苗的话来说，只要把握住了时尚潮流，再赢得良好的信誉，小店的人气肯定会越来越旺的，一个月下来不比上班族挣得少。

学习目标

- 掌握开通淘宝、支付宝账户的方法。
- 掌握淘宝、支付宝实名认证，开通店铺的流程。
- 熟练掌握设置店铺的方法。
- 掌握发布宝贝的流程。

任务一　店铺开通流程

任务描述

以在淘宝网开店为例，介绍如何成为淘宝会员，开通支付宝账户，并讲解支付宝和淘宝认证的方法，顺利开通店铺。

任务目标

知识目标：掌握注册淘宝和支付宝账户的流程，掌握支付宝和淘宝认证的流程。

技能目标：注册开通淘宝与支付宝账户，实名认证并开通店铺，发布宝贝。

情感目标：通过开通店铺，树立做事的科学性、严谨性，并激发继续学习的兴趣。

任务实施

一、注册淘宝会员

要在淘宝网上开店和购物，首先要注册成为淘宝会员。下面就来介绍注册成为淘宝会员的具体步骤。

步骤1：打开浏览器窗口，在地址栏中输入http：//www.taobao.com，打开淘宝网首页，单击左上角【免费注册】超链接，如图2-1-1所示。

图2-1-1　淘宝网首页

步骤2：进入如图2-1-2所示的页面，此时会自动弹出一个【注册协议】浮动窗口，里面包含了在注册之前需要了解的几个服务协议，此处应该认真阅读，了解协议内容，无异议后单击【同意协议】按钮，即可进入注册程序页面。

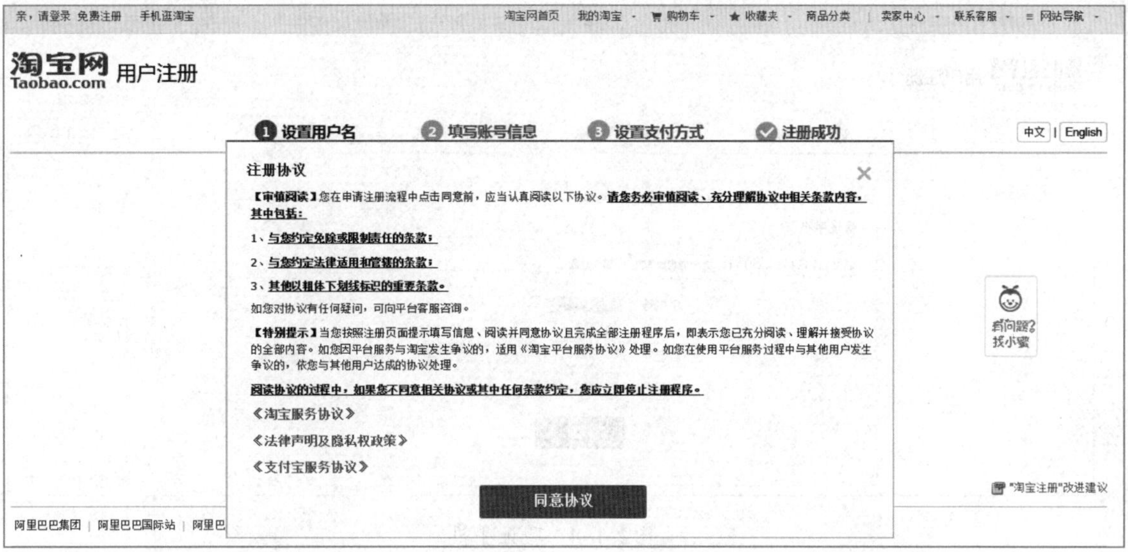

图2–1–2　注册协议

步骤3：单击上一步骤的【同意协议】后，进入到注册页面，如图2–1–3所示。此处输入有效的手机号，拖动验证滑块到右侧。通过后单击【下一步】按钮。

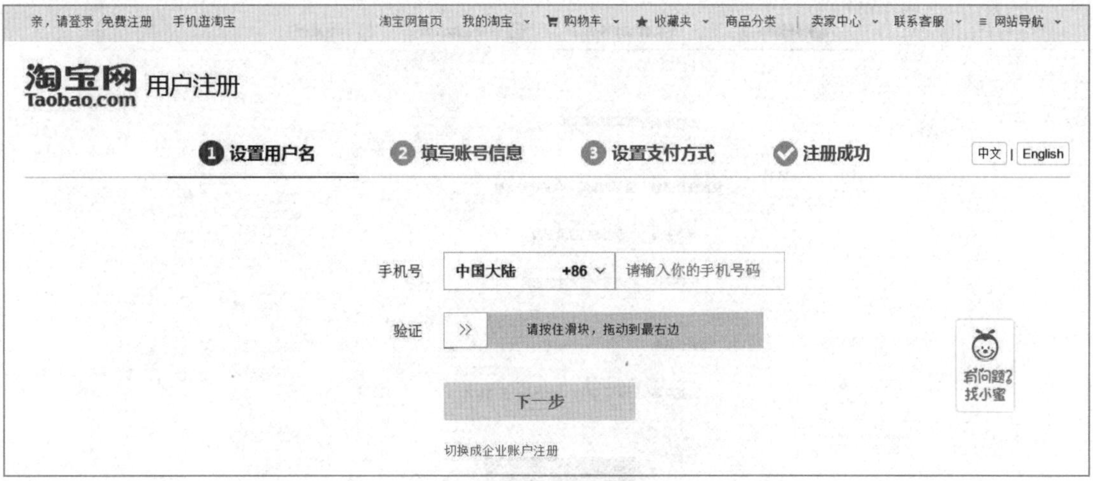

图2–1–3　注册页面

步骤4：进入到【验证手机】页面，如图2–1–4所示。输入发送到手机上的验证码，单击【确认】按钮。

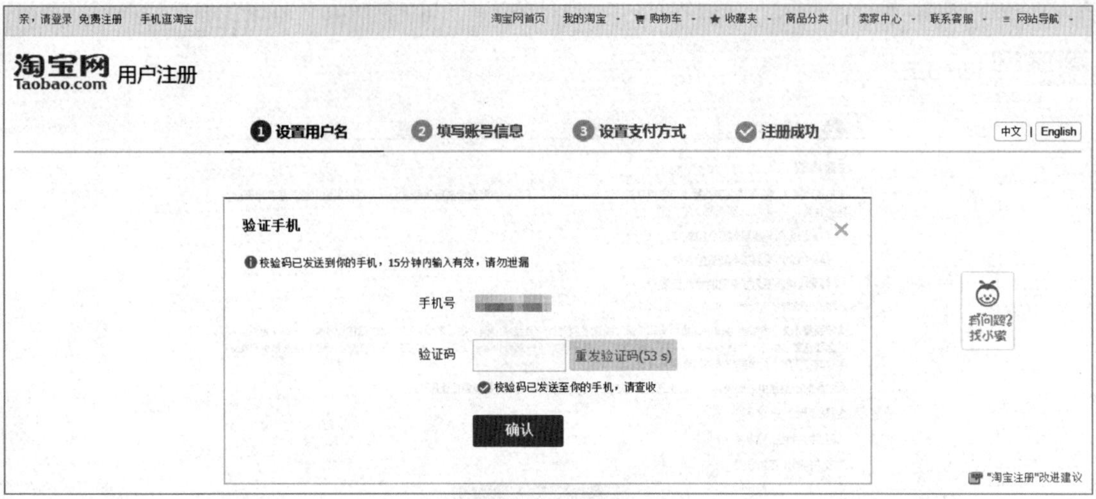

图2-1-4　验证手机

步骤5：进入到【填写账号信息】页面，如图2-1-5所示，按照设置密码规则设置密码，并填写登录名后，单击【提交】按钮。

图2-1-5　填写账号信息

步骤6：进入到【设置支付方式】页面，如图2-1-6所示。填写好银行卡号、持卡人姓名、证件号码和手机号码之后，单击【同意协议并绑定】按钮。

图2–1–6　设置支付方式

步骤7：在上一步骤中，单击【获取校验码】后，会在当前页面继续追加【设置支付密码】项目，如图2–1–7所示。填写好后单击【同意协议并确定】，即可注册成功，弹出注册成功页面。若单击【跳过，到下一步】，也可跳过步骤6、步聚7不填，直接注册成功。

图2–1–7　增加【设置支付密码】项目

步骤8：淘宝账号注册成功，如图2–1–8所示。

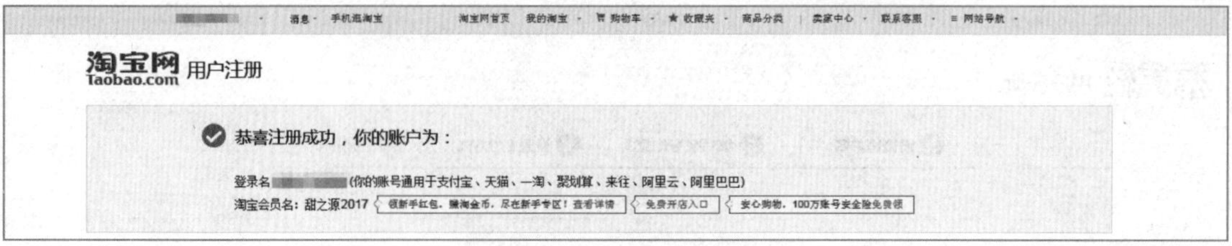

图2–1–8　淘宝账号注册成功

二、开通支付宝

支付宝是淘宝网推出的网上安全支付工具。它可以在买家确认收到货前，替买卖双方暂时保管货款。支付宝是联系买家、卖家和淘宝网的纽带，是一个中转站。它解除了买卖双方的后顾之忧，实现了最大限度的交易安全。要来淘宝买东西必须要成为支付宝的会员。

步骤1：使用刚刚注册的淘宝账号登录淘宝网，会弹出开通账户页面，如图2–1–9所示。向右侧拖动滑块，通过验证，单击【确定】。

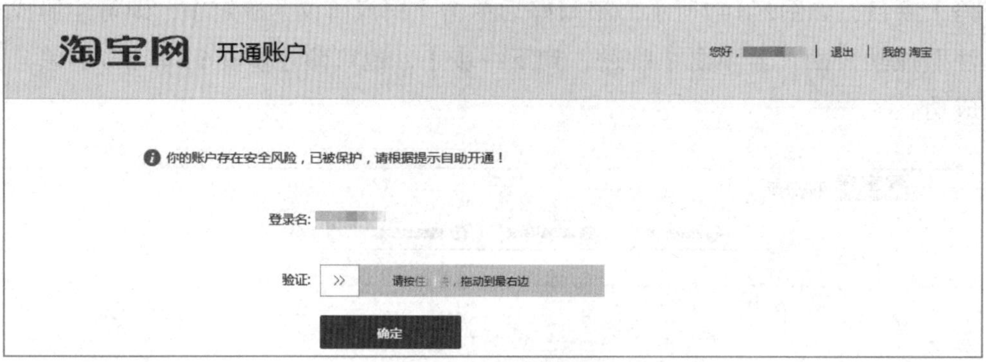

图2–1–9　开通账户页面

步骤2：进入淘宝网验证身份页面，在【通过实名认证】栏，单击【立即验证】按钮，如图2–1–10所示。

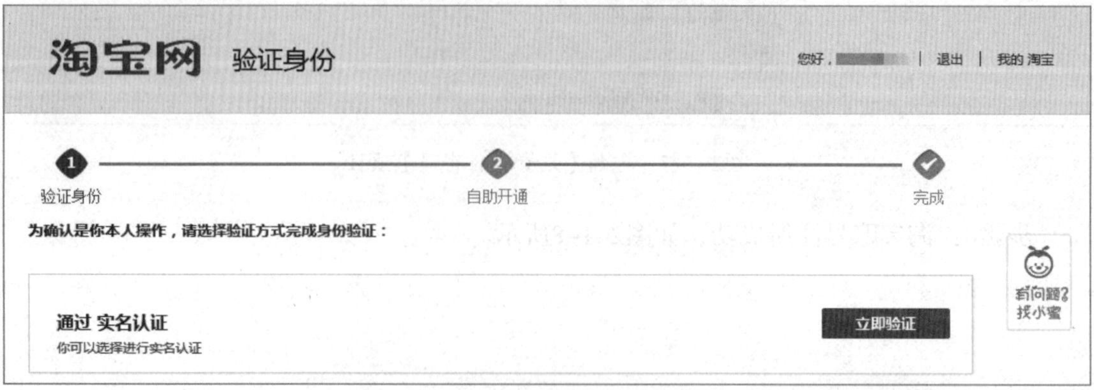

图2–1–10　验证身份

步骤3：弹出支付宝登录界面，如图2-1-11所示，使用刚刚注册的淘宝账号和密码登录。

图2-1-11　支付宝登录界面

步骤4：进入支付宝注册页面，填写设置身份信息，信息必须如实填写，填写完毕后，单击【确定】，如图2-1-12所示。

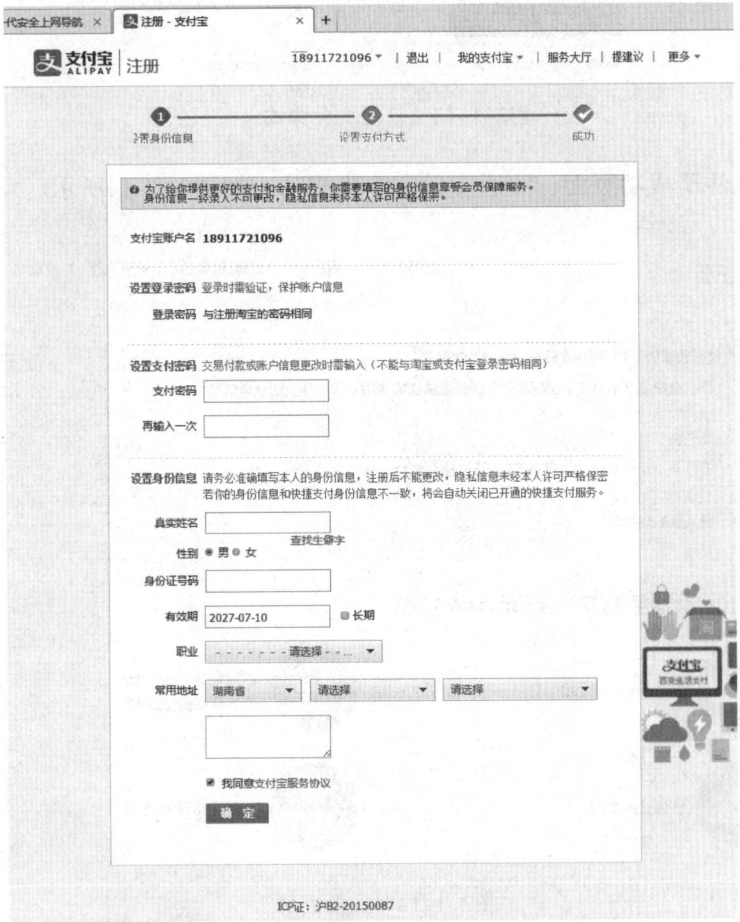

图2-1-12　支付宝注册，设置身份信息

步骤5：进入设置支付方式页面，填写关联的银行卡号等相关信息，此处需如实填写，并向银行卡预留的手机号发送验证码，输入收到的验证码后，单击【同意协议并确定】，如图2–1–13所示。

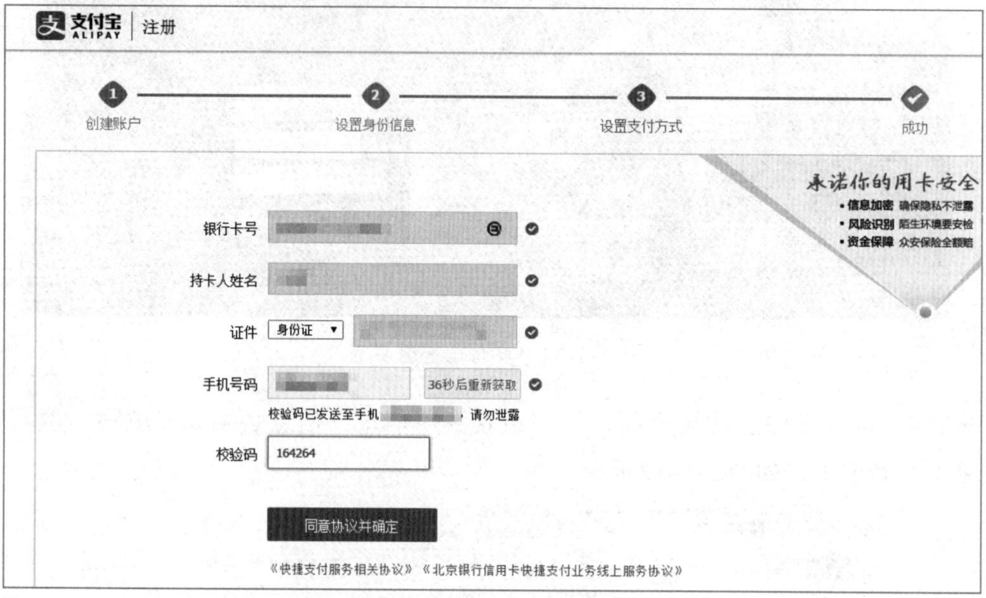

图2–1–13　设置支付方式

步骤6：进入注册成功页面，注册支付宝账户成功，如图2–1–14所示。

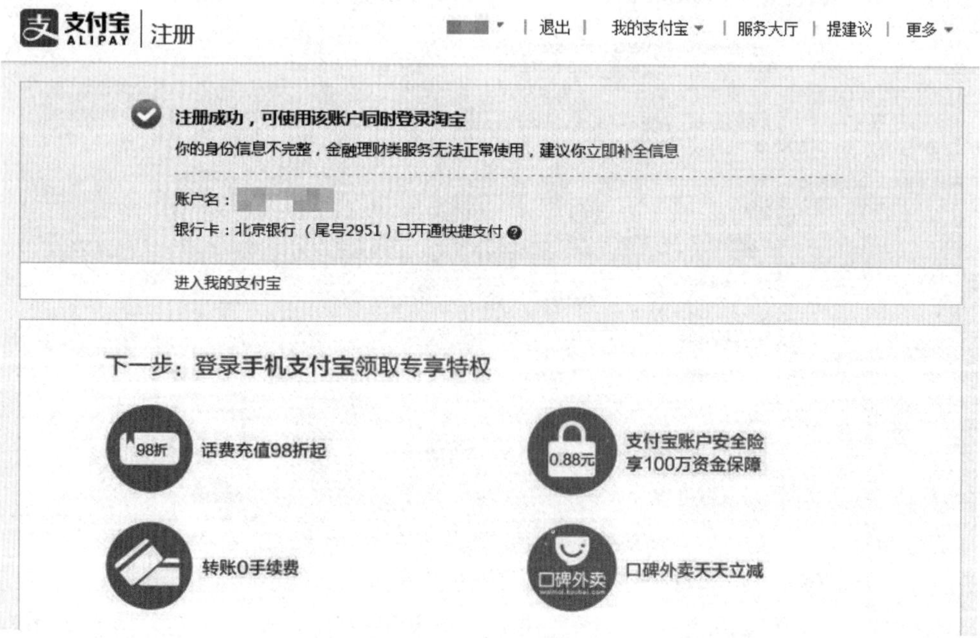

图2–1–14　注册成功

三、实名认证，开通店铺

淘宝网为了营造诚实可信的交易环境，为买卖双方设置了支付宝认证的程序。淘宝网通过会员提交的身份证或者营业执照等证件核实会员的真实身份，并与公安部门、银行系统接轨，防止交易欺诈行为的发生。支付宝实名认证是为了核实会员身份信息和银行账户信息，通过支付宝实名认证后，就相当于拥有了一张互联网身份证，有了这张身份证后您可以在淘宝网等众多电子商务网站开店、出售商品，增加支付宝账户拥有者的信用度。支付宝实名认证的具体操作步骤如下。

步骤1：登录淘宝账号，单击【卖家中心】——【免费开店】命令，如图2-1-15所示。

图2-1-15　淘宝首页

步骤2：进入卖家中心页面，根据实际需要，选择创建店铺的类型，这里以创建个人店铺为例进行介绍，单击【个人店铺】，如图2-1-16所示。

图2-1-16　免费开店

步骤3：进入开店协议页面，单击【我已了解，继续开店】，如图2-1-17所示。

图2-1-17　了解协议

步骤4：进入申请开店认证界面，因为支付宝和淘宝身份信息不完善，需要身份验证，包括支付宝身份认证和淘宝身份认证，单击支付宝处【立即认证】，如图2-1-18所示。

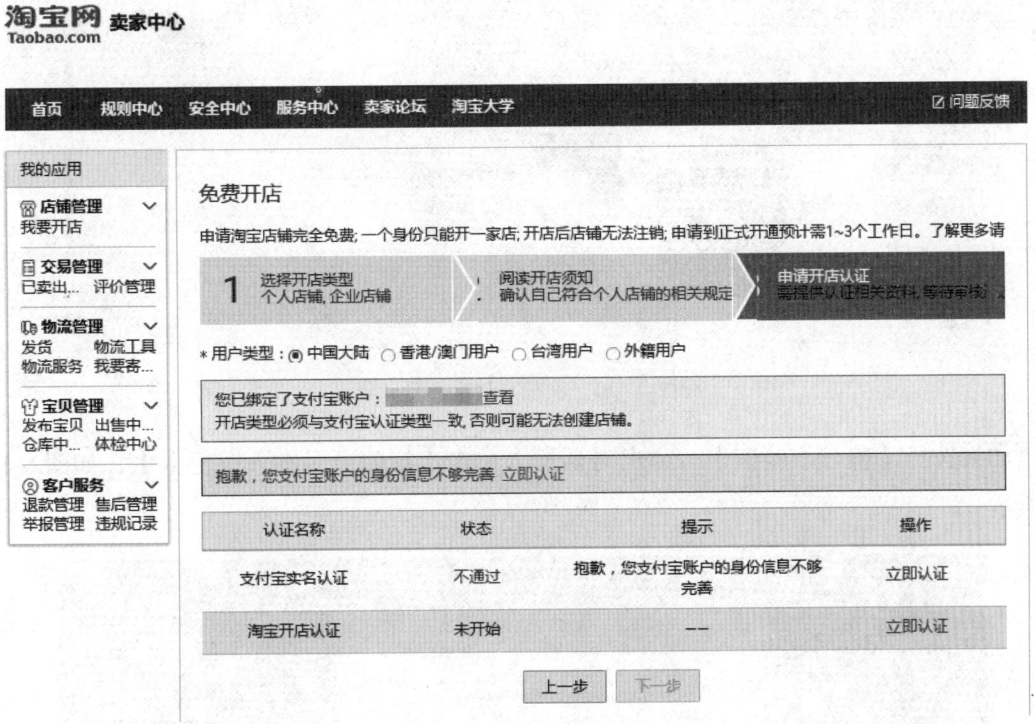

图2-1-18　申请开店认证

步骤5：进入支付宝身份验证界面，根据国家监管要求，支付宝需要完成5个可信渠道的身份验证才可通过卖家身份认证，这里提供两种认证方式，【扫脸验证】和【银行卡验证】，可根据需要任选一种，如图2-1-19所示。

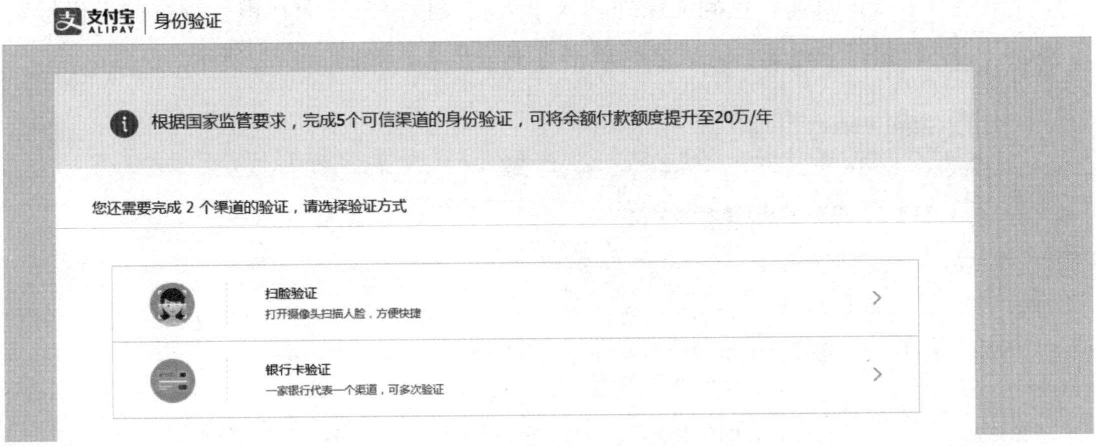

图2-1-19　支付宝身份验证方式

如果选择【扫脸验证】，打开手机支付宝APP，扫一扫二维码，然后进行人脸拍摄，进行身份验证，如图2-1-20所示。

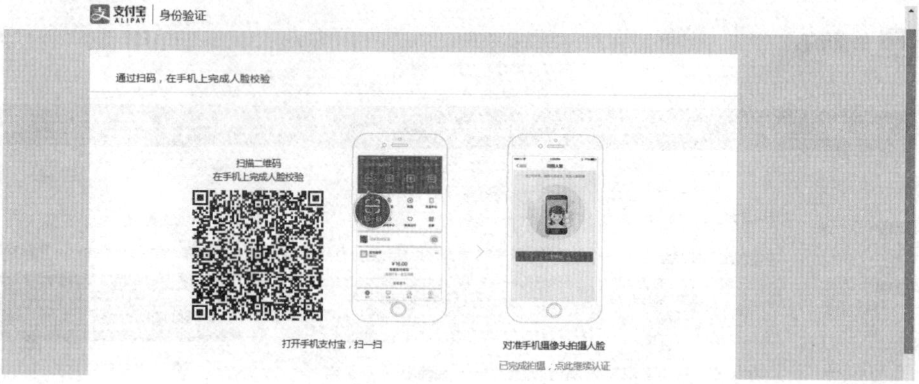

图2-1-20　手机支付宝扫脸认证

如果选择【银行卡验证】，弹出对话框，单击【校验更多本人银行卡】，如图2-1-21所示。

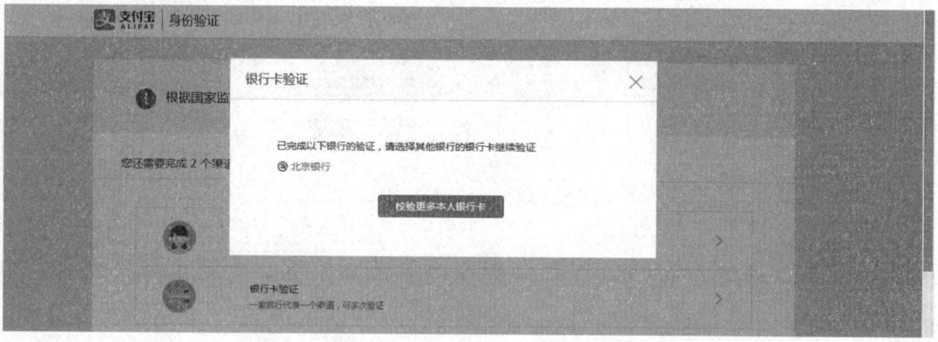

图2-1-21　校验更多银行卡

弹出银行卡验证页面，正确无误地输入本人相关信息，并向在银行预留的手机号发送验证码，进行银行卡验证，完成之后单击【下一步】，如图2-1-22所示。

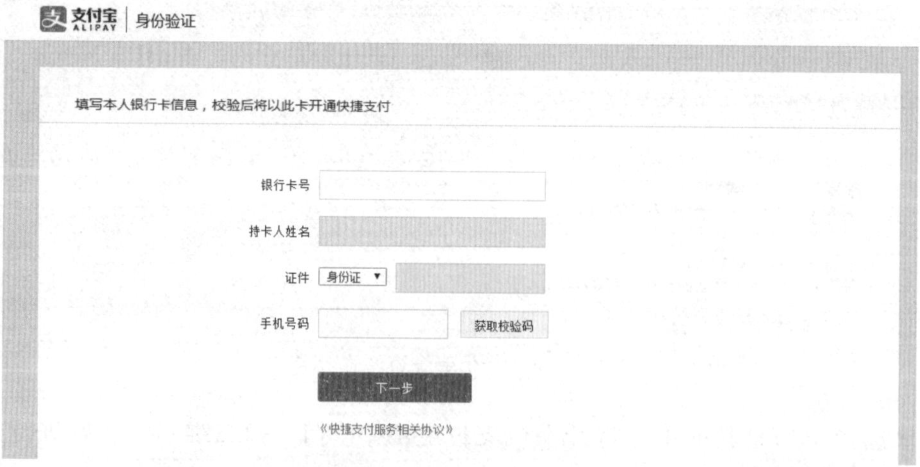

图2-1-22　银行卡验证

验证成功，支付宝要求验证5个可信渠道，需要继续验证，如图2–1–23。

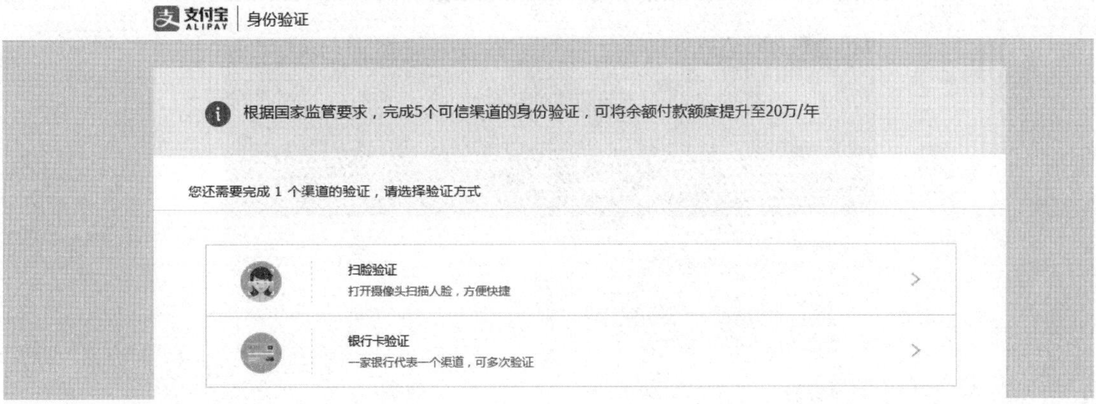

图2–1–23　继续验证

步骤6：支付宝认证成功，继续进行淘宝身份认证，单击淘宝开店认证处的【立即认证】链接，如图2–1–24所示。

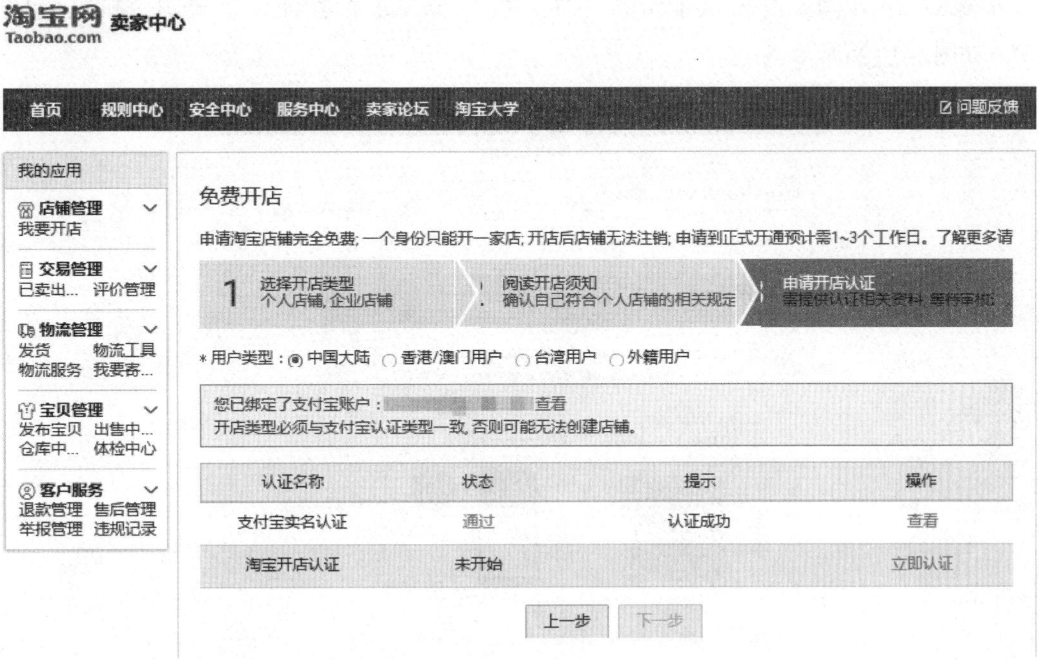

图2–1–24　淘宝开店认证

步骤7：进入淘宝认证页面，单击【立即认证】，如图2–1–25所示。

图2–1–25　淘宝身份认证

步骤8：进入淘宝身份认证资料界面，按照步骤进行验证，首先用手机安装钱盾APP，如图2–1–26所示。

图2–1–26　淘宝身份认证资料，首先用手机安装钱盾APP

步骤9：手机安装好钱盾APP，首次打开，需要设置手势密码，确保隐私安全，如图2–1–27和2–1–28所示。

图2-1-27　打开钱盾APP

图2-1-28　设置手势密码

步骤10：进入钱盾首页，点击左上角【扫一扫】，扫描淘宝身份认证资料页面的二维码，进入实人认证页面，如图2-1-29和图2-1-30所示，单击【开始认证】。

图2-1-29　单击左上角【扫一扫】

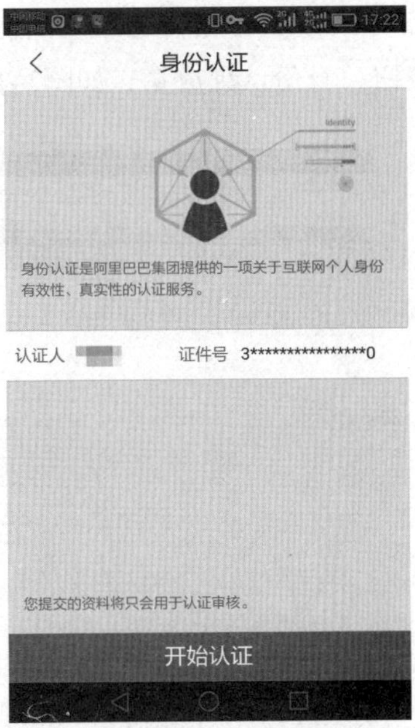

图2-1-30　单击【开始认证】

步骤11：进入人脸验证页面，单击【准备好了，开始】，按照要求做相关动作，进行人脸验证，如图2-1-31所示。

步骤12：人脸验证通过后，会进入拍摄身份证页面，如图2–1–32所示。按照要求拍摄好身份证的正面和背面，上传照片。

图2–1–31　开始人脸验证

图2–1–32　拍摄身份证照片

步骤13：拍摄照片上传通过之后，进入到填写地址页面，如实填写好地址，单击【提交】按钮，身份认证成功，如图2–1–33和图2–1–34所示。

图2–1–33　填写地址

图2–1–34　认证成功

步骤14：回到电脑端淘宝身份认证页面，会显示认证审核中，请耐心等待，淘宝会在三个工作日以内审核完毕，审核通过后界面如图2–1–35所示。单击【创建店铺】按钮。

图2–1–35　审核通过

步骤15：会弹出创建店铺成功界面，如图2–1–36所示。恭喜你，现在你已经在淘宝网上拥有了一个个人店铺了。

图2–1–36　创建店铺成功

课后练习

练习一： 注册淘宝及支付宝账户。

练习二： 实名认证，创建个人店铺。

任务二　店铺设置

任务描述

介绍店铺的基本设置操作，包含店标、店铺名称、店铺的经营类目、店铺简介等内容。

任务目标

知识目标：掌握店铺设置包含的内容。

技能目标：熟练掌握设置店铺的操作方法。

情感目标：根据顾客需求设置店铺，通过同学之间的交流增强学习的自信心。

任务实施

淘宝的店铺管理平台完全是可视化操作，非常方便商家进行店铺的日常维护和管理。这样可以分别单击淘宝店铺和手机淘宝店铺进入设置。手机淘宝是淘宝公司的手机门户网站，拥有网页版本和客户端版本，是对淘宝店铺非常好的一个补充，只要卖家开通了手机淘宝店铺，买家就可以通过手机上淘宝进行浏览和购买。

步骤1：打开淘宝网首页，登录淘宝账户，单击【卖家中心】，进入店铺，如图2-2-1所示。淘宝分配的店铺名称是一串字母、符号和数字的组合。

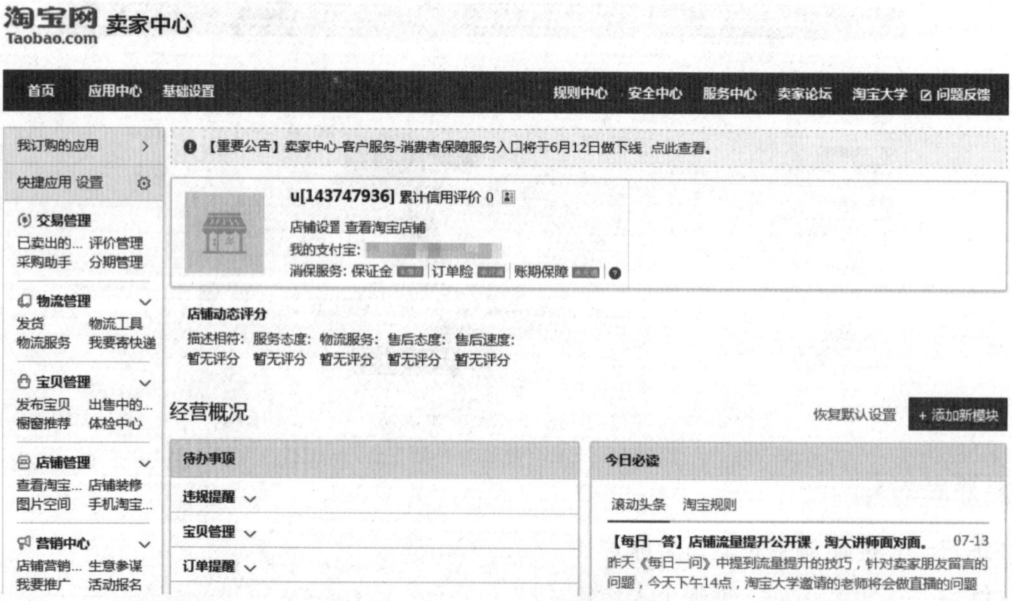

图2-2-1　进入卖家店铺后台

提示：“卖家中心”是卖家店铺的“总控制室”，几乎所有的操作都可以从“卖家中心”进入，无论是交易处理、客户服务、推广营销还是店铺装修都可以在这里找到入口。“卖家中心”有横纵两排入口，横向是“经营概况”“资金管理”“店铺数据”等，是卖家了解店铺经营、资金、数据等情况的窗口。纵向入口在“卖家中心”左侧，是卖家店铺内部管理的入口，也是卖家日常操作的最主要区域，包括交易管理、物流管理、宝贝管理、店铺管理、营销中心、货源中心、软件服务、淘宝服务和客户服务几个模块。其中，交易管理、物流管理、宝贝管理、店铺管理、营销中心这几个板块构成了我们日常网店运营的主要内容，是我们店铺的“大脑”。

步骤2：单击店铺名称下面的【店铺设置】链接，或者展开左侧【店铺管理】，单击其中的【店铺基本设置】，都可以进入淘宝店铺设置页面，操作如图2-2-2和图2-2-3所示，淘宝店铺设置页面如图2-2-4所示。

图2-2-2　店铺设置链接

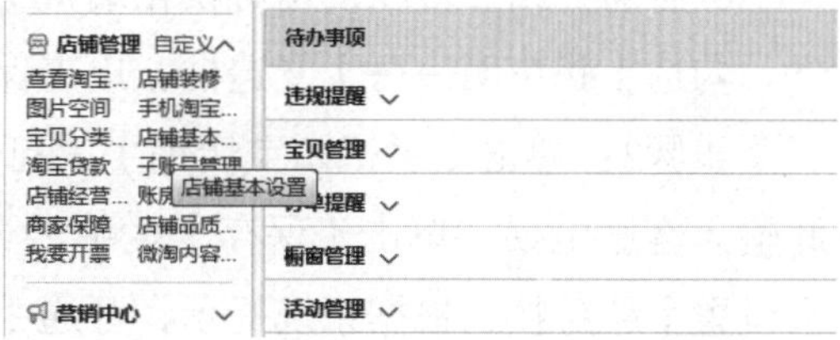

图2-2-3　店铺管理-店铺基本设置

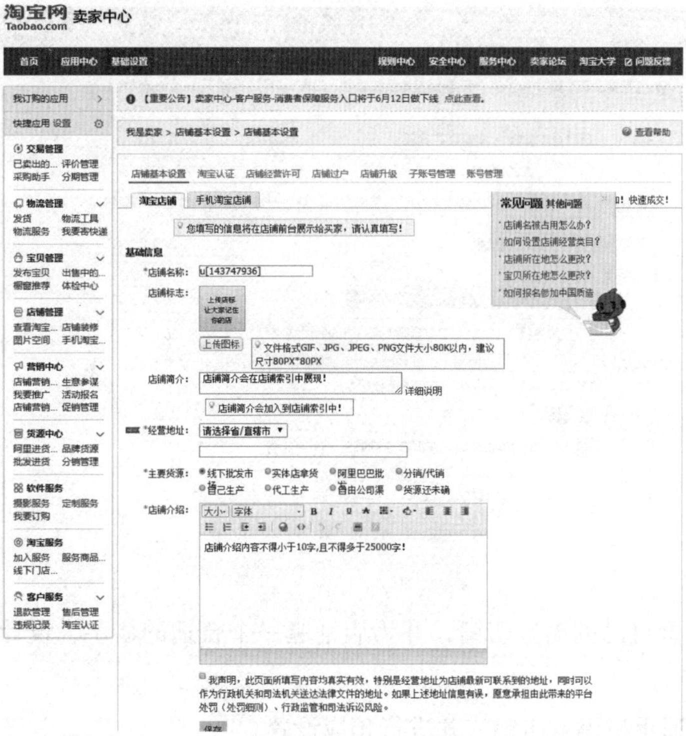

图2-2-4　淘宝店铺设置页面

接下来按照系统的提示一步步完成店铺的基本设置，其中前面带有“*”的是必填项。

1. 店铺名称：在给店铺起名字的时候，除了要参照淘宝的店铺名规则外，还要充分利用关键字来提高搜索概率。在店名里加入相应的关键字，根据经营情况来设计和优化店名，就可以使店铺被更多的人搜索到。

2. 店铺标志：从电脑硬盘里上传一个格式为gif或jpg、jpeg、png的图片文件，文件大小必须在80K内，图片的建议尺寸为80PX × 80PX。

3. 店铺简介：店铺介绍主要说明经营商品、品牌、属于什么风格特点等，要突出主题，介绍清楚店铺所经营的产品和产品性能、基本的售后服务和一些经销商态度，文字不要太多，要言简意赅，表达明晰。

4. 经营地址：填写自己店铺的地址。

5. 主要货源：根据自己的实际情况选择一个自己店铺货源的情况。

6. 店铺介绍：可以使用可视化编辑工具编辑店铺的介绍。

勾选【我声明……】复选框，单击保存，淘宝店铺设置完毕。

步骤3：单击【手机淘宝店铺】，打开手机淘宝店铺设置页面，如图2-2-5所示。在此输入客服电话，单击【保存】。单击页面中的【无线店铺装修】和页面底部的【马上去设置】超链接，根据系统提示，开通手机店铺并进行装修设置等。

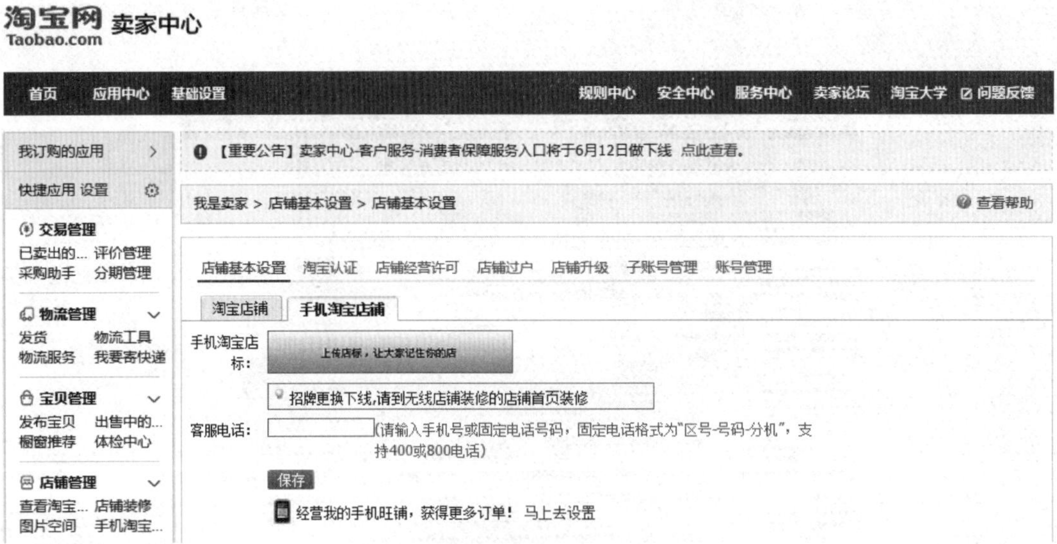

图2-2-5 手机淘宝店铺设置

课后练习

练习一：设置自己的淘宝店铺，并为店铺起一个合适的名字，设计一款简洁大方的店标。

练习二：开通手机淘宝店铺，并进行相应设置。

任务三 发布宝贝

任务描述

有了自己的店铺，就可以向店铺中发布宝贝，在网络中出售了，本节课主要讲述发布宝贝的操作方法。

任务目标

知识目标：掌握宝贝发布包含的内容。

技能目标：掌握发布宝贝的操作流程。

情感目标：从客户角度考虑问题，养成良好的职业行为习惯，提升自己的职业境界。

任务实施

步骤1：登录淘宝账户，进入店铺，单击“卖家中心”左侧【宝贝管理】栏目中的【发布宝贝】，进入发布宝贝页面，如图2–3–1所示。这里有“一口价”和“个人闲置”两种方式，其中“一口价”是定价销售方式，“个人闲置”是个人闲置不用的二手商品，当前电脑端已经下线，改为手机端APP，这里以“一口价”方式为例讲解发布宝贝的流程。

图2–3–1 发布宝贝页面–类目选择

步骤2：选择合适类目，并单击【我已阅读以下规则，现在发布宝贝】，进入宝贝发布页面，如图2-3-2和图2-3-3所示。按照系统提示，填写好相应的信息，其中带有“*”的是必填项，单击【发布】按钮，即可成功发布宝贝。

提示：

1. 在发布商品前一定要先认真阅读淘宝网站的发布商品协议，然后再发布商品，以免以后带来不必要的麻烦。

2. 因为发布宝贝页面较长，在页面左侧，淘宝提供了整个页面的导航，点击相应导航，可快速跳到相应模块。

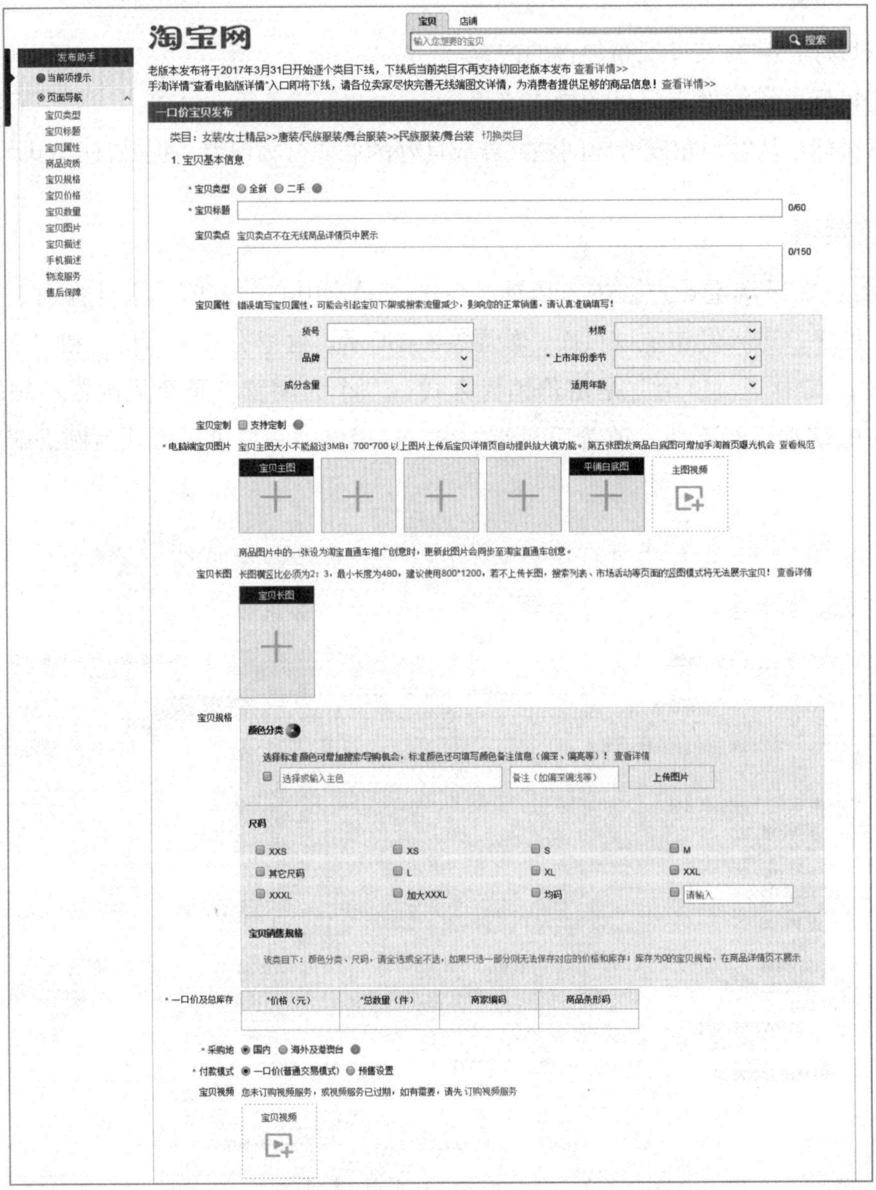

图2-3-2 发布宝贝

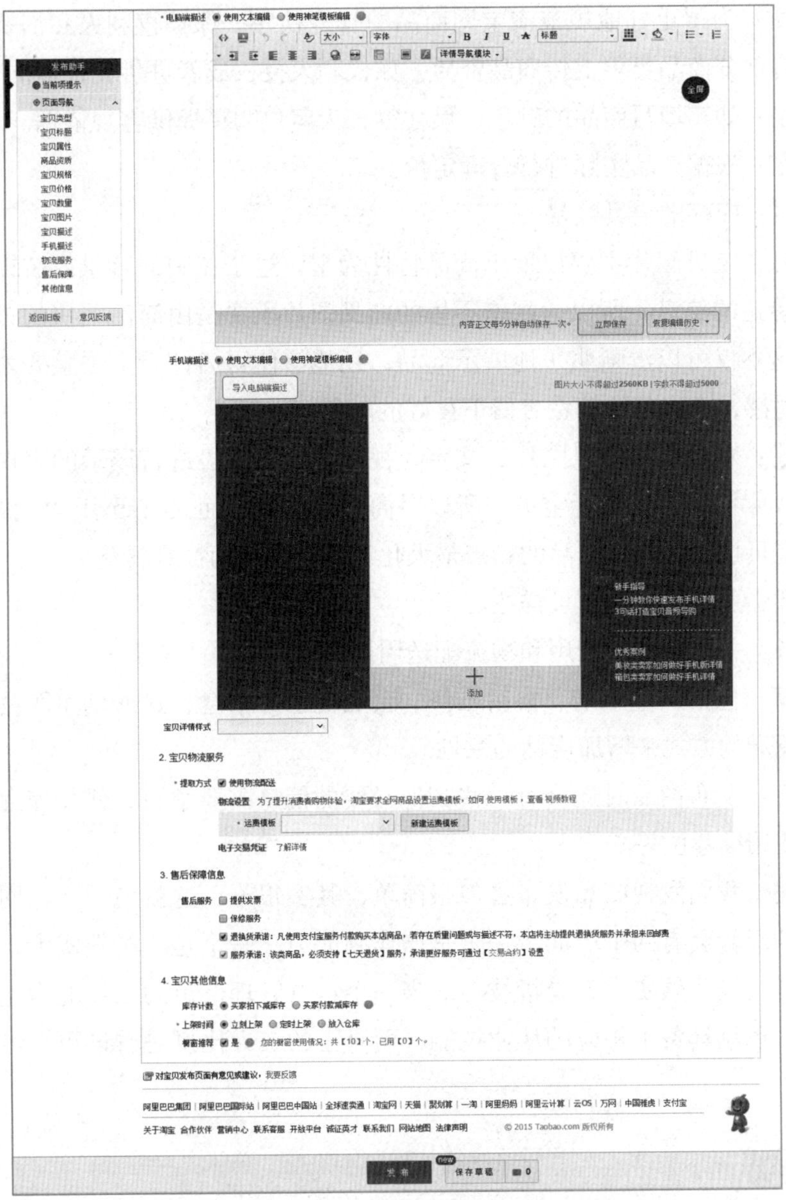

图2-3-3　发布宝贝

宝贝类型：分为“全新”和“二手”，根据商品实际情况如实选择。

宝贝标题：标题一定要方便客户搜索，并且尽可能突出产品的优势，把产品的优点都表现出来。淘宝规定宝贝的标题最长不能超过60个字节，也就是30个汉字，在组合理想的情况下，包含越多的关键字，被搜索到的概率就越大。

宝贝属性：就是产品的功能、特点等。要将宝贝的属性填写正确、完善、精准，同时将你的宝贝属性与你标题上的关键字做好对应关系，对你的宝贝排名有非常大的作用。做不好是有可能被降权的，所以，在上架宝贝前一定要完善好自己的宝贝属性。

商品资质：为了更好地规范淘宝网商品的管理秩序，保护权利人和消费者的正当权益，淘宝网对部分商品要求上传商品资质，如权利人授权或者进货凭证等。

宝贝规格：如实填写商品的颜色、尺寸等，为客户购买提供客观依据。

宝贝价格：根据产品实际进行合理定价。

宝贝数量：库存的宝贝数量。

宝贝图片：宝贝图片主要以展示商品特性为主，过于花哨的背景或装饰反而会削弱商品原本想传达的信息，所以，网络零售的商品图片主要是由简洁明快的背景和清晰的主体构成，这不仅可以清晰明了地展示商品，还能够使得店铺看上去整齐划一，增加了视觉上的舒适感，也容易给消费者留下良好的印象。

宝贝描述：对所售商品以图片、文字、视频等各种手段进行展示的表现形式。由于在网上购物买家们看不到实际宝贝，所以对商品做到详尽而又有吸引力的描述就至关重要。优秀的宝贝描述，能将产品的卖点最大化地展示，从而提高转化率。

手机描述：手机店铺的宝贝描述。

物流服务：关于邮寄的费用和物流配送周期的说明。

售后保障：包括质量承诺、售后维修、会员优惠等信息，这些信息既是给顾客安全感，也是用返利的方式来增加店铺的黏性。

其他信息：发布商品时还会有一些其他必要的信息需要填写，例如库存计数、上架时间和是否使用推荐位等。

综上所述，我们发现商品发布看似很简单，其实很难，这就说明，在网店的日常运营中，我们的经验会有两个层面，一个是操作硬能力，一个是职场软实力，简单地说，硬能力就是指技能，软实力就是指技巧。当一个运营管理人员的工作能力达到一定的熟练程度以后，也就具备了相应的从业技能，而真正的实力比拼是看谁更有经验，更有想法和执行力。

课后练习

请在自己的店铺中发布10个不同类目的宝贝，体会不同产品发布有何不同。

项目小结

本章阐述了淘宝网、支付宝会员的注册方法，并进行支付宝、淘宝的实名验证，开通个人店铺；然后重点介绍了店铺设置和发布宝贝的操作流程。开通网店的操作并不是难题，技术上并没有太复杂的问题，关键是经营运作。开通店铺后，店铺的设置、发布宝贝以及后续章节继续讲述的装修、运营等操作，都会对网店的经营业绩有直接的影响，因此，应努力提高自身的网店运营软实力，为成功开设网店做准备。

学习自测

任务模块	测试内容	学习自测	分值权重
综合素质	协作能力		10
	沟通能力		10
基本知识	了解淘宝、支付宝		10
	设置店铺的原则		10
	发布宝贝包含的模块内容		20
操作技能	淘宝、支付宝注册及认证		10
	开通及设置店铺		10
	发布宝贝		20
学习感悟			

项目三　淘宝PC端网店装修

项目导读

如今电子商务行业竞争越来越激烈，想要赢得一席之地必须费尽心思，从各方面入手做到极致，店铺的美观好比人的外表，店铺的内容好比人的思想，所以其重要性可见一斑。精美的店铺装修能吸引客户点击，引入流量、提升销售业绩，也能为买家提供便捷，让客户能简捷快速地找到需要的产品，增强购物体验，提高客户黏性。

案例导入

张莉做过几次创业都以失败告终，后来听说网上开店能够快速致富，通过精心考察，选择了梵大集团的笛梵洗护套装、OUO漱口水和泉立方洗衣片作为主打产品，在朋友的帮助下申请了淘宝网店。在参考了多家同类型的网店后，张莉想把自己的网店打造得漂漂亮亮的，但在选择了几个淘宝装修模板后发现有些模板的应用并不适合自己的网店产品。因不懂得网店装修技巧，有些模板的编辑修改也无从下手，于是张莉开始了解学习网店装修的一些常用技巧，按照自己的思路和要求装修网店，渐渐对网店装修也有了更多的心得体会，对网上创业成功也充满信心。

学习目标

- 掌握淘宝旺铺专业版的基本设置。
- 掌握淘宝图片空间管理技巧。
- 掌握淘宝基础页面的设计。
- 掌握宝贝详情页的制作方法。

任务一　店铺配色、页头和页面信息

任务描述

确定网店整体配色及网店页头、页面信息是网店装修过程中首先考虑的步骤和环节，要有大局观，从宏观方面确定整个店铺的装修风格。

任务目标

知识目标：掌握店铺配色，页头、页面信息设置方法。

技能目标：掌握页头及页面背景制作与下载。

情感目标：选择适合产品及网店风格的配色及页头页面背景，提升审美能力。

任务实施

步骤1：打开淘宝装修页。打开浏览器（对淘宝网店装修支持较好的浏览器是UC浏览器和Google浏览器），在地址栏中输入淘宝网址：www.taobao.com，使用注册的淘宝账号登录。若账号已经申请了淘宝店铺，在页面的上方单击【卖家中心】链接，如图3-1-1所示，进入卖家中心页面，如图3-1-2所示。

图3-1-1　淘宝顶部的导航

图3-1-2　卖家中心页面

步骤2：单击【卖家中心】页面中左侧栏目模块中店铺管理模块下的【店铺装修】链接，如图3-1-3所示，进入淘宝店铺装修页面，我们使用的是淘宝旺铺专业版，如图3-1-4所示。

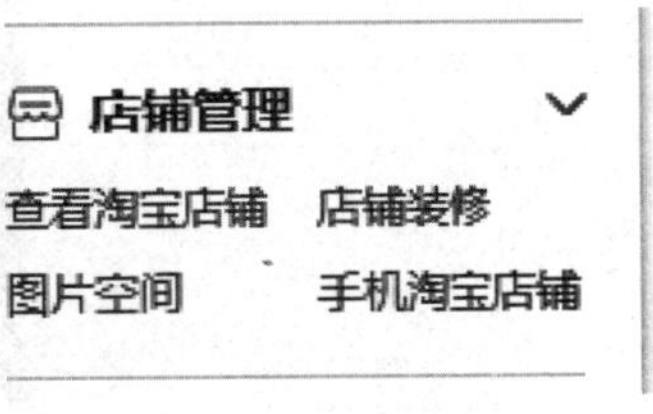

图3-1-3　店铺管理模块

图3-1-4　淘宝旺铺专业版装修页面

步骤3：单击配色选项，选择需要的配色方案。在这里选择和产品颜色相似的天蓝色作为店铺的主要配色，此时可以看到淘宝店铺栏目均变成了所选的天蓝色的配色模板，如图3-1-5所示。

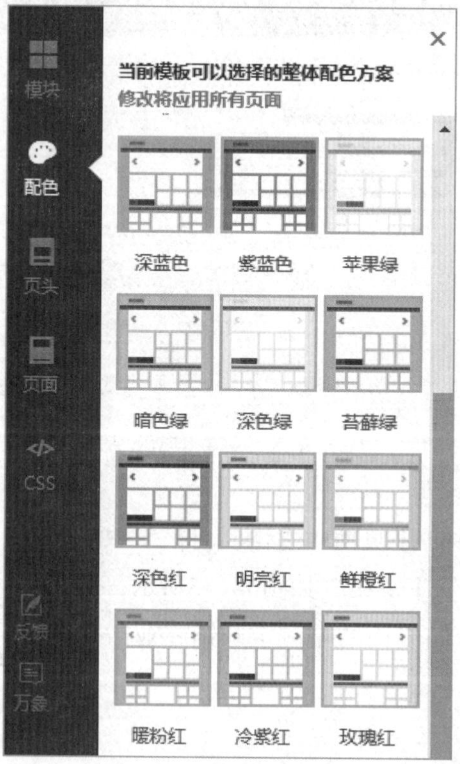

图3-1-5　选择配色方案

步骤4：单击【页头】链接选项，设置页头的背景颜色，设置网店的背景颜色为天蓝色#0090e8；开启页头下边距10PX。设置页头的背景图，背景显示设置为横向平铺，背景对齐选择左对齐方式，如图3–1–6所示。

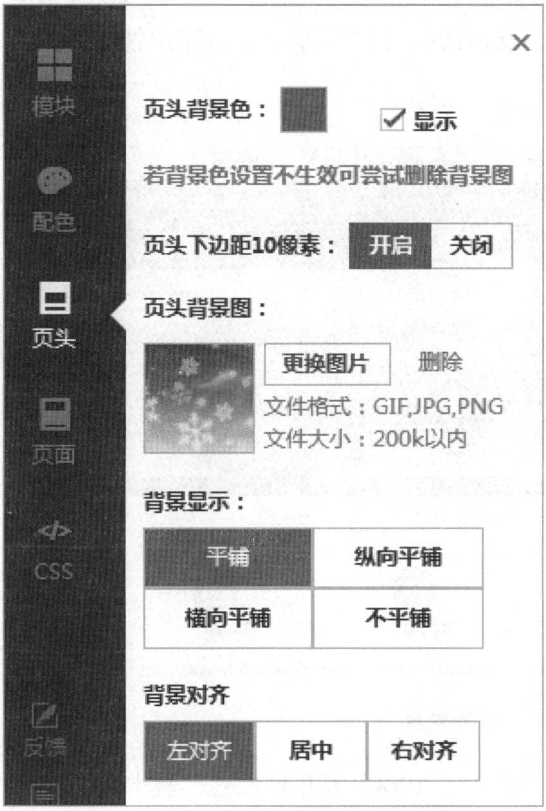

图3–1–6 修改页头信息

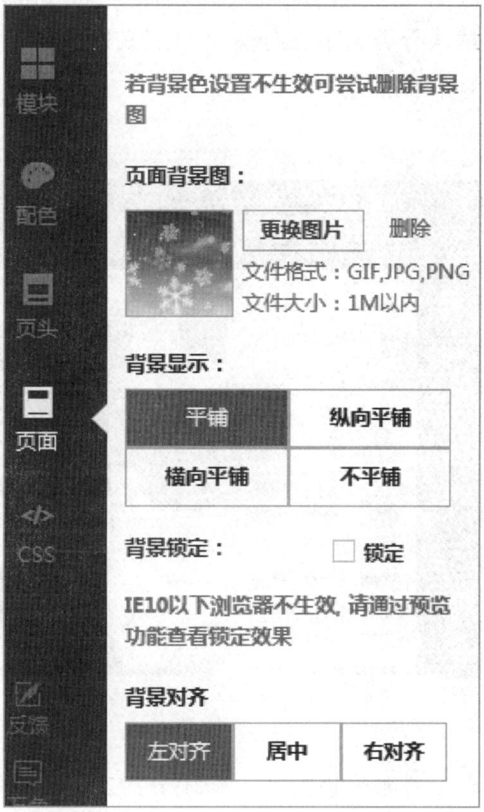

图3–1–7 修改页面信息

步骤5：单击【页面】链接选项，设置网店的背景颜色为蓝色#d4f1f7；设置页面的背景图，背景显示设置为平铺，背景对齐选择左对齐方式，如图3–1–7所示。

小提示：为了让网店风格一致，页头和页面的背景颜色或背景图是我们常使用相同的颜色或背景图。

课后练习

练习一：改变网店的配色方案为深蓝色。

练习二：改变网店的页头及页面背景图。

任务二　旺铺基础装修模块

小提示：在淘宝旺铺中系统默认的模块有很多，常用的有宝贝推荐、宝贝排行榜、默认分类、个性分类、自定义区、图片轮播、友情链接、宝贝搜索、店铺招牌等，如图3–2–1所示。

图3–2–1　淘宝装修模块

基础模板尺寸：模块分1920PX、950PX、750PX、190PX等几种尺寸，其中1920PX尺寸的模块只有淘宝旺铺智能版才有，对应专业版本的店铺有950PX、750PX和190PX，基础版的店铺只有190PX，因此如果店铺是专业版本的，除了1920PX的模块所有尺寸的模块都可以添加。基础版的只有750PX和190PX的模块，店铺招牌统一是950PX。

任务描述

淘宝装修基本模块是进行淘宝装修必须掌握的内容。本节学习如何使用这些基础模块来丰富充实网店内容。

任务目标

知识目标：掌握常用的网店基本模块的作用。

技能目标：掌握淘宝网店基础模块的使用方法。

情感目标：体验客户心理，网店不同位置设置不同的模块内容。

任务实施

步骤1：宝贝推荐模块的应用。宝贝推荐模块主要用于店长向顾客推荐本店热卖的宝贝，既可以根据店主意愿手动推荐也可以根据设定的条件自动推荐。

宝贝推荐模块有950PX、750PX、190PX三个尺寸，根据需要可以拖动宝贝推荐模块到不同的位置，具体操作方法是：直接拖动宝贝推荐模块到装修页面指定位置，松开鼠标后就可以看到编辑页面中显示出宝贝推荐的模块了。

编辑宝贝推荐模块：在宝贝推荐模块的右上方有编辑宝贝推荐模块的链接，直接单击【编辑】链接或双击宝贝推荐模块，如图3–2–2所示，就可以对宝贝推荐模块进行修改。

图3–2–2　宝贝推荐模块

单击【宝贝推荐】链接进入宝贝推荐编辑窗口，设置宝贝的推荐方式、推荐顺序、推荐宝贝的关键字，如图3–2–3所示。

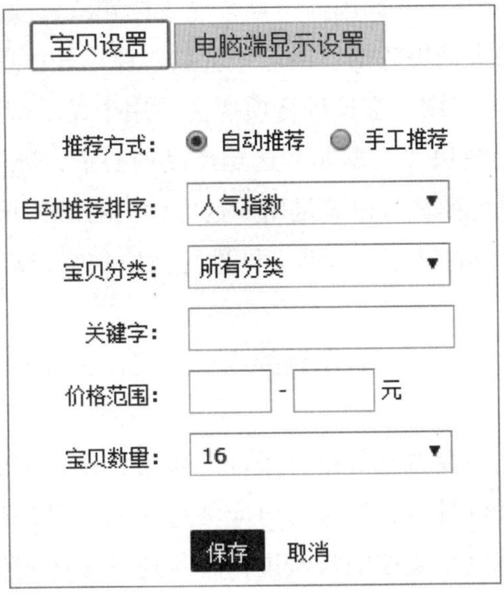

图3–2–3　宝贝推荐模块修改

单击【电脑端显示设置】链接，修改宝贝推荐模块在电脑端的显示设置方式，如图3–2–4所示。

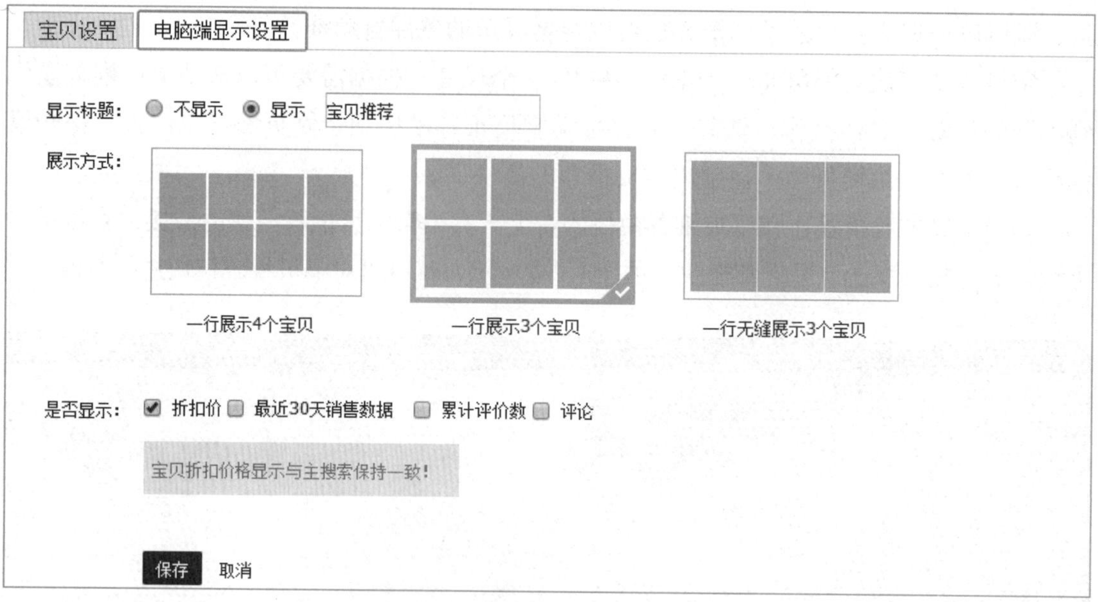

图3–2–4　宝贝推荐模块电脑端显示设置

● 推荐方式有自动推荐和手工推荐两种方式。自动推荐按照设置的条件自动推荐到页面，手工推荐可以根据店长的需要自助推荐宝贝。

● 设置宝贝推荐条件包括推荐排序、价格范围、关键字、推荐分类及推荐宝贝数量等。

● 宝贝推荐电脑端显示方式设置包括：是否显示标题或修改宝贝推荐标题；展示方式；是否显示折扣、最近30天销售数据、累计评价数、评论等信息。

步骤2：宝贝排行模块的应用。宝贝排行模块主要用于显示淘宝店铺宝贝销量和收藏的排行，是淘宝店铺的常用模块。根据顾客选购产品的心理，顾客会专门查看一个店铺中卖得最好的宝贝，宝贝排行模块可以满足用户这方面的心理需求。

宝贝推荐排行仅有190PX的尺寸。拖动宝贝排行模块到编辑窗口190PX的区域即可添加宝贝排行模块。

单击宝贝排行模块的右上方【编辑】链接或双击宝贝排行模块，可以打开宝贝排行模块的编辑窗口。

宝贝排行模块的编辑主要设置宝贝排行条件。包括：设置宝贝排行标签；对所有分类还是对某个分类的宝贝进行排行；对包含对应关键字的宝贝进行排行；对某个价格区间的宝贝进行排行。还可以设置是按照收藏进行排行还是按照销量排行以及是否显示最近30天的销量数据等，如图3–2–5所示。

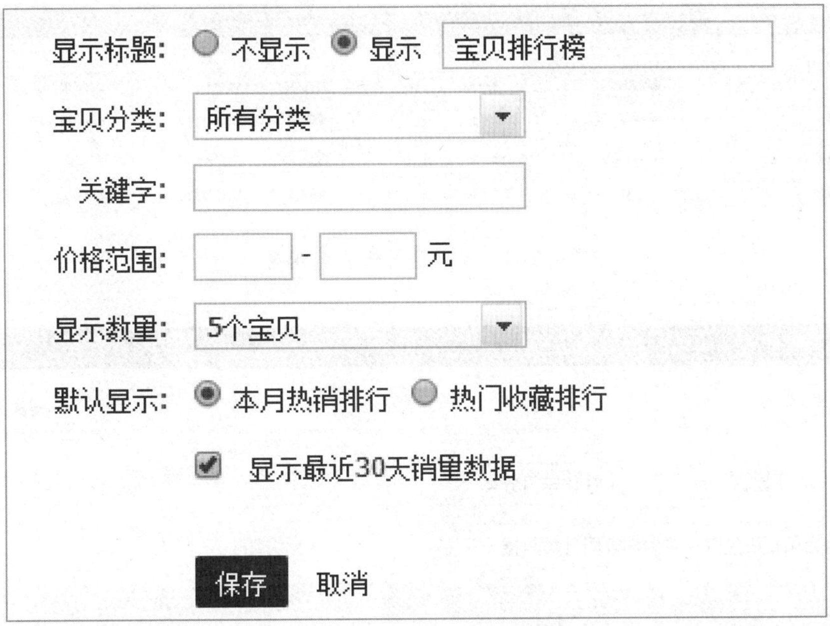

图3–2–5　宝贝排行模块编辑

步骤3：默认分类和个性分类模块的应用。宝贝分类模块和个性化宝贝分类模块没有本质区别，主要为了方便用户浏览店铺里的宝贝，如图3–2–6、图3–2–7所示。

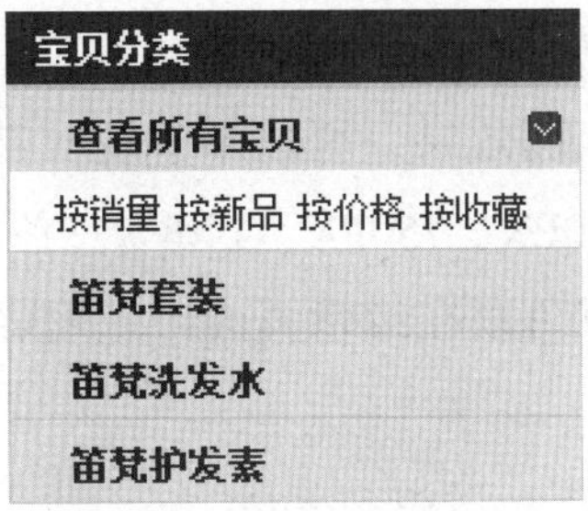

图3–2–6　宝贝分类模块

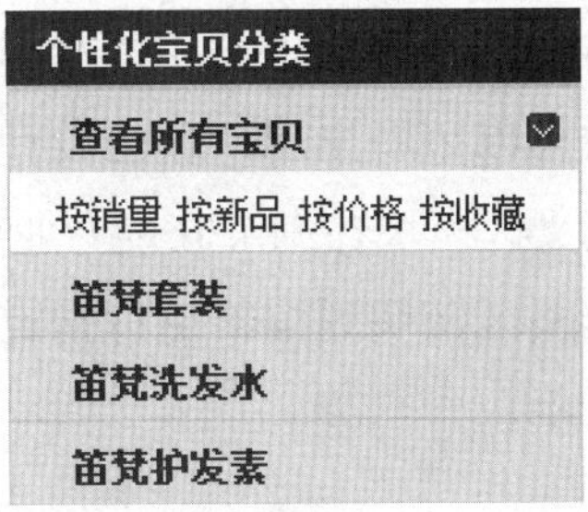

图3–2–7　个性化宝贝分类模块

在淘宝旺铺专业版中默认分类和个性化宝贝分类模块只有190PX一个尺寸。

单击宝贝分类模块的右上方【编辑】链接或双击宝贝分类模块，可以打开宝贝分类模块的编辑窗口，如图3–2–8所示。

单击个性化宝贝分类模块的右上方【编辑】链接或双击个性化宝贝分类模块，可以打开个性化宝贝分类模块编辑窗口，如图3–2–9所示。

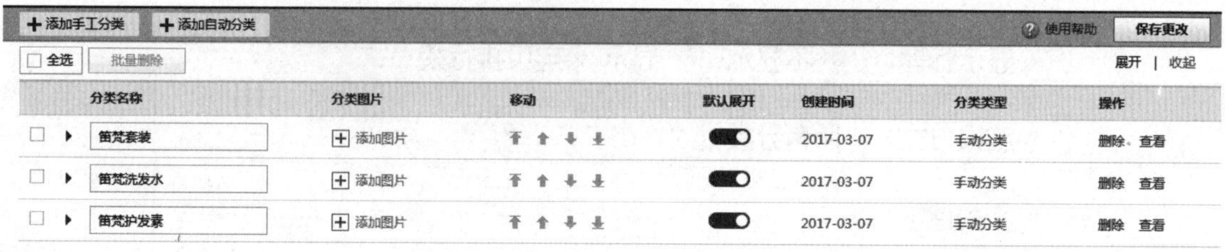

图3-2-8　宝贝分类模块编辑窗口

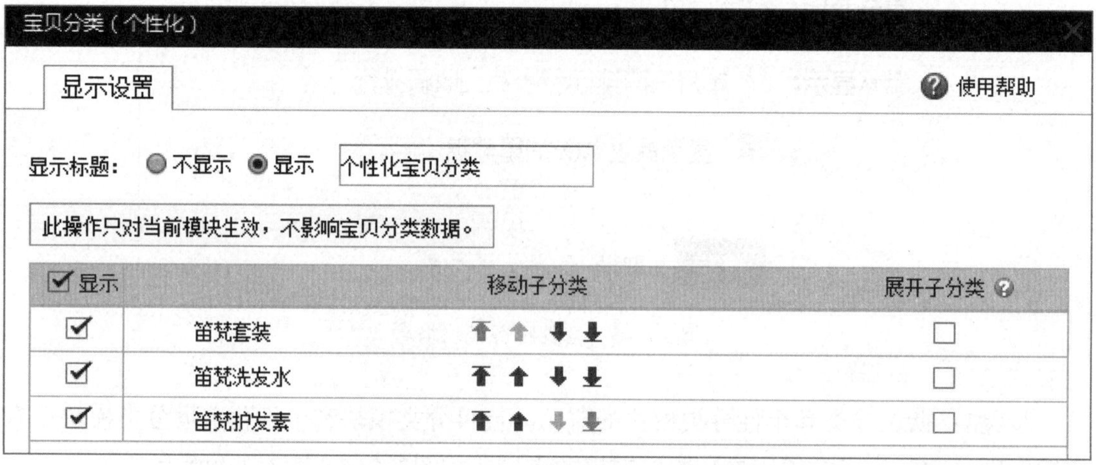

图3-2-9　个性化宝贝分类模块编辑窗口

步骤4：自定义区模块的应用。在淘宝装修模块中自定义区模块有着重要作用，通过自定义区模块可以拓展出用户自己设计的各种版面效果，可以用于展示店铺特色的宝贝和活动。自定义区模块在淘宝旺铺专业版中有950PX、750PX、190PX三种尺寸。

拖动自定义区模块到编辑窗口指定位置，就可以在编辑页面中应用可编辑区域了，如图3-2-10所示。

图3-2-10　自定义区模块

单击自定义区模块的右上方【编辑】链接或双击自定义区模块，可以打开自定义区模块的编辑窗口，如图3-2-11所示。

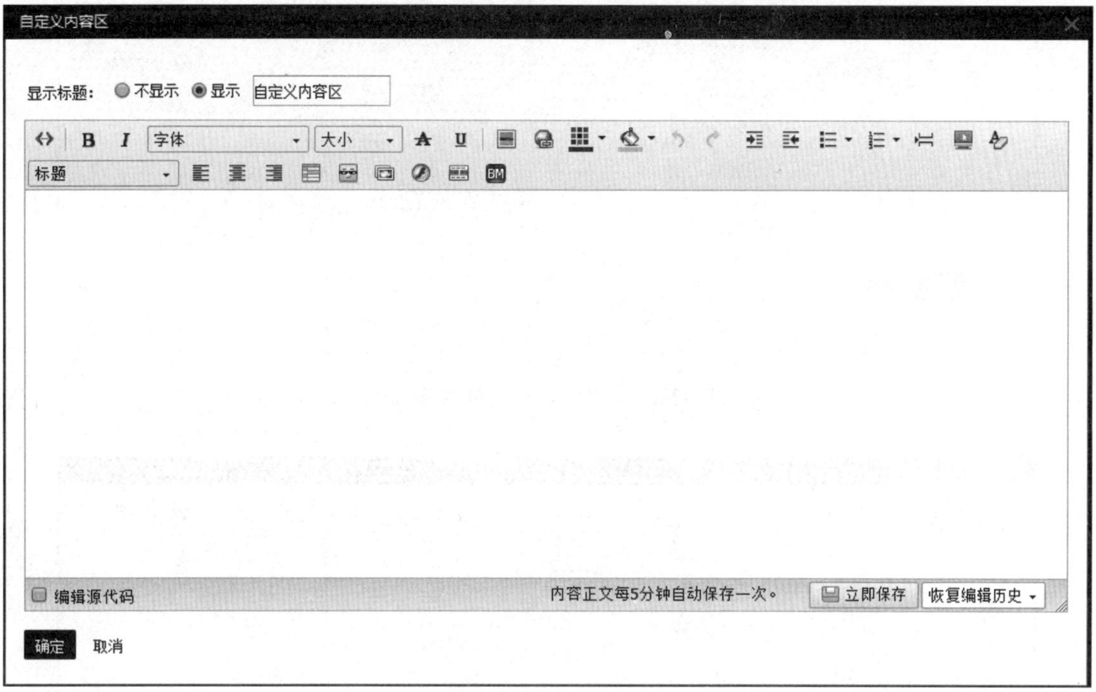

图3-2-11　自定义区模块编辑窗口

淘宝自定义区模块既是一种所见即所得的模块类型，也具备代码编辑的方式，在网上下载的一些网页代码可以直接用在自定义模块中。

步骤5：图片轮播模块的应用。图片轮播模块主要用于产品和活动海报图的轮流播放，也是较为常用的淘宝装修模块，如图3-2-12所示。图片轮播模块常放置在店铺首页和宝贝详情页头部等位置，旺铺专业版有950PX、750PX、190PX三种尺寸。

图3-2-12　图片轮播模块

单击图片轮播模块右上方【编辑】链接或双击图片轮播模块，在打开的图片轮播窗口中可以对图片轮播模块进行内容设置和显示设置，如图3-2-13、图3-2-14所示。

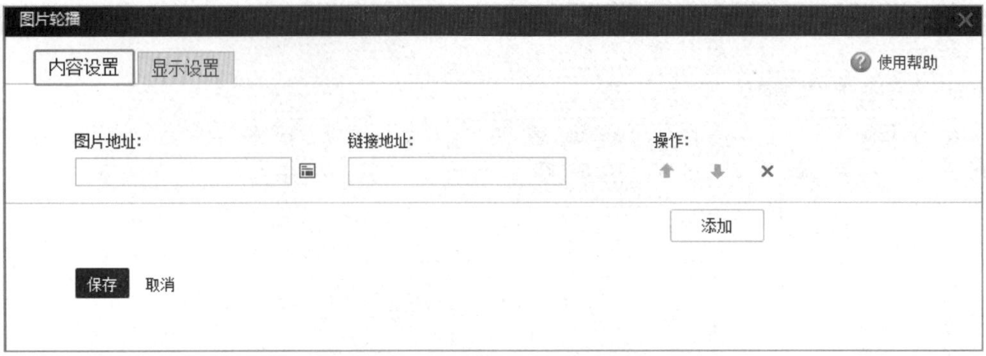

图3-2-13 图片轮播模块内容设置

图3-2-14 图片轮播模块显示设置

步骤6：友情链接模块的应用。友情链接模块主要用于实现到宝贝品牌官网或相同类型网店之间的跳转。调用方法和其他模块相同，旺铺专业版有950PX和190PX两种尺寸，双击该模块或单击该模块右上方的【编辑】链接，可以打开友情链接模块的编辑窗口进行内容设置和显示设置，如图3-2-15、图3-2-16所示。

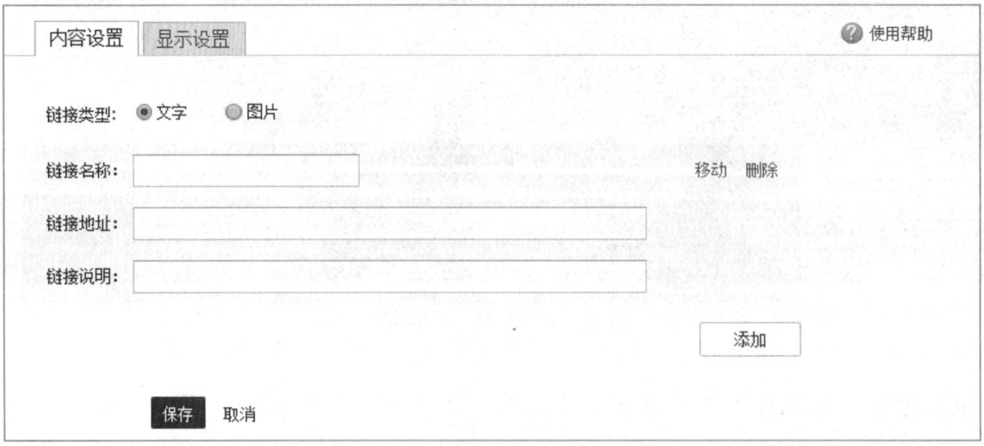

图3-2-15 友情链接模块内容设置

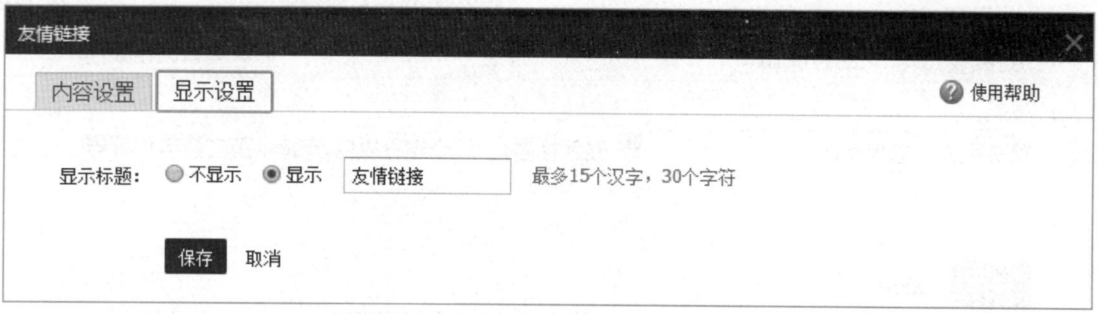

图3-2-16　友情链接模块显示设置

步骤7：客服中心模块的应用。一个完善的网店离不开有效的在线客服。淘宝旺铺装修中专门提供了淘宝旺铺的客服模块来方便店主的应用，如图3-2-17所示。客服中心只有190PX的尺寸，调用方法和其他模块相同。

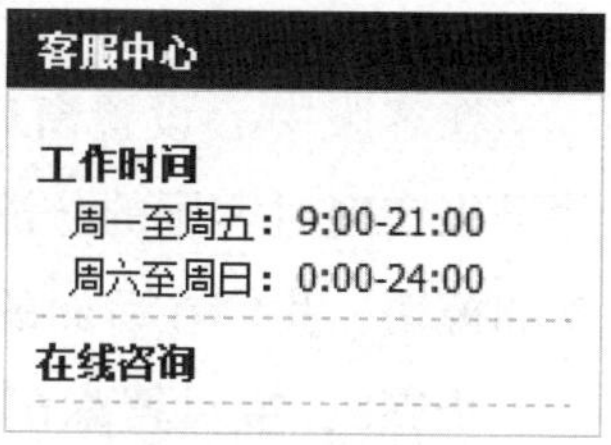

图3-2-17　客服中心模块

双击该模块或单击该模块右上方的【编辑】链接可以对客服中心模块进行内容设置和显示设置，如图3-2-18、图3-2-19所示。

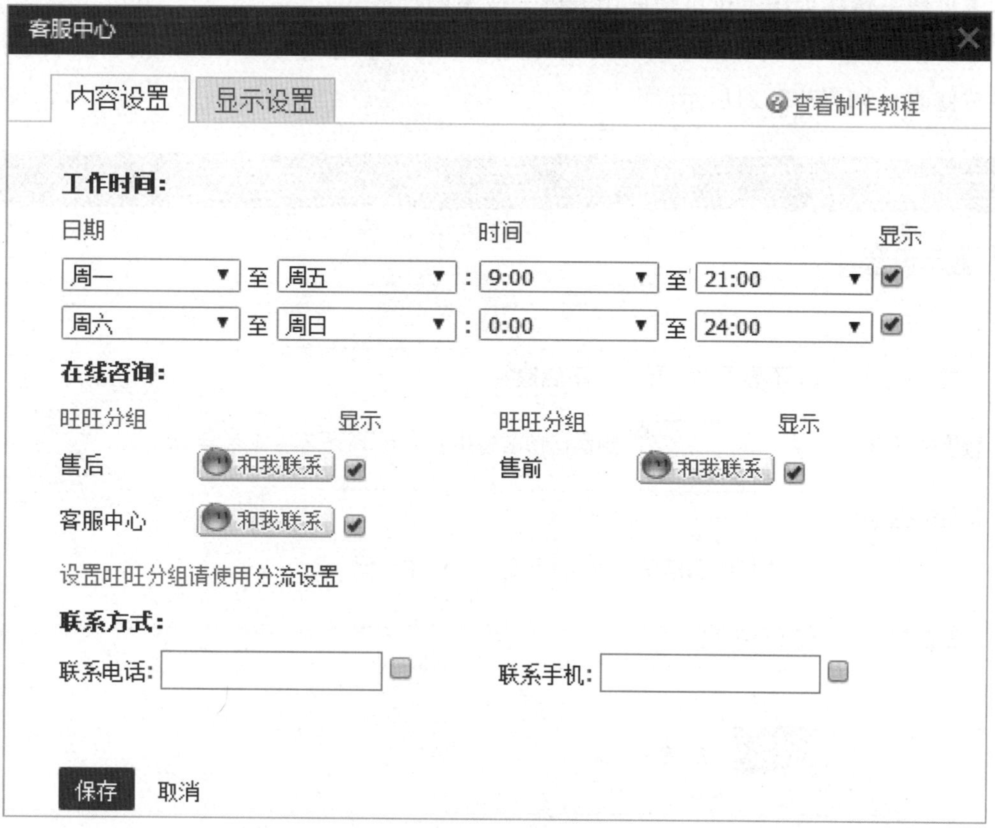

图3-2-18　客服中心模块内容设置

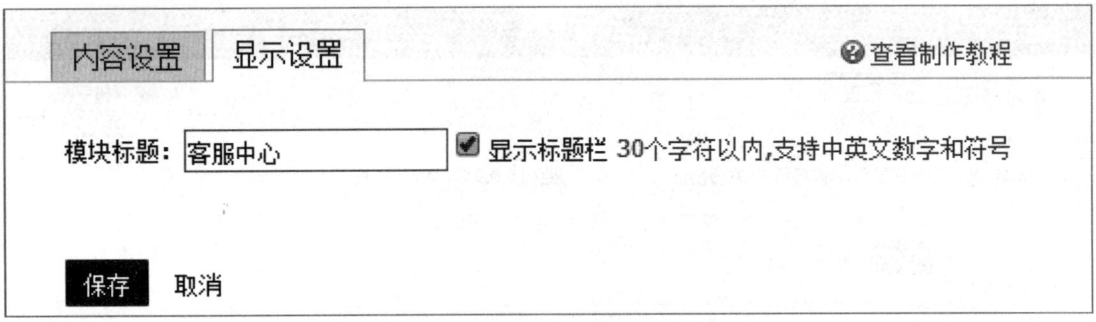

图3-2-19　客服中心模块显示设置

在客服中心设置窗口中可以设置客服工作和休息的时间，并可以实现对客服的分流及显示设置等，客服作为网店一个独立的模块，我们在后面的章节中会详细地介绍。

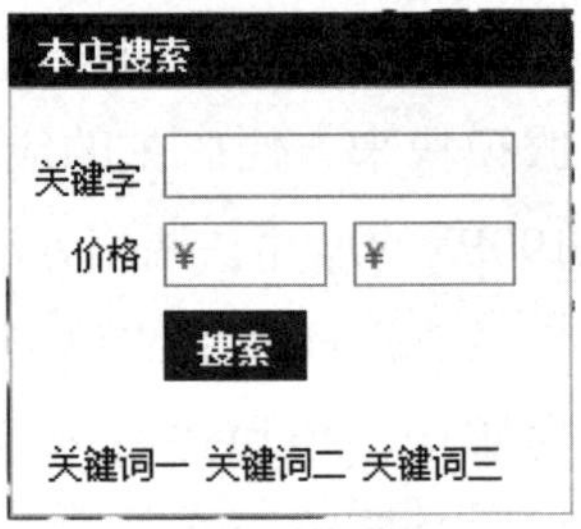

图3-2-20　宝贝搜索模块

步骤8：宝贝搜索模块的应用。为方便用户搜索店铺中的宝贝，淘宝旺铺也专门提供了用于搜索宝贝的搜索模块，如图3-2-20所示。宝贝搜索模块有950PX、750PX、190PX三种尺寸。宝贝搜索模块提供了按价格或按关键字搜索两种形式。

双击宝贝搜索模块或者单击该模块右上角【编辑】链接可以对宝贝搜索模块进行显示设置修改，如图3-2-21所示。

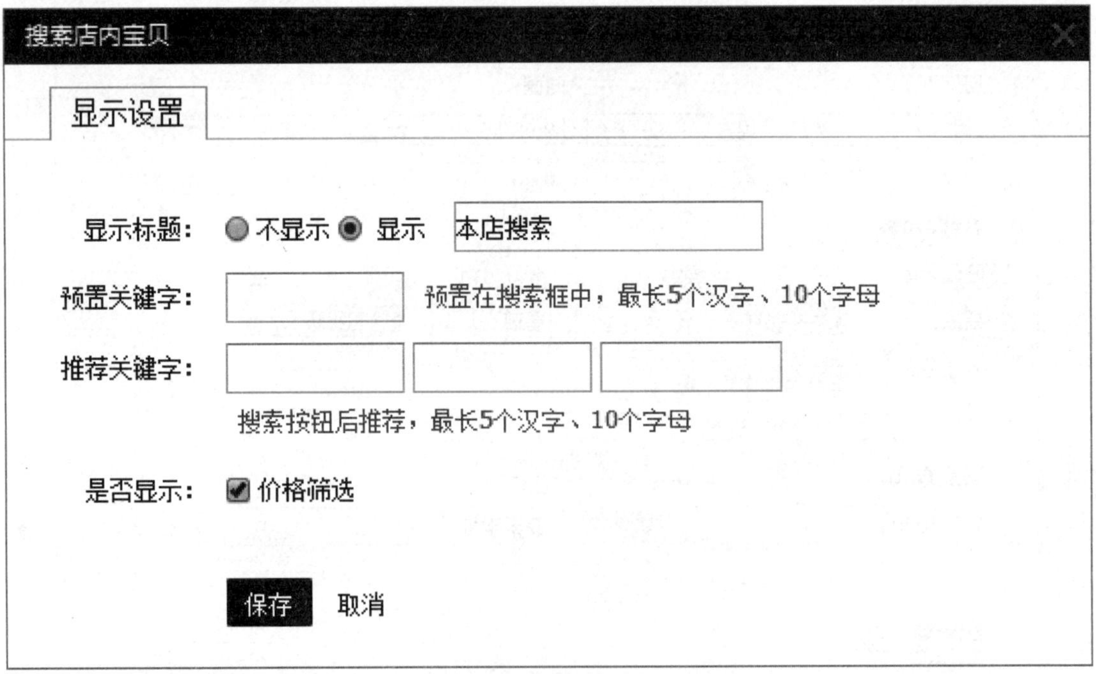

图3-2-21　宝贝搜索模块显示设置

课后练习

练习一：向淘宝网店中分别添加各常用装修模块，并对每个模块进行修改应用。

练习二：通过网络查看淘宝店铺，分析淘宝店铺功能模块。

任务三 页面布局设计及模板管理

任务描述

修改淘宝页面布局，选择试用淘宝模板。

任务目标

知识目标：掌握淘宝页面布局模块的调整设计方法。

技能目标：掌握网上模板的下载应用方法。

情感目标：体验顾客心理，选择适合产品类型的模板。

任务实施

步骤1：淘宝页面布局管理。打开淘宝装修页面，单击页面上方的【布局管理】链接，如图3–3–1所示。

图3–3–1

选择要调整布局的页面，在淘宝店中常见的页面有首页、宝贝详情页及宝贝列表页，如图3–3–2所示。在页面的下方添加布局单元。

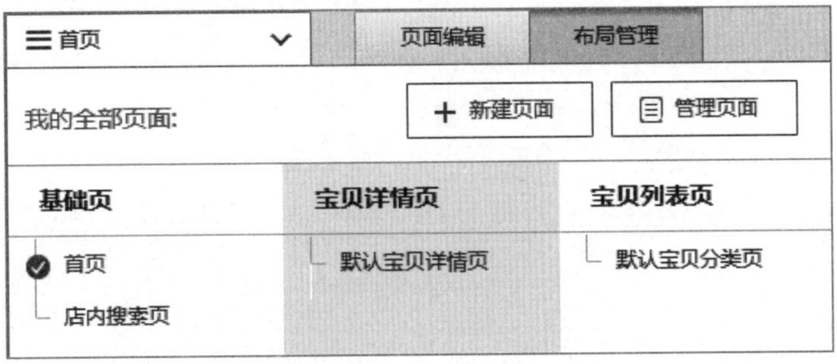

图3–3–2 布局管理窗口

添加或删除布局单元，单击页面下的【添加布局单元】链接，修改布局单元效果，如图3–3–3所示。

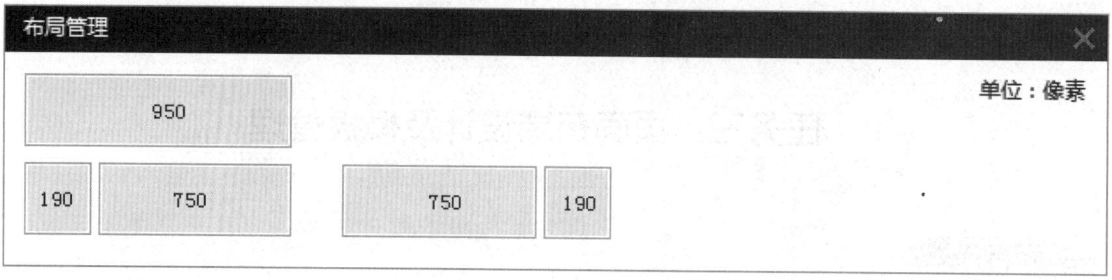

图3–3–3 管理布局单元

移动布局单元并向布局单元中添加或删除装修模块，如图3–3–4所示。

图3–3–4 向布局单元中添加装修模块

步骤2：选择试用淘宝装修模板。打开淘宝装修页面，单击页面上方的【装修模板】链接，如图3–3–5所示。

图3–3–5 装修模板链接

在打开的浏览器窗口中选择自己喜欢的模板类型，如图3–3–6所示。

单击选择的淘宝模板，单击【马上试用】链接，对淘宝模板试用，如图3–3–7所示。

图3-3-6　选择淘宝装修模板窗口

图3–3–7 试用淘宝模板

课后练习

练习一：为自己的网店选择合适的模板类型。

练习二：通过网络查找淘宝网店模板，并对模板进行试用，有条件的可购买。

任务四 图片空间的管理与应用

任务描述

淘宝图片空间是淘宝网专门存放店铺用图的空间，学习和掌握图片空间的使用是网店的装修过程中必不可少的内容。

任务目标

知识目标：掌握向图片空间传图的方法。

技能目标：掌握图片空间图片的管理技巧。

情感目标：触类旁通，在网络中寻找还有哪些图片空间可以用。

任务实施

步骤1：进入图片空间。在“卖家中心”页面中单击店铺管理下方的【图片空间】链接，如图3–4–1所示。进入淘宝图片空间管理页面，如图3–4–2所示。

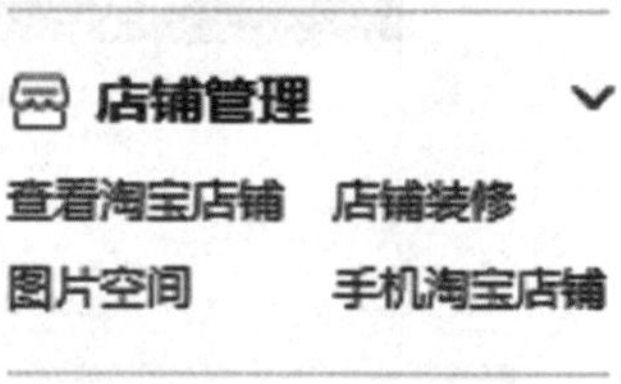

图3–4–1 图片空间链接

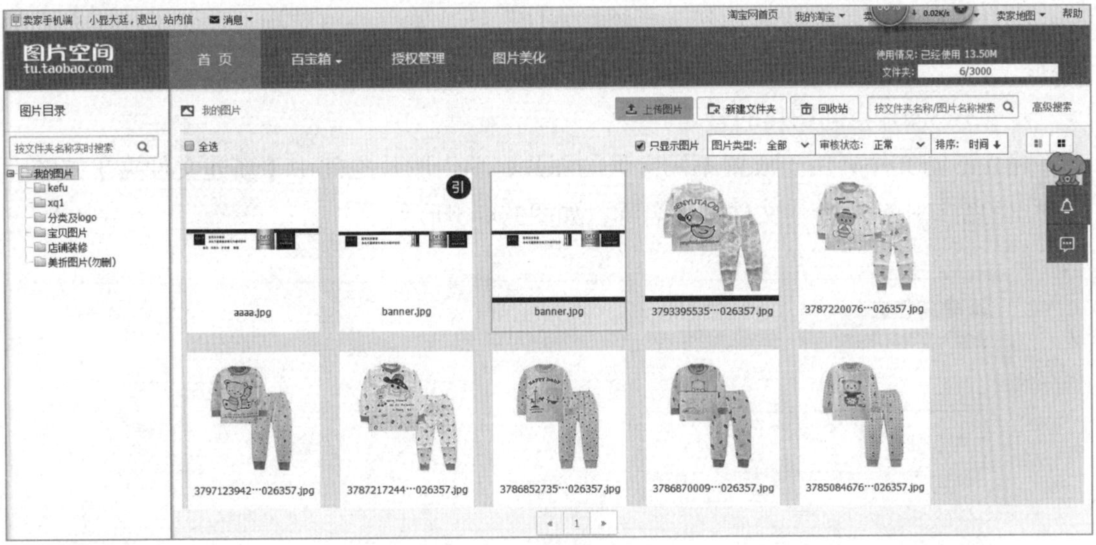

图3-4-2　图片空间管理页面

步骤2：将图片上传至图片空间。单击图片空间中【上传图片】链接，打开图片上传窗口，如图3-4-3所示。

图3-4-3　上传图片

淘宝图片空间中图片上传有“高速上传”和“通用上传”两种方式，如图3-4-4所示。单击“通用上传”下方的【点击上传】按钮，选择图片文件，可直接将图片上传至图片空间。

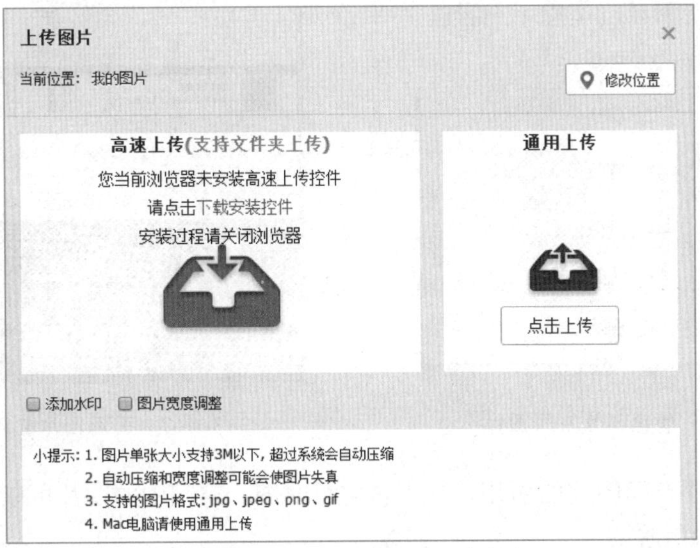

图3-4-4　淘宝图片空间上传方式

小提示：在图片上传时切勿选择添加水印和图片宽度调整选项，以免增加不必要的麻烦。

步骤3：图片空间图片的管理。

建立不同文件夹用于放置不同宝贝的图片，单击图片空间中【新建文件夹】链接，在弹出的窗口中输入新建文件夹的名称，如图3-4-5所示。

图3-4-5　新建管理文件夹

图片空间中图片的移动、删除、重命名和编辑操作，在图片空间中直接单击鼠标右键，在右键菜单中选择图片不同的编辑方式，实现对图片空间中图片的管理操作，如图3-4-6所示。

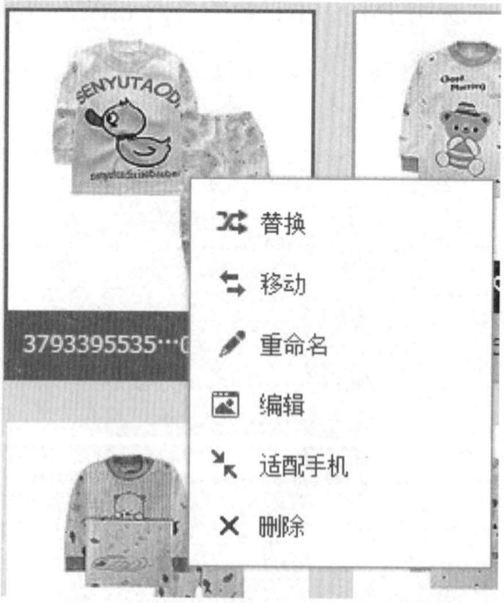

图3-4-6　管理图片空间图片

图3-4-7　引用图片空间图片

步骤4：图片空间图片的引用。在上传宝贝时图片空间中的图片可以直接引用到装修页面中，如图3-4-7所示。

课后练习

练习一：在自己的淘宝网店的图片空间中建立五个文件夹，文件夹名分别为首页、分类、详情、店招、公用。

练习二：向图片空间上传淘宝装修用图，并应用于淘宝装修。

任务五 店招的设计及上传

任务描述

淘宝店招能吸引客户，起到品牌宣传的作用。淘宝店铺最上方的长条形的区域，标准尺寸是950PX × 150PX（包含导航）和950PX × 120PX（不包含导航）。

任务目标

知识目标：熟练使用PS制作淘宝网店的店招。

技能目标：掌握淘宝店招在淘宝店上的应用及店招模块的应用。

情感目标：店招配色和选择适合产品特点并能兼顾店铺整体效果。

任务实施

步骤1：使用PS制作淘宝网店店招。

打开Photoshop cs 6软件，新建宽度950PX × 120PX的画布，并将新建的PS文档以“店招.psd”为文件名存盘，如图3-5-1所示。

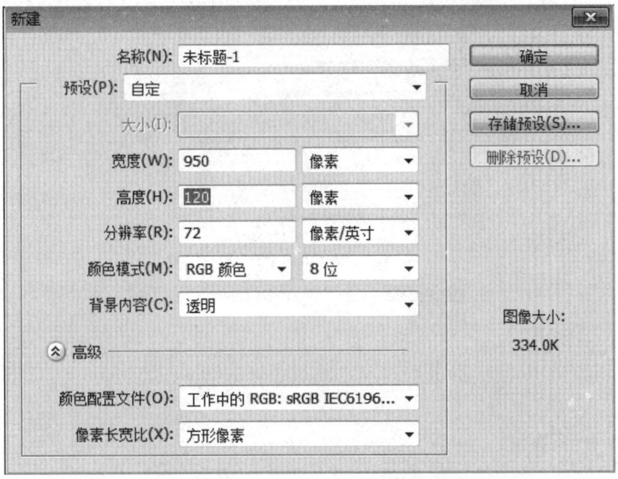

图3-5-1 PS新建文档窗口

步骤2：将备用的背景图片使用移动工具拖动到新建的店招窗口，然后将背景图与文档窗口对齐，如图3–5–2所示。

图3–5–2　添加背景

步骤3：将备用的带有雪花效果的图片使用移动工具拖动到店招文档中，调整雪花尺寸大小和所在图层透明度，设计效果如图3–5–3所示。

图3–5–3　添加雪花效果

步骤4：在店招中录入文字信息，并为店铺名称添加阴影，如图3–5–4所示；渐变样式如图3–5–5所示；设计效果如图3–5–6所示；添加产品信息如图3–5–7所示；添加光效如图3–5–8所示。

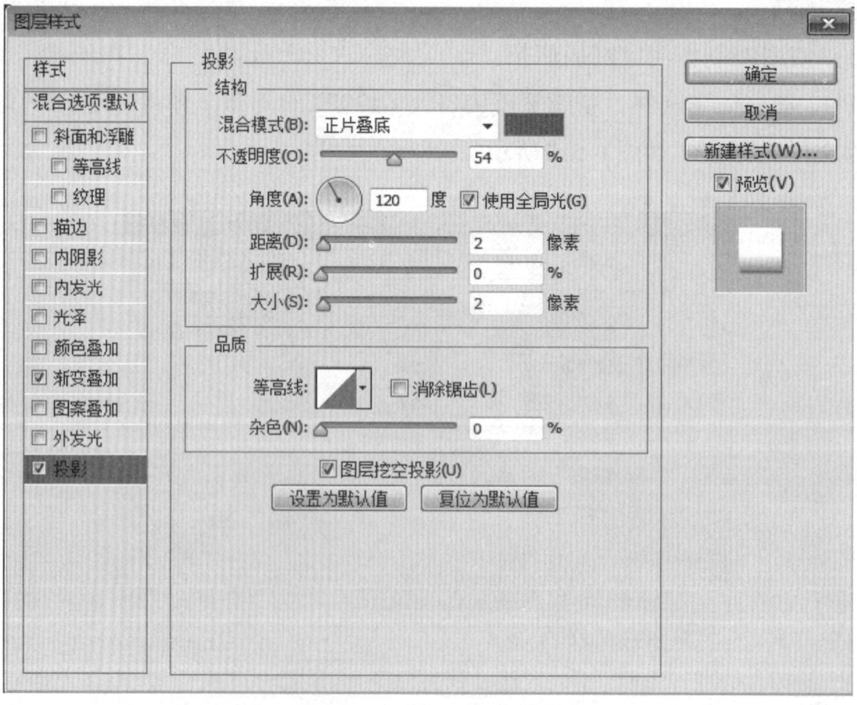

图3–5–4　文字投影效果

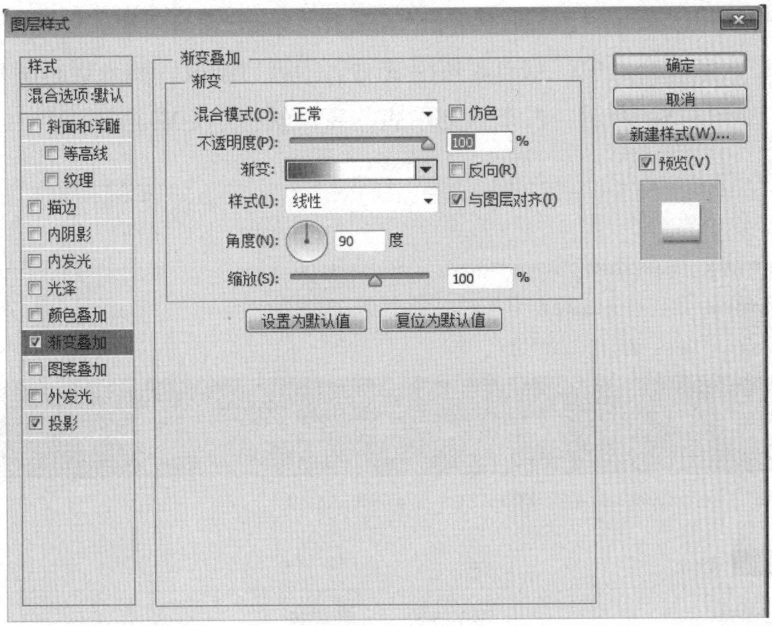

图3–5–5　文字渐变叠加

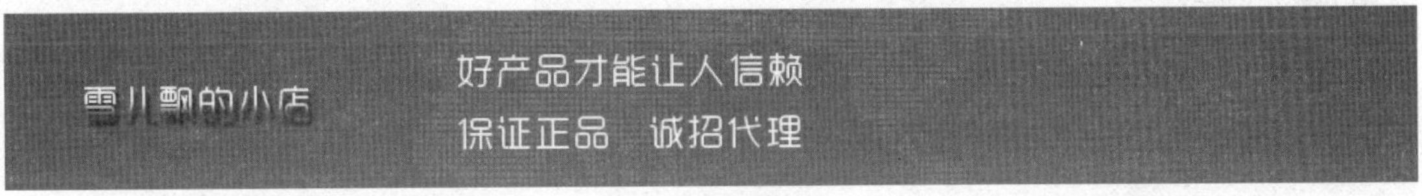

图3–5–6　文字效果

步骤5：将备用的产品图导入店招的右侧，如图3–5–7所示。

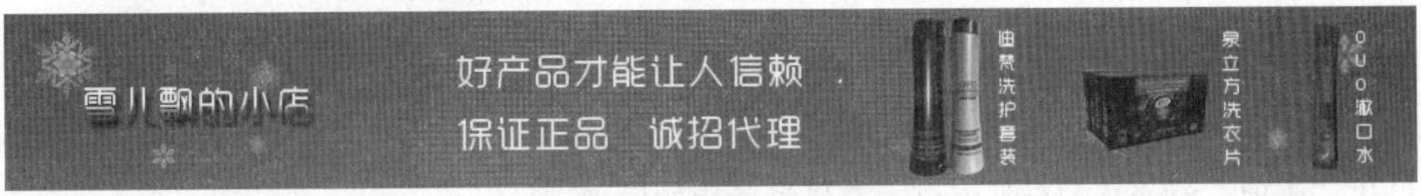

图3–5–7　添加产品信息

步骤6：将备用的光效图使用移动工具拖动到店招文档中并调整光效大小和位置，如图3–5–8所示。

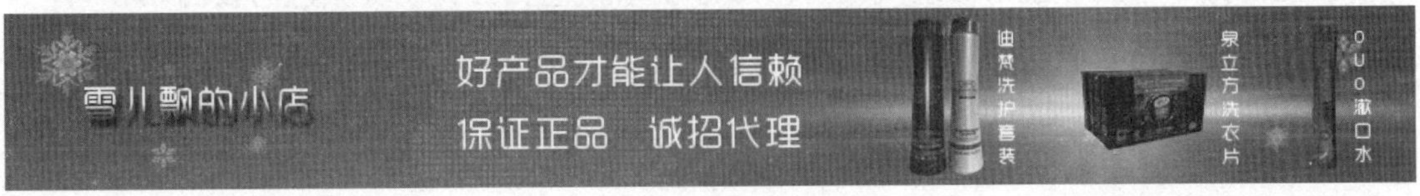

图3–5–8　添加光效

步骤7：将店招保存，再次另存为jpg格式，并将jpg格式的图片上传至图片空间。

步骤8：在淘宝装修页中，双击店招模块对店招进行修改，插入店招图片，取消店铺名称的显示，如图3-5-9所示，发布预览网店，店招就制作完成了。

图3-5-9　应用店招

课后练习

练习一：浏览淘宝店铺，找出自己喜欢的店招并模仿制作。

练习二：设计适合自身产品店面的店招。

任务六　产品分类及导航风格设计

任务描述

对店铺中的商品进行明确分类可以方便用户找到想要的产品，也方便对店铺中的宝贝进行管理，对产品的分类应该本着科学通用的原则进行。

任务目标

知识目标：熟练掌握淘宝店铺的宝贝分类方法技巧。

技能目标：掌握导航条修改代码、修改导航条颜色和分类模块颜色的技巧。

情感目标：体验用户心理，对产品合理分类。

任务实施

步骤1：在淘宝装修页的上方单击【宝贝分类】链接，打开宝贝分类管理页面，单击左侧的【分类管理】链接，在打开的窗口中对产品分类进行修改设置，如图3-6-1所示。

图3-6-1 分类管理界面

步骤2：添加一级分类并对必要的一级分类创建子分类。也可以使用PS制作分类图片来让分类效果更加突出。

步骤3：双击淘宝店招导航部分或单击右上方【编辑】链接，在打开的导航设置窗口右下角单击【添加】按钮，可以将设计的分类添加到导航条之中，如图3-6-2所示。

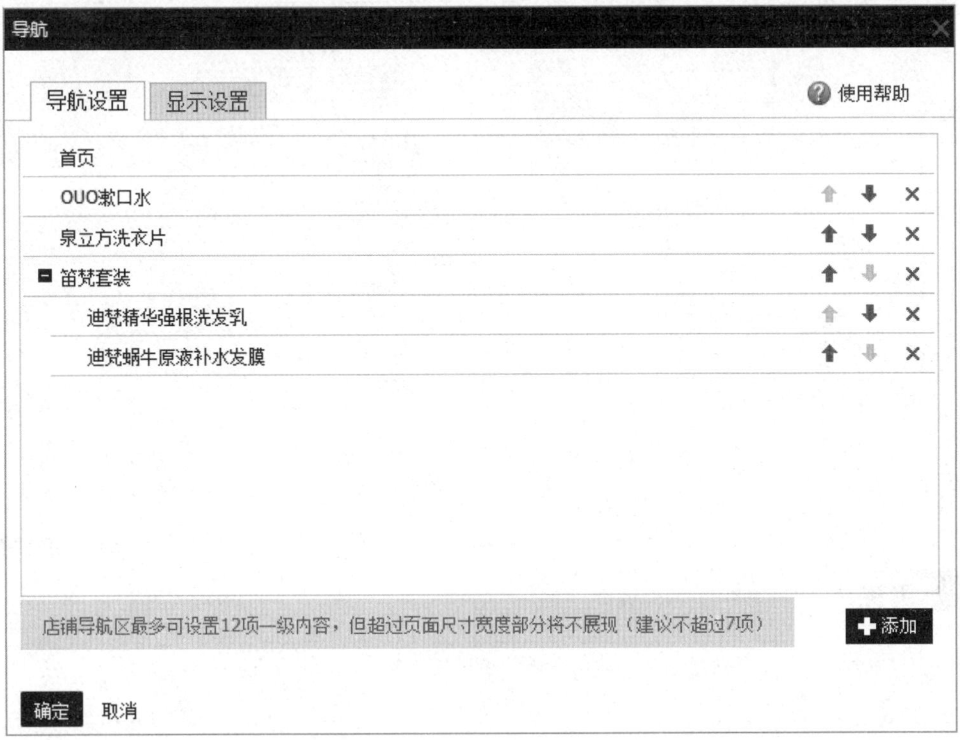

图3-6-2 导航设置

步骤4：在淘宝装修页中也可以直接拖动宝贝默认分类模块和个性分类模块到编辑窗口中，在页面中实现店铺产品分类的展示，一般把产品分类放置在页面的左侧，如图3–6–3所示。

步骤5：修改导航条的显示效果，如图3–6–4所示。

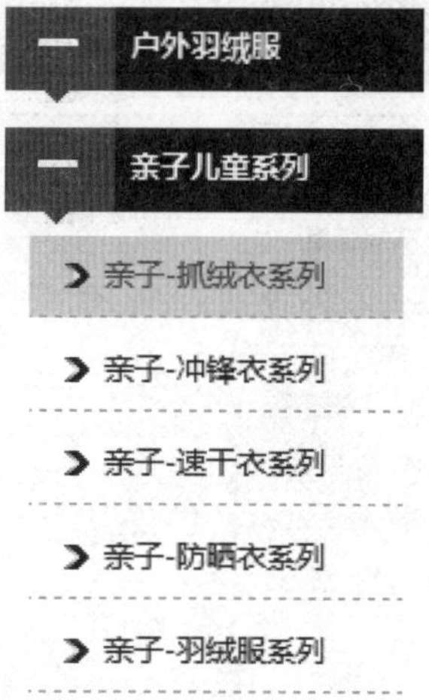

图3–6–3　宝贝分类模块效果

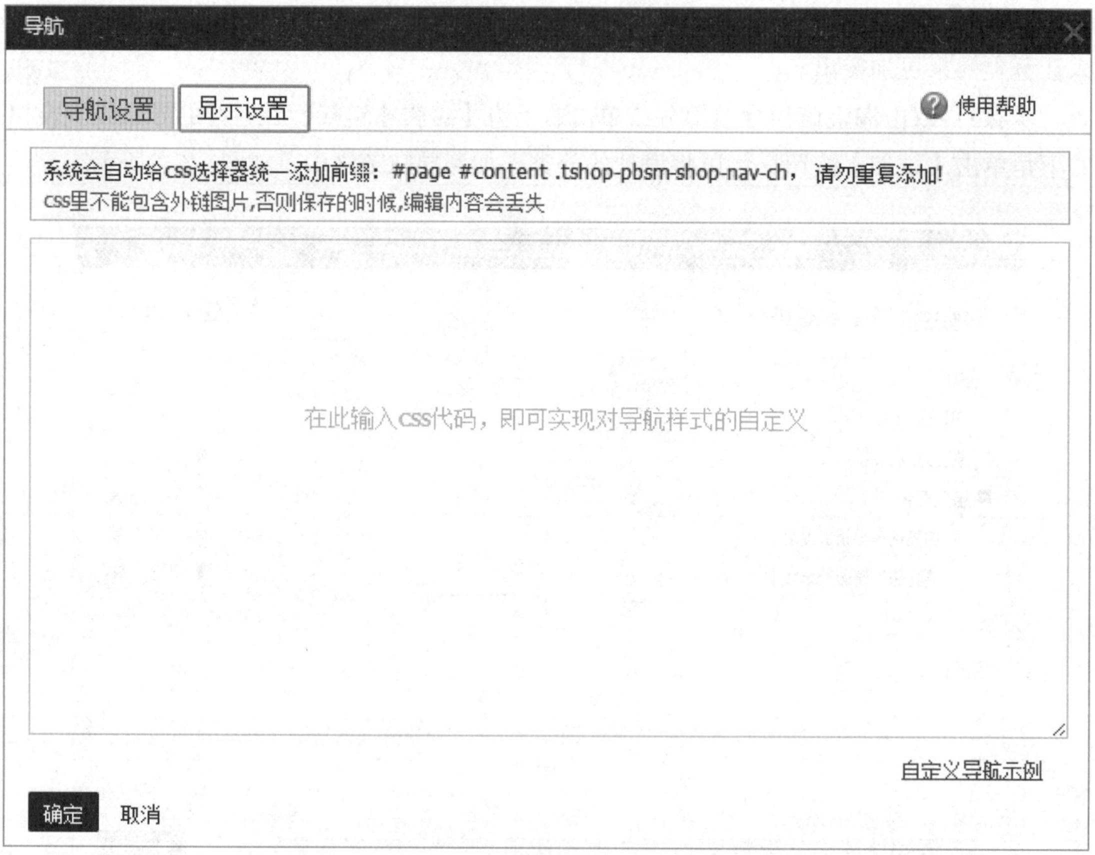

图3–6–4　导航显示设置

导航条的修改主要通过一些CSS代码来实现，下面就是对导航修改的一些CSS代码。

```
/* 导航条背景色*/
.skin-box-bd .menu-list{background： none repeat scroll 0 0 #00ad08； }
/*首页/店铺动态背景色*/
.skin-box-bd .menu-list .link{background： none repeat scroll 0 0 #00ad08； }
/*首页/店铺动态右边线*/
.skin-box-bd .menu-list .menu{border-right：1PX #006205 solid； }
/*首页/店铺动态文字颜色*/
.skin-box-bd .menu-list .menu .title{color：#ff0000}
/*所有分类背景色*/
.all-cats .link{background： none repeat scroll 0 0 #00ad08； }
/*所有分类右边线*/
.all-cats .link{border-right：1PX #006205 solid； }
/*所有分类文字颜色*/
.skin-box-bd .all-cats .title{color：#ff0000}
```

课后练习

练习一：设计完成自己淘宝店铺的分类，要求科学、通俗，方便管理。

练习二：使用PS制作分类图片并应用于淘宝店铺。

练习三：使用css代码更改导航条的颜色效果。

任务七　网店海报设计

任务描述

淘宝海报图一般是放置在首页或产品详情页的顶部具有产品或活动宣传功能的图片，可以是一张图片，也可以是多图轮播。

任务目标

知识目标：熟练掌握PS工具。

技能目标：使用PS软件制作设计店铺海报。

情感目标：通过不断完善的构思设计制作出满意的海报效果图。

任务实施

步骤1：打开Photoshop cs 6软件，新建宽950PX、高400PX的海报画布。将备用图片使用移动工具拖动到新建的海报窗口，然后将背景图与文档窗口对齐，如图3-7-1所示。

图3-7-1 新建海报窗口

步骤2：将装饰图拖入海报中，放置到如图3-7-2所示的位置。

图3-7-2 添加装饰效果

步骤3：将产品图拖入海报中，放置到如图3-7-3所示的位置。

图3-7-3 添加产品图片

步骤4：为海报添加文字描述及价格信息，为使页面协调要将文字进行排版设计，如图3-7-4所示。

图3-7-4 添加文本信息

步骤5：从“文件”菜单中选择“另存为web格式”命令，打开另存为web格式对话框，如图3-7-5所示。将图片存储为jpg格式，并上传至图片空间。

步骤6：打开网店装修页面，在页面的顶端插入图片轮播模块，将上传的海报图作为轮播图之一从图片空间中应用到装修页面。对店铺进行发布，并浏览上传图片后的效果。

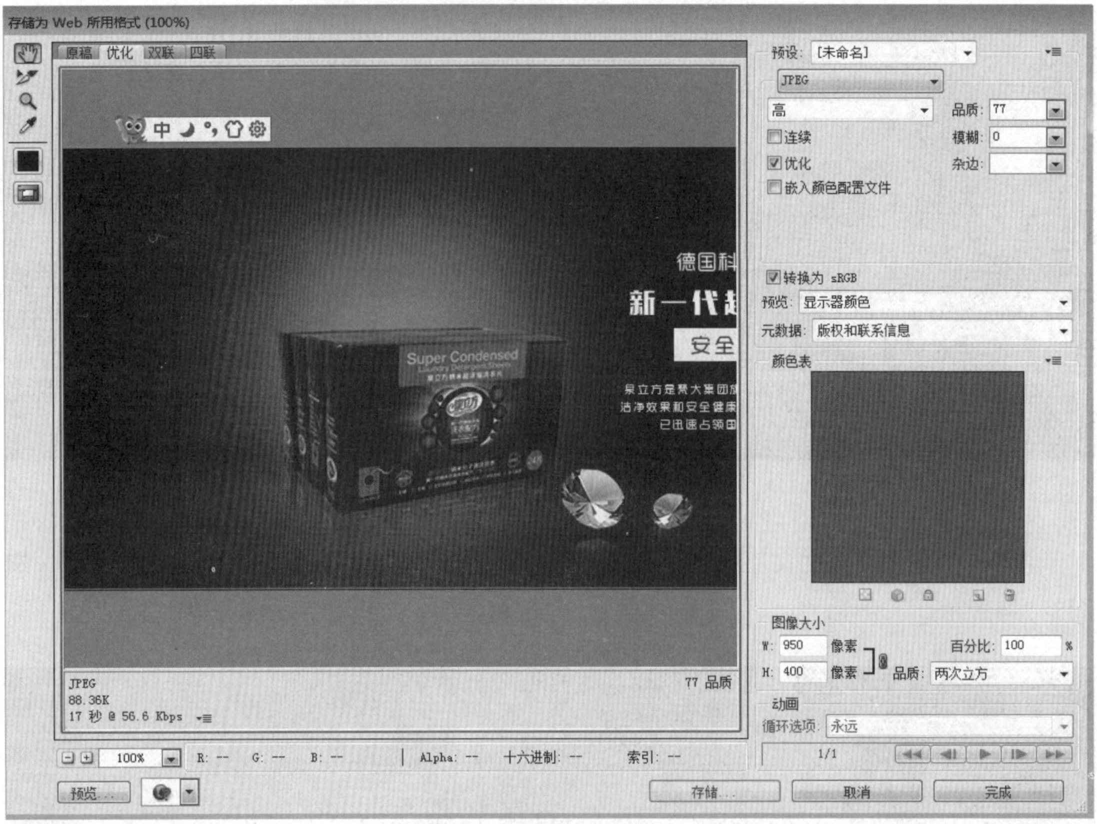

图3-7-5 另存为web格式

课后练习

练习一：设计制作自己网店的产品海报。

练习二：制作如下图所示的海报效果。

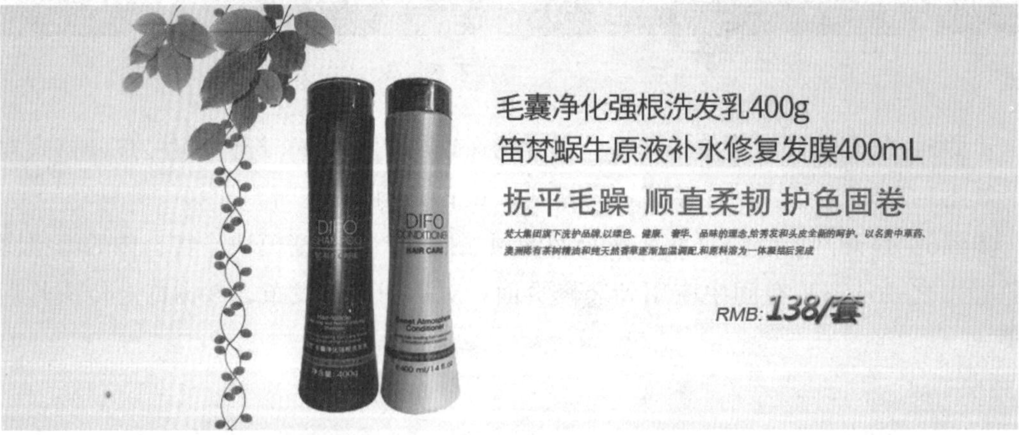

练习三：在网上搜索海报通屏代码并应用于自己的网店。

任务八　自定义模块的设计

任务描述

通过Photoshop和Dreamweaver结合淘宝自定义区模块制作风格独特的页面模块。

任务目标

知识目标：熟练掌握PS工具和Dreamweaver。

技能目标：使用PS软件制作风格独特的自定义区模块并使用切图存储。

情感目标：设计的模块既要风格独特，更要满足浏览者的心理需求，符合构图审美需要。

任务实施

步骤1：使用PS设计制作如图3-8-1所示的图片，并保存成jpg格式，然后使用PS将该jpg格式的图片打开。

图3-8-1　设计效果图

步骤2：使用切片工具将图片切成三块，如图3-8-2所示。

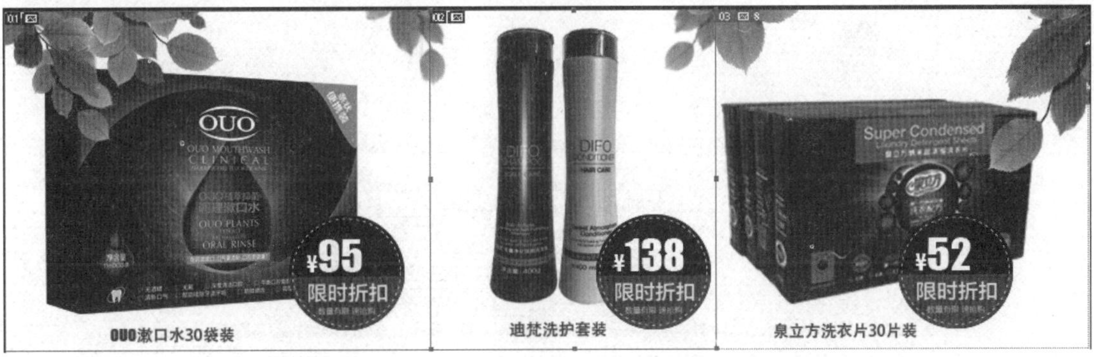

图3-8-2　PS切图效果

步骤3：从“文件”菜单中选择“另存为web格式”命令，打开另存为web格式对话框，如图3-8-3所示。单击【存储】按钮，将保存文件格式修改为“html和图像”，如图3-8-4所示。会看到保存目录下包含一个images的文件夹，打开文件夹可以看到里面的三张切片图片，如图3-8-5所示。将切片图片上传至淘宝图片空间。

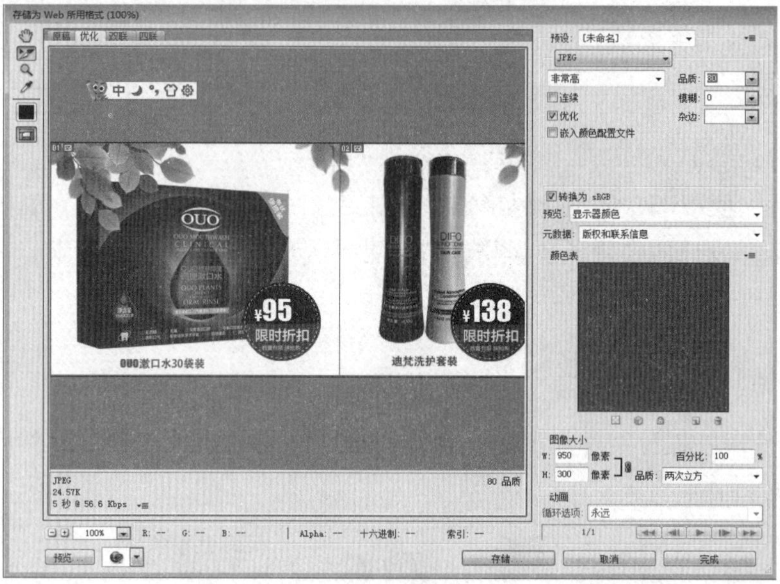

图3-8-3　另存为web格式窗口

图3-8-4　确定存储格式

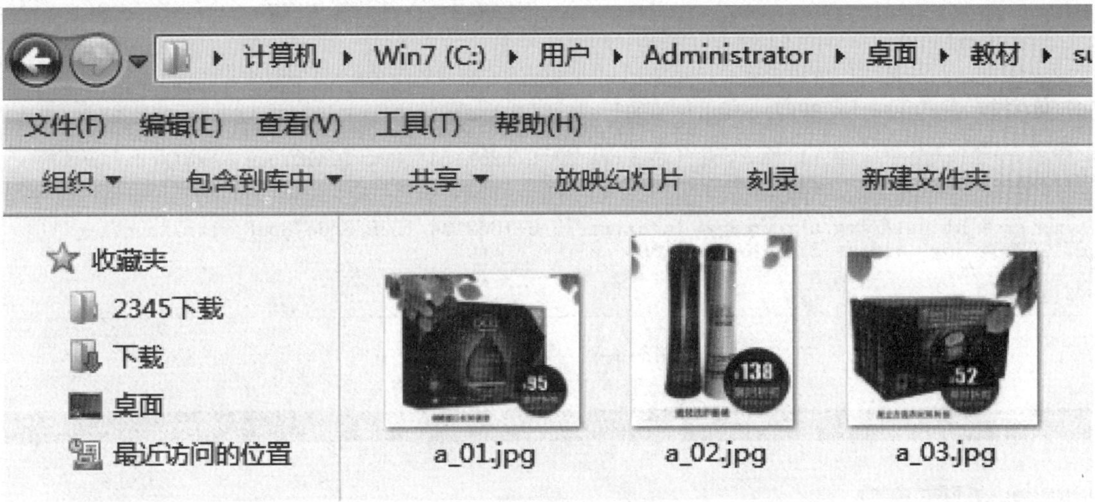

图3-8-5　切片图片

步骤4：使用Dreamweaver网页设计软件打开保存的a.html，如图3-8-6所示。

```
<html>
<head>
<title>自定义</title>
<meta http-equiv="Content-Type" content="text/html; charset=utf-8">
</head>
<body bgcolor="#FFFFFF" leftmargin="0" topmargin="0" marginwidth="0" marginheight="0">
<!-- Save for Web Slices (自定义.jpg) -->
<table id="__01" width="950" height="300" border="0" cellpadding="0" cellspacing="0">
        <tr>
                <td>
                        <img src="images/a_01.jpg" width="372" height="300" alt=""></td>
                <td>
                        <img src="images/a_02.jpg" width="249" height="300" alt=""></td>
                <td>
                        <img src="images/a_03.jpg" width="329" height="300" alt=""></td>
        </tr>
</table>
<!-- End Save for Web Slices -->
</body>
</html>
```

图3-8-6　Dreamweaver打开代码视图

步骤5：使用Dreamweaver将图像标签img的src属性参数值替换为复制图片空间图片的链接，如图3-8-7和图3-8-8所示。

步骤6：在淘宝装修页面中插入自定义区模块，将修改后的代码插入到自定义区代码视图中，如图3-8-9所示。发布预览网店可以查看网店效果。

图3-8-7　复制图片空间链接地址

```
<table id="__01" width="950" height="300" border="0" cellpadding="0" cellspacing="0">
        <tr>
                <td>
<img src="https://img.alicdn.com/imgextra/i2/671262154/TB27QZUyhlmpuFjSZPfXXc9iXXa_!!
671262154.jpg" width="372" height="300" alt=""></td>
                <td>
<img src="https://img.alicdn.com/imgextra/i3/671262154/TB2xyfCul0lpuFjSszdXXcdxFXa_!!
671262154.jpg" width="249" height="300" alt=""></td>
                <td>
<img src="https://img.alicdn.com/imgextra/i3/671262154/TB2Ej3nueJ8puFjy1XbXXagqVXa_!!
671262154.jpg" width="329" height="300" alt=""></td>
        </tr>
</table>
```

图3-8-8　修改图片地址

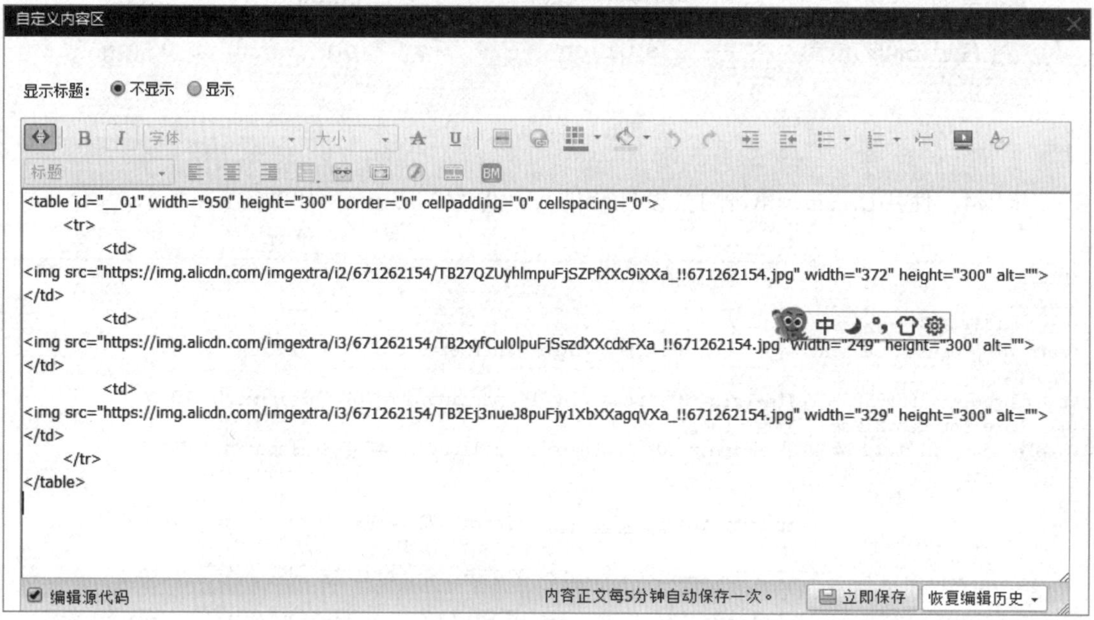

图3-8-9　自定义区代码视图

课后练习

练习一：设计自己网店具备个性特点的自定义区模块。

练习二：在淘宝网上浏览网店，找到个性自定义区模块模仿制作。

任务九　详情页设计和主图制作

任务描述

主图效果要清晰明了能吸引用户眼球，在淘宝中一般可以上传五张主图并提供放大功能，一般要求尺寸在800PX × 800PX以上。

详情页是最集中展示产品信息的板块。需要模块清晰，图片精美，描述到位。

任务目标

知识目标：熟练掌握PS工具。

技能目标：使用PS软件制作产品的主图及宝贝详情页。

情感目标：体验顾客心理，了解顾客最想了解产品的那些细节和功效。

任务实施

步骤1：了解主图制作的基本要求。

第一，主图要饱满，正规。

旺铺里图片展示区是正方形的，所以主图是正方形才能充分利用展示区，图片应小于120K，要jpg或gif格式。尺寸为500PX×500PX，在PS处理时尺寸为17.64cm×17.64cm，分辨率一般72像素/英寸就可以；细节图和主图随便放，只要能链接进来，上下尺寸任意长，宽度一般500PX~600PX最佳，适合屏幕显示。最大不要超过800PX×800PX，但如果需要放大镜功能的话，就要800PX。

第二，要把店铺的亮点展示在主图上。

在价格差不多的情况下，同样的产品，在主图上表现了卖点的宝贝一般销售量也会比其他的多些。但切记，亮点不是牛皮癣，不是你安排得越多越好，主图的促销信息和亮点表现不要有喧宾夺主的感觉，不要超过主图的三分之一，把最给力的信息写上即可。尽量简单，字数统一保持在十个字以内，要做到简短清晰有力。比如店铺名，1折起等，如图3–9–1所示。

第三，不要和大卖家主图重复，要独一无二。

有的小卖家看大卖家那么多的流量，就把主图做的和大卖家一模一样，这样就有很多重复的主图，可是淘宝的搜索规则是在你没有价格优势的情况下，引进的流量是非常有限的，买家喜欢一个产品，通过“多少家在销售此款宝贝”的按钮点击进去，就能知道有多少家在销售同款宝贝且价格不一，你作为买家的话也自然会选择销量较好、评价好、价格低的店铺去购买，那么如果你的主图毫无新意，和其他的卖家是重复的，等到前面这些条件都筛选完，到新手卖家你这里购买的几率是非常低的。要突显自己的宝贝。尽量让淘宝显示只有一家店铺在销售此款，这样让客户认为你这款宝贝在淘宝里面是独一无二的。

第四，带上自己店铺的logo或者名称，背景颜色根据同行或者整个行业以及你的店铺来定位。

利用有个性的店铺logo和店铺名字增强店铺的辨识度。这个辨识度不光是要从主图上面来做，还要从详情页内做，“宝贝描述”位置是最佳选择，因为买家在下拉看宝贝的同时一定会看见。

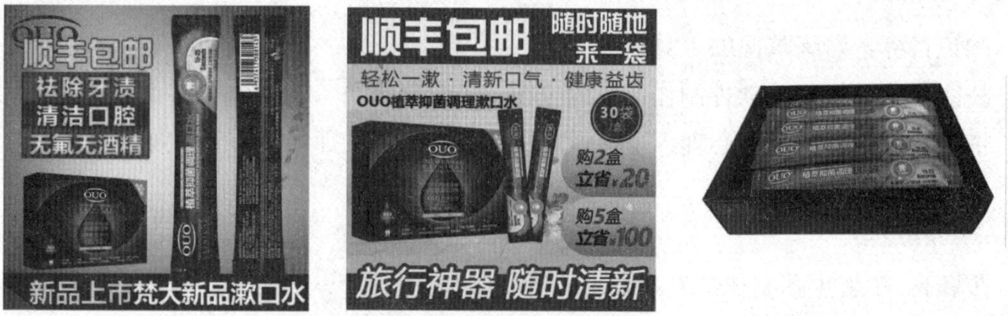

图3-9-1　产品主图效果

步骤2：设计产品主图。

打开PS，新建800PX × 800PX画布，分辨率为72像素/英寸，背景色为白色，如图3-9-2所示。

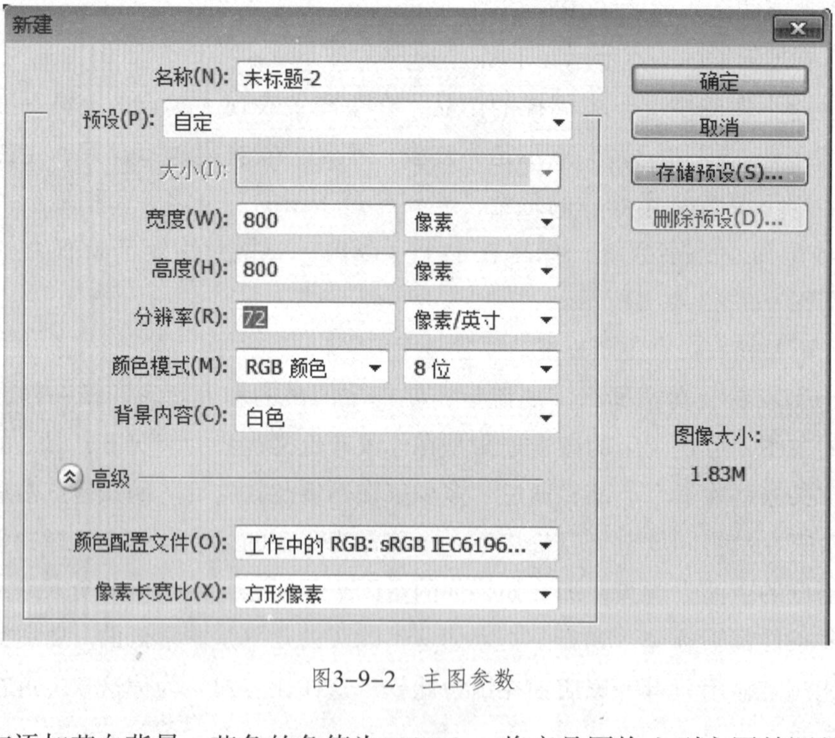

图3-9-2　主图参数

为画布添加蓝白背景，蓝色的色值为#2f53dc，将产品图拖入到主图并调整位置、大小，如图3-9-3所示。

添加产品logo和功效描述性文字，如图3-9-4所示。

为主图添加卖点和宣传性标识，如图3-9-5所示。

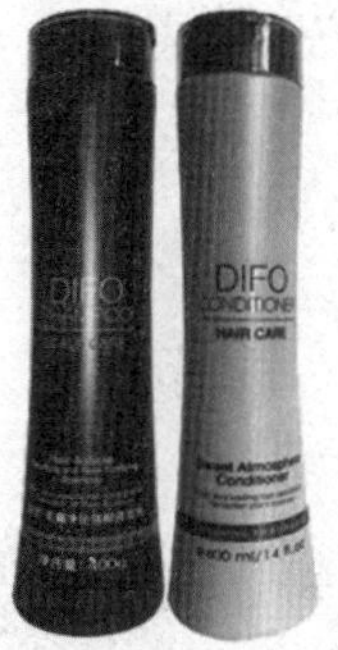

图3-9-3　产品素材

图3-9-4　logo和功效

图3-9-5　卖点

依次从不同方位、功效设计五张宝贝主图，并将设计好的宝贝主图保存为jpg格式，并上传至图片空间。

步骤3：制作宝贝详情页。

对宝贝详情页进行模块化细分，如产品功效、产品特点、产品细节、产品对比、产品展示、包装物流、用户评价等方面，对产品进行详细的设计制作。

首先设计产品功效图部分，如图3-9-6～图3-9-12所示。

图3-9-6　产品功效宣传一

图3-9-7　产品功效宣传二

图3-9-8 产品功效宣传三

图3-9-9 产品功效宣传四

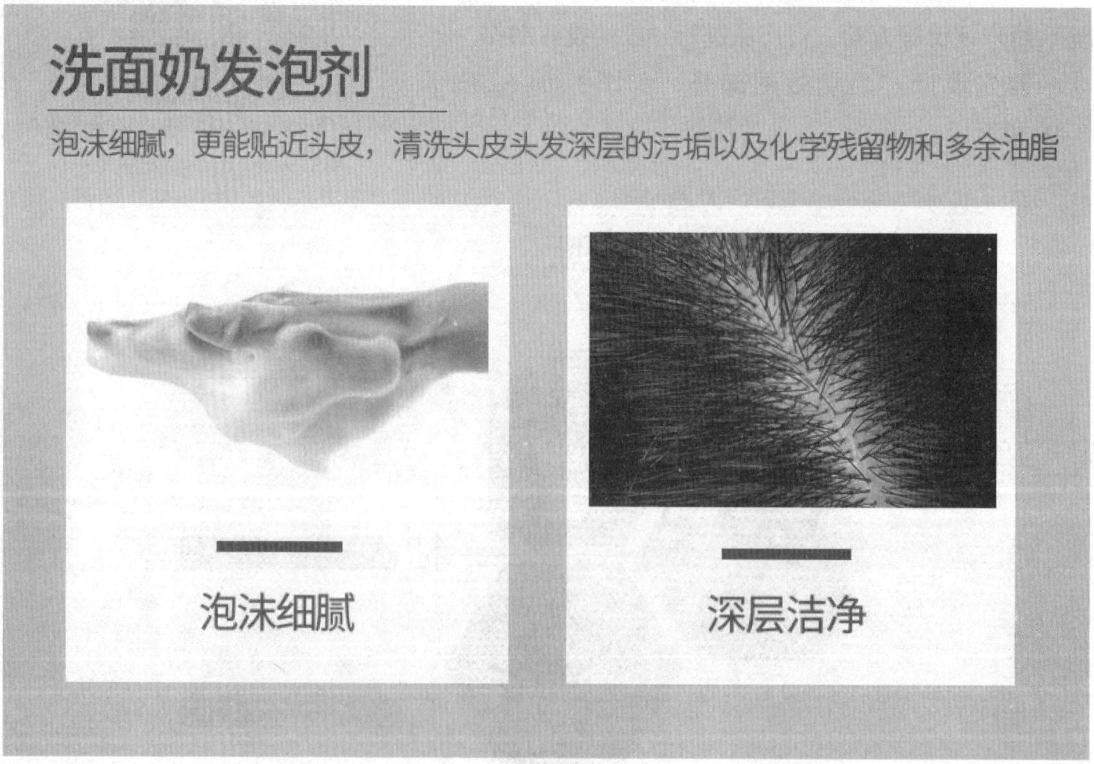

图3-9-10 产品功效宣传五

图3-9-11 产品功效宣传六

图3-9-12 产品功效宣传七

设计制作产品信息、产品展示、产品细节等部分，如图3-9-13~图3-9-15所示。

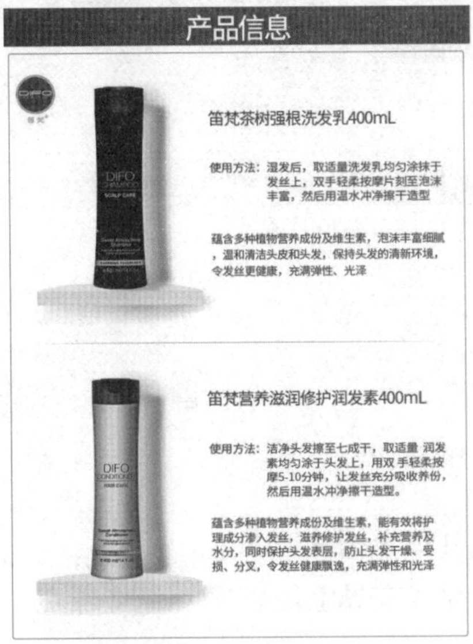

图3-9-13 产品信息

图3-9-14 产品展示

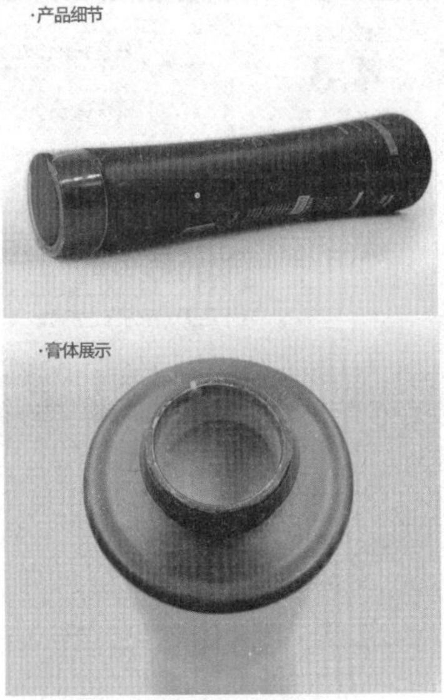

图3-9-15 产品细节展示

有些时候需要将宝贝的物流信息、价格说明信息以及产品的好评信息介绍给顾客，如图3–9–16所示。

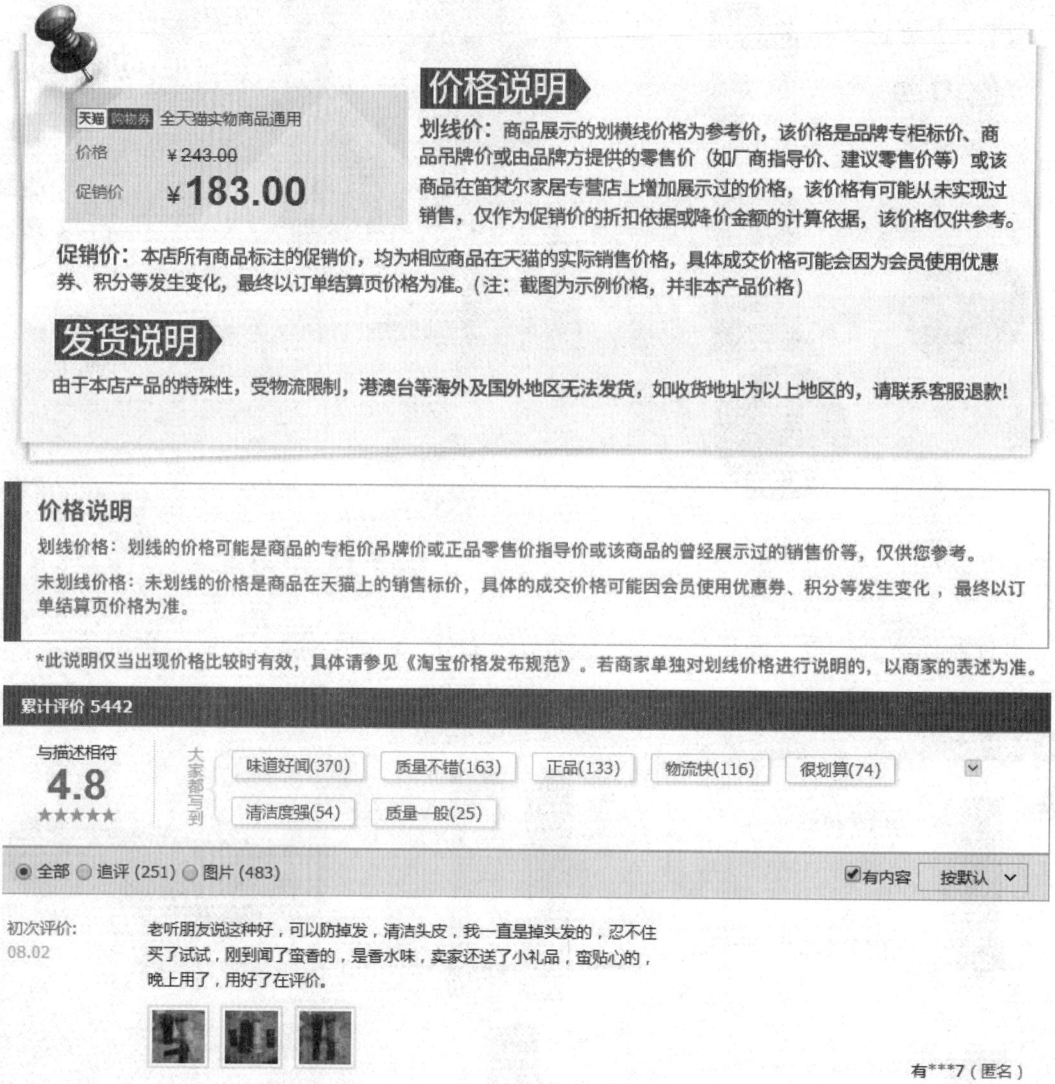

图3–9–16　物流、价格和好评信息

步骤4：使用PS对宝贝详情页进行切片，并将切片文件传至图片空间。

步骤5：上传宝贝，导入产品主图和宝贝详情图片，完成宝贝上传。

课后练习

练习一：设计自己产品的宝贝主图。

练习二：练习设计制作宝贝详情页。

项目小结

本章主要阐述了网店PC端装修的基本知识和技巧，要掌握好网店页头、页面、配色基本设置以及网店装修基本模块的应用与修改，更要掌握自定义内容的风格设计和宝贝主图及详情页的设计制作方法和要求，自己网店不断完善装修的过程也是知识技能不断积累的过程，在学习教材内容的同时，要多看多做多练，不断提升自己的审美能力和网店装修技能水平，淘宝装修方面有许多新的装修技巧都是在不断的摸索中获得的。

学习自测

任务模块	测试内容	学习自测	分值权重
综合素质	审美能力		5
	设计能力		5
基本知识	淘宝页面页头基础设置		2
	淘宝基本装修模块		10
	图片空间		2
	PS常用工具		10
	Dreamweaver基础		5
	色彩基础		3
	构图基础		3
操作技能	制作淘宝海报图		10
	应用淘宝基本装修模块		10
	设计淘宝导航条		5
	制作自定义内容区		5
	使用PS切图		5
	管理图片空间		5
	制作淘宝主图		10
	制作淘宝详情页		10
学习感悟			

项目四　无线端网店装修

项目导读

现如今人们使用手机的频率越来越高，使用手机购物也渐渐被越来越多的人所接受，手机淘宝更是适合现代人群购物的趋势，所以淘宝无线端是淘宝未来的发展趋势，但很多新手卖家对手机淘宝店铺并没有装修过，导致一大批顾客悄悄地流失，本章就讲解淘宝无线店铺的装修。

案例导入

贝贝网于2014年成立，是国内领先的移动母婴特卖平台，发展迅速。2016年6月，上线2年，完成D轮融资。其中D轮融资金额达1亿美元，投资方为新天域、北极光、高榕资本、今日资本等知名投资机构，拥有移动互联网行业多种资源，是移动端流量红利时代和应用市场红利时代发展起来的典型代表。

学习目标

- 掌握淘宝无线装修的基本技巧。
- 掌握手机淘宝店铺的基本设置。
- 掌握手机淘宝店铺首页的制作方法。

任务一　无线淘宝店铺首页装修

任务描述

手机淘宝店铺首页是顾客打开手机淘宝查看淘宝店铺首先看到的信息，店标的设计要让顾客对销售的情况一目了然，客服电话也是客户联系店主的必备信息。

任务目标

知识目标：掌握手机淘宝店铺装修的重要性。

技能目标：熟练掌握进入淘宝无线装修页面的方法，能自主设计手机淘宝店铺的店标。

情感目标：设计店标和手机店铺整体风格一致，能达到吸引顾客的目的。

任务实施

普遍的无线首页是由以下几部分组成：店招、海报、分类入口、优惠券、单品展示等。

步骤1：单击“卖家中心”页面中左侧栏目模块中店铺管理模块下的【手机淘宝店铺】，如图4–1–1所示。打开如图4–1–2所示的无线店铺设置窗口。

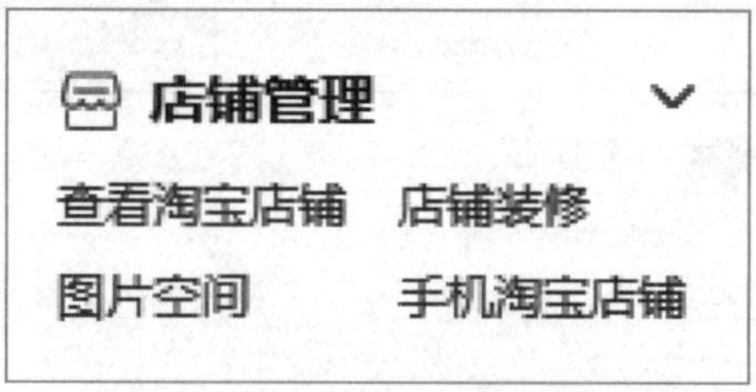

图4–1–1　淘宝店铺管理模块

图4–1–2　无线店铺管理模块

步骤2：单击右侧无线店铺下方的【立即装修】链接按钮进入淘宝手机店铺装修页面，如图4–1–3所示。

图4–1–3　手机淘宝店铺装修模块

步骤3：单击装修手机淘宝店铺下方的【店铺首页】按钮，进入如图4–1–4所示的店铺首页装修页面。在看到的手机淘宝店铺单击店招部分，在窗口的右侧看到如图4–1–5所示的修改界面。修改手机淘宝店铺的logo和店招图片。logo尺寸一般为80PX × 80PX，店招图片的尺寸一般为280PX × 70PX。

图4–1–4　手机淘宝店铺首页窗口

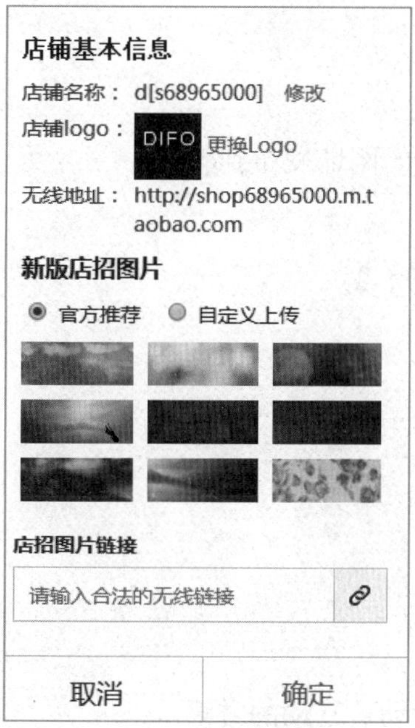

图4-1-5　店铺基本信息

步骤4：单击手机淘宝店铺首页下方的淘宝模块，为手机淘宝添加各类自定义模块，在手机淘宝页面的装修中可以添加宝贝类、图文类、营销互动类、智能类等手机淘宝模块，如图4-1-6所示。单击右侧的展开折叠按钮可以查看该类目下的淘宝模块，如图4-1-7、图4-1-8所示。

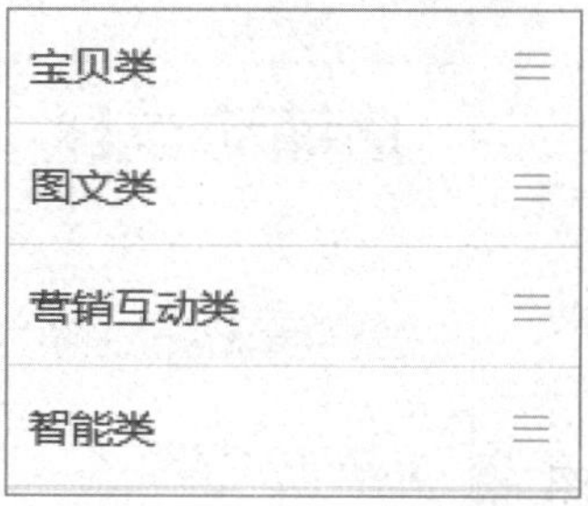

图4-1-6　手机淘宝店铺模块

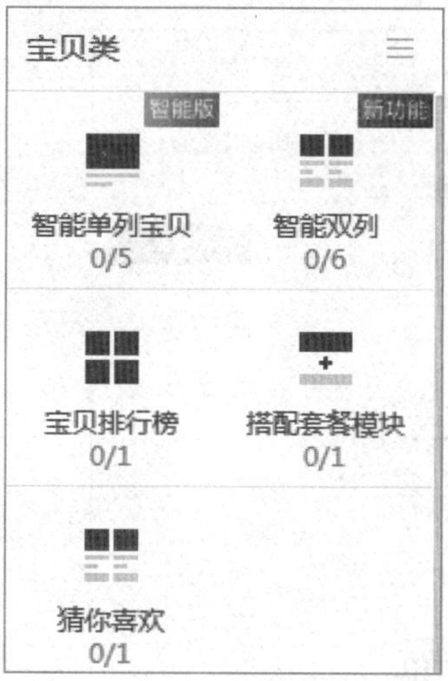

图4-1-7　宝贝类模块

图4-1-8　图文类模块

课后练习

练习一：设计制作手机淘宝店铺的店招和logo。

练习二：装修自己的手机淘宝店铺首页，并将装修后的网址发布到QQ群。

任务二　店铺动态和分类

任务描述

修改手机淘宝店铺的店铺动态，设计适合的店铺分类。

任务目标

知识目标：掌握店铺动态模块和商品分类的作用。

技能目标：熟练掌握店铺动态中发布广播、商品、活动、互动的方法。

情感目标：洞察顾客心理，了解顾客需求，通过模块内容和顾客保持良好的互动。

任务实施

一、店铺动态的设置

步骤1：点击【店铺动态】链接，看到如图4-2-1所示的界面。

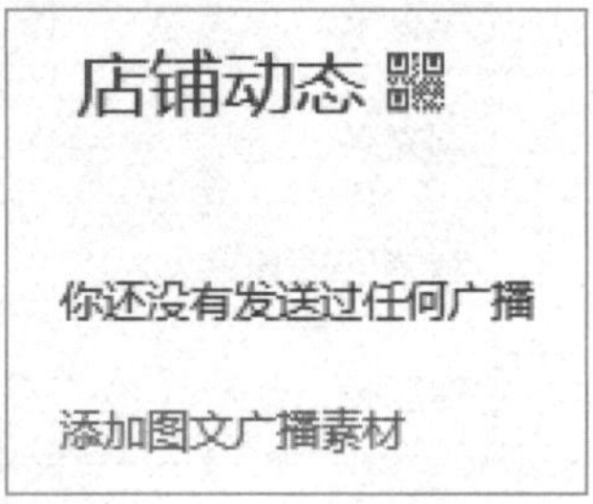

图4-2-1　手机淘宝店铺动态

步骤2：点击【添加图文广播素材】链接进入，如图4-2-2所示。

图4-2-2　添加图文广播动态窗口

二、店铺分类的设置

步骤1：点击【店铺分类】链接，看到如图4-2-3所示的界面，一般为同步PC端淘宝店铺的淘宝分类。

步骤2：单击右上方的【发布】链接。

图4-2-3　手机淘宝店铺宝贝分类

课后练习

练习一：为自己的手机淘宝店铺分别发布图文广播、商品、活动、互动店铺动态信息。

练习二：设计修改自己的手机淘宝店铺的分类并在手机淘宝店铺中同步发布。

任务三　自定义菜单和搜索

任务描述

富有特色的自定义菜单和搜索关键词的设定可以方便顾客快速找到店铺商品，为手机淘宝店铺设置自定义菜单，并且结合自身商品设置搜索关键词。

任务目标

知识目标：掌握手机淘宝店铺自定义菜单作用。

技能目标：掌握手机淘宝店铺自定义菜单和搜索关键词的设定方法。

情感目标：根据顾客购物心理，设计合理的自定义菜单。

任务实施

一、自定义菜单的设定

步骤1：点击【自定义菜单】链接，看到如图4-3-1所示的界面。

图4-3-1　手机淘宝自定义菜单窗口

步骤2：单击【创建模板】按钮，在弹出的窗口中输入创建菜单模板的名称，如图4-3-2所示。

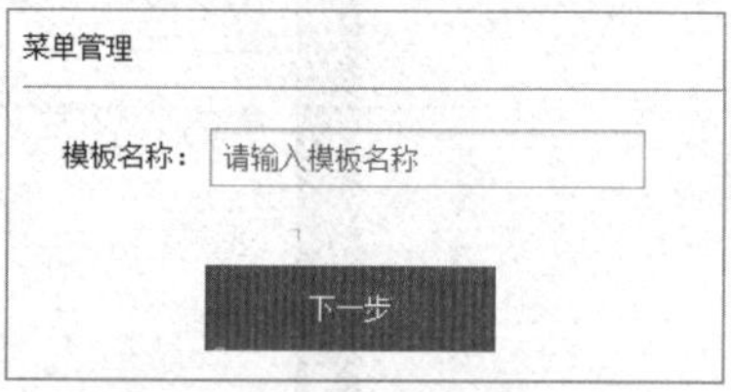

图4-3-2　创建自定义菜单模板

步骤3：在打开的菜单管理窗口设置菜单选项及二级下拉菜单，如图4-3-3所示。

步骤4：单击【确定发布】链接，发布设计的自定义菜单，便可在手机端看到如图4-3-4所示的菜单。

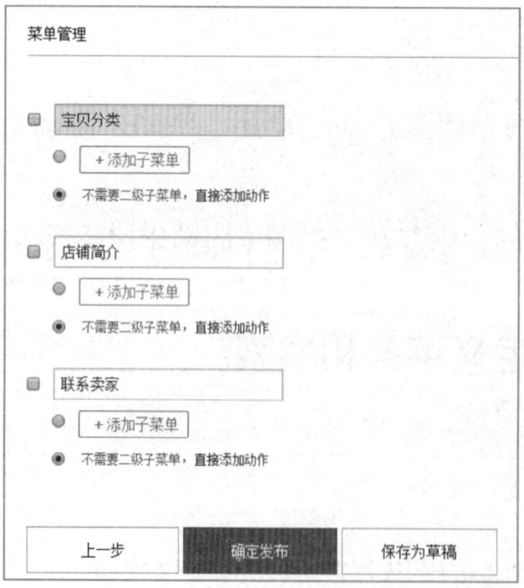

图4-3-3　创建手机淘宝店铺自定义菜单

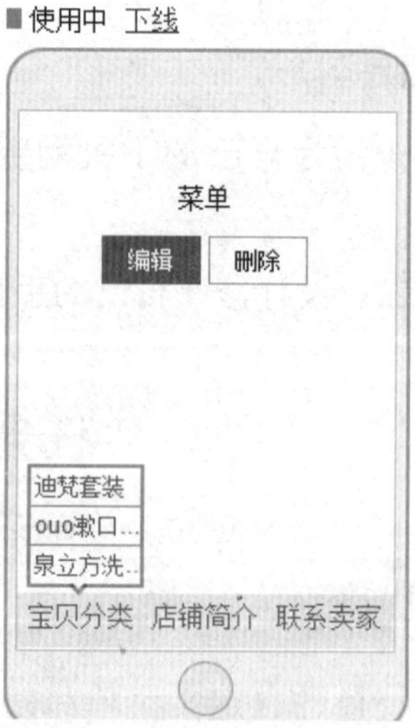

图4-3-4　自定义菜单预览窗口

二、搜索关键词的设定

步骤1：点击【店铺搜索】链接，看到如图4–3–5所示的界面，在【搜索关键词】链接下可以搜索和产品相关的热门关键词。

步骤2：单击右上方的【热门关键词】链接，为店铺中的宝贝添加热门的关键词，以方便顾客搜索，如图4–3–6所示。

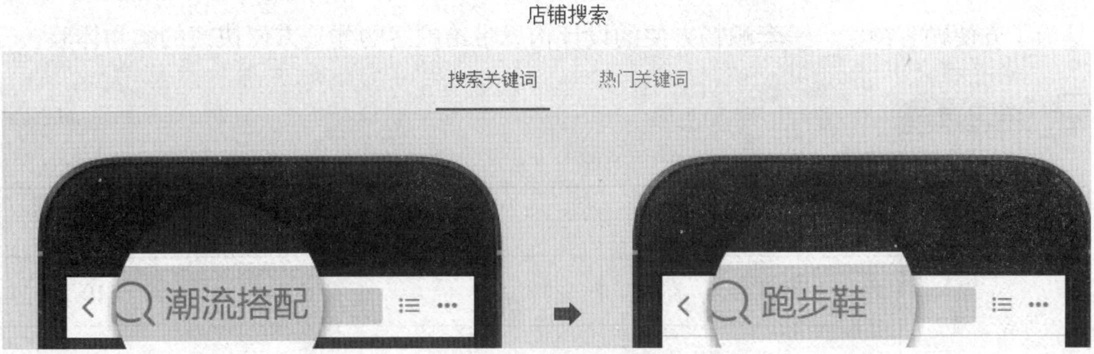

图4–3–5　店铺搜索窗口

图4–3–6　添加热门关键词

步骤3：单击右上方的【发布】链接，发布关键词设置。

课后练习

练习一：为自己的手机淘宝店铺设计自定义菜单。

练习二：为自己的手机淘宝店铺添加热门搜索的关键词。

项目小结

本章主要介绍了淘宝无线装修的知识要点。

对于无线端来说，精简是主旨，卖点是装饰。无线端虽然追求简单直接，该有的却同样都不能少，而且给消费者带来的第一印象必须强烈，从主页海报来讲，卖点可以是贯穿整个页面的装饰，又要结合页面风格体现简单直接的观感。

对于设计底部菜单、添加店铺链接、为淘宝手机店铺添加关键词等知识内容，主要是为了方便顾客浏览，一套顺畅方便的设计构思带给顾客的才是方便快捷的购物体验。

学习自测

任务模块	测试内容	学习自测	分值权重
综合素质	协作能力		10
	沟通能力		10
基本知识	无线端首页		20
	店铺链接		5
	关键词设置		5
	底部菜单设计		5
操作技能	无线端海报设计		10
	关键词搜索		5
	添加店铺链接		5
	设计手机淘宝首页		20
学习感悟			

项目五　网店推广与营销

项目导读

酒香不怕巷子深？这在互联网时代并不成立，品牌要是不会吆喝，一定会被淹没在每天数以亿计的信息中。网店推广营销是为实现总体经营目标所进行的、以互联网为基本手段营造网上经营环境的各种活动。本项目中，我们以淘宝平台店铺为例，从店内营销工具活动、直通车推广、钻石展位推广、淘宝客推广、平台常见活动以及综合运用各种方式进行爆款打造这几个方面来简单介绍网店推广营销的基本方法，为大家学习网店推广营销做一个入门基础。

案例导入

韩都衣舍（集团）创立于2006年，致力于为都市时尚人群提供高品质的流行服饰，是中国最有影响力的时尚品牌孵化平台。2012年至2016年，在国内各大电子商务平台中，韩都衣舍连续五年行业综合排名第一。

韩都衣舍的流量多年来稳居天猫商城第一位，被称为流量之王。那么韩都衣舍的流量都来源于哪里？在内部推广方面，他们借助于店铺营销工具，充分采用搭配套餐、店内主题活动、会员制度等提升消费者的购买量和忠诚度。在付费推广方面，韩都衣舍推广费大约占销售额的10%，以2016年11亿元的销量来核算，推广费就要一个多亿，这一个多亿的推广资金均投放于直通车、钻展和淘宝客中，通过直通车获取基本流量，店铺运营那边配合把所有类目都做成小爆款的概念，通过直通车去做关键词，通过关键词去做搜索，从而获取更多的流量，另外直通车里面还有一个聚划算计划，这个计划由聚划算规划；钻展主要在大活动期间把量冲起来；淘宝客主要体现在增加销量上。韩都衣舍凭借这三个方面的严密配合，搭配淘宝平台的活动，获取大部分流量和销量。

韩都衣舍很清楚地认识到："如果要做一个互联网品牌，营销是第一位的。"

学习目标

- 掌握常见网店促销工具的基本使用方法和技巧。
- 会熟练运用直通车推广、淘宝客推广、钻石展位推广店铺。

● 掌握爆款打造的基本步骤和方法。
● 能够熟练规划并参与常见平台活动。

任务一　店铺促销的基本方式

任务描述

本任务中我们通过学习优惠券、店铺宝、单品宝、搭配宝等店内优惠促销的基本工具的使用方法来提升店铺销量。

任务目标

知识目标：掌握店铺常见促销工具的使用方法。

技能目标：能够为自己的店铺设置合理的优惠促销活动。

情感目标：满足学生学习网店推广的求知欲和好奇心，培养学生克服困难，独立完成任务的意识。

任务实施

一、优惠券

优惠券是一种虚拟的电子券，卖家可以在不用充值现金的前提下针对新客户或者不同等级会员发放不同面额的优惠券。所有的优惠券创建及设置都是通过官方营销工具“优惠券”来实现的。优惠券包括三种类型：店铺优惠券、商品优惠券以及包邮券。具体创建步骤如下：

步骤1：通过【卖家中心】—【促销管理】，进入商家营销中心，选择【淘宝卡券】。

步骤2：进入优惠券选择页面，卖家优惠券（淘宝卡券）共分为店铺优惠券、商品优惠券、包邮券，如图5-1-1所示。

图5-1-1　优惠券类型选择

步骤3：设置店铺优惠券。选择【店铺优惠券】，单击【立即创建】，进入【新建店铺优惠券】页面，具体设置如图5-1-2所示。

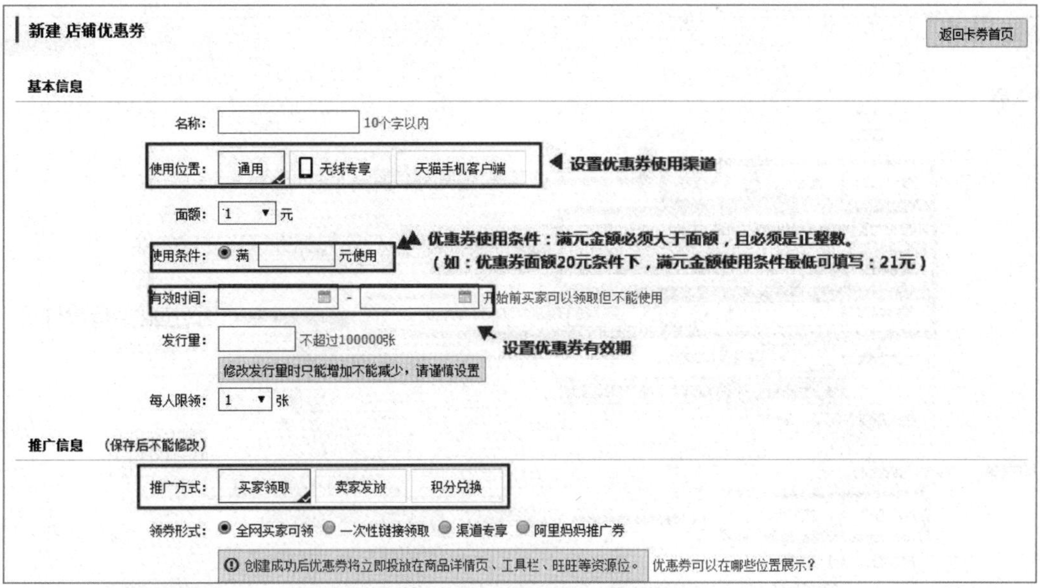

图5-1-2　店铺优惠券设置

步骤4：设置商品优惠券。选择【商品优惠券】，单击【立即创建】，进入【新建商品优惠券】页面，具体设置如图5-1-3所示。

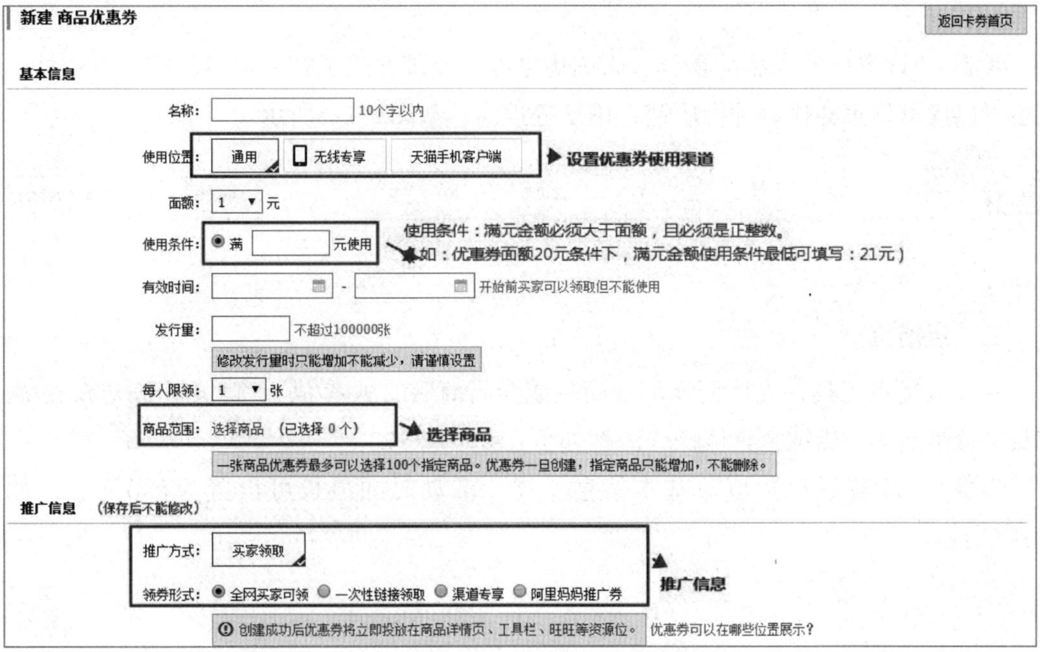

图5-1-3　商品优惠券设置

步骤5：设置包邮券。选择【包邮券】，单击【立即创建】，进入【新建包邮券】页面，具体设置如图5-1-4所示。

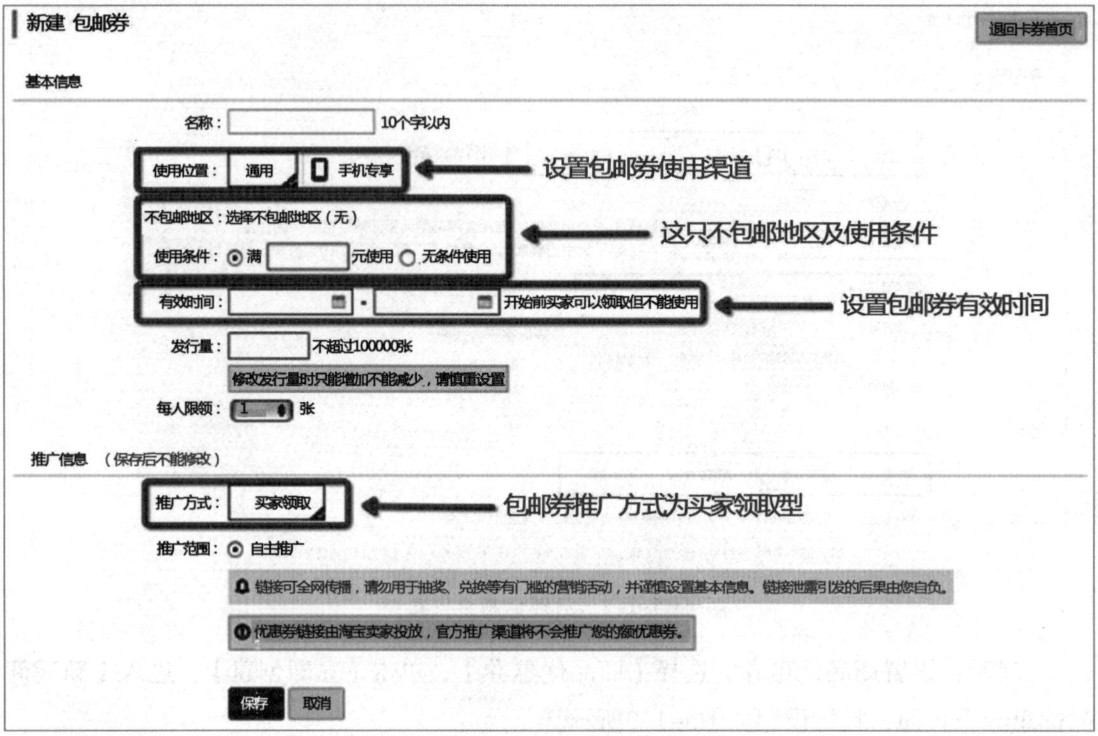

图5-1-4　包邮券设置

步骤6：设置好的商品优惠券、店铺优惠券、包邮券除了官方提供的推广渠道外，卖家也可以拷贝优惠券代码进行店铺、论坛等推广，如图5-1-5所示。

图5-1-5　优惠券链接

二、店铺宝

店铺级优惠工具，支持创建部分商品或全店商店的满减/满折/满包邮/满送权益/满送赠品等营销活动。店铺宝具体操作流程如下：

步骤1：新建活动，填写基本信息（注：活动时间最长可设置为180天），如图5-1-6所示。

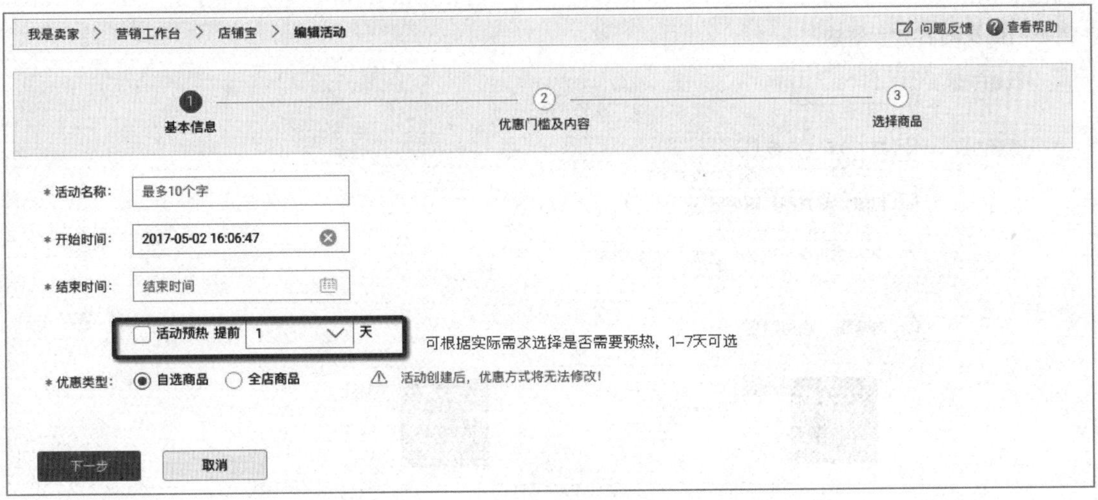

图5-1-6　创建店铺活动

步骤2：填写优惠门槛及内容，如图5-1-7所示。逐级设置优惠：最多支持5级优惠，优惠力度需逐级增加，如图5-1-8所示。

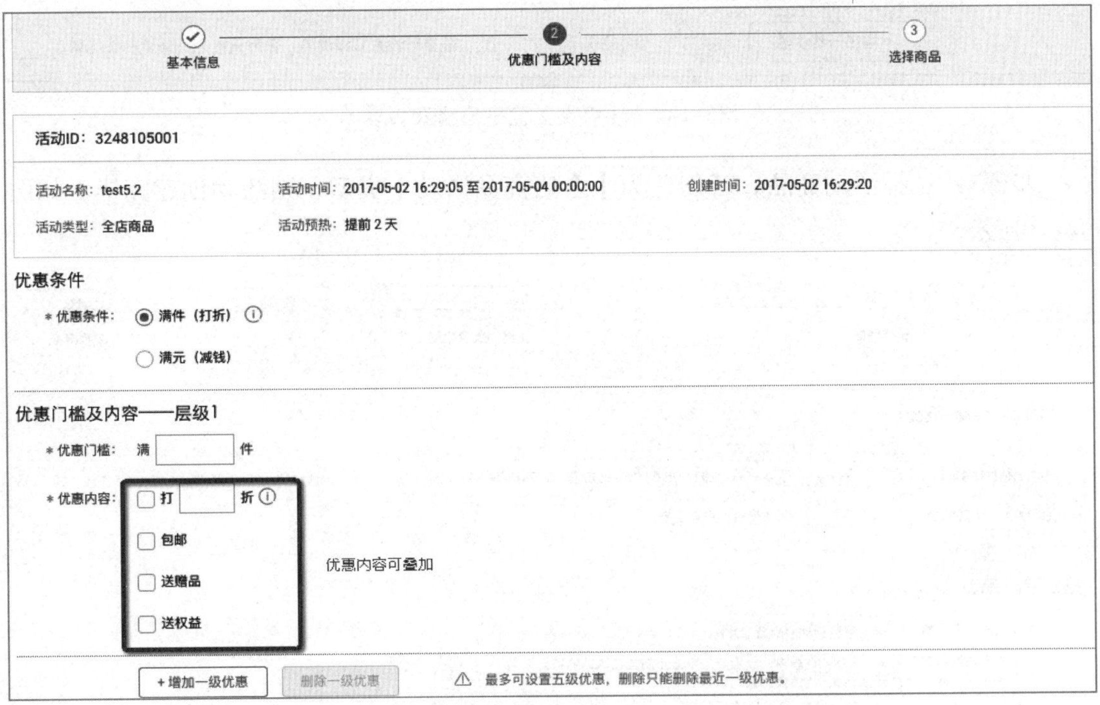

图5-1-7　设置优惠门槛及内容

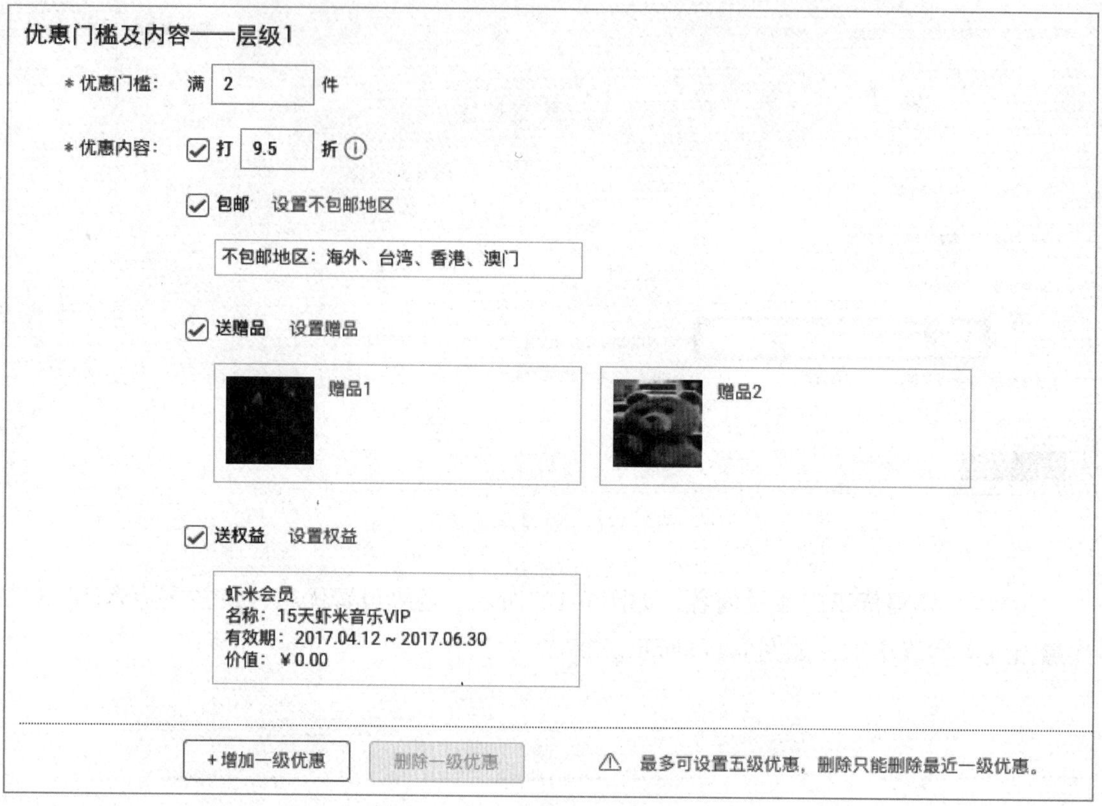

图5-1-8 逐级设置优惠门槛及内容

步骤3：选择活动商品，若创建为【全店商品活动】类型，则活动创建完毕，如图5-1-9所示。

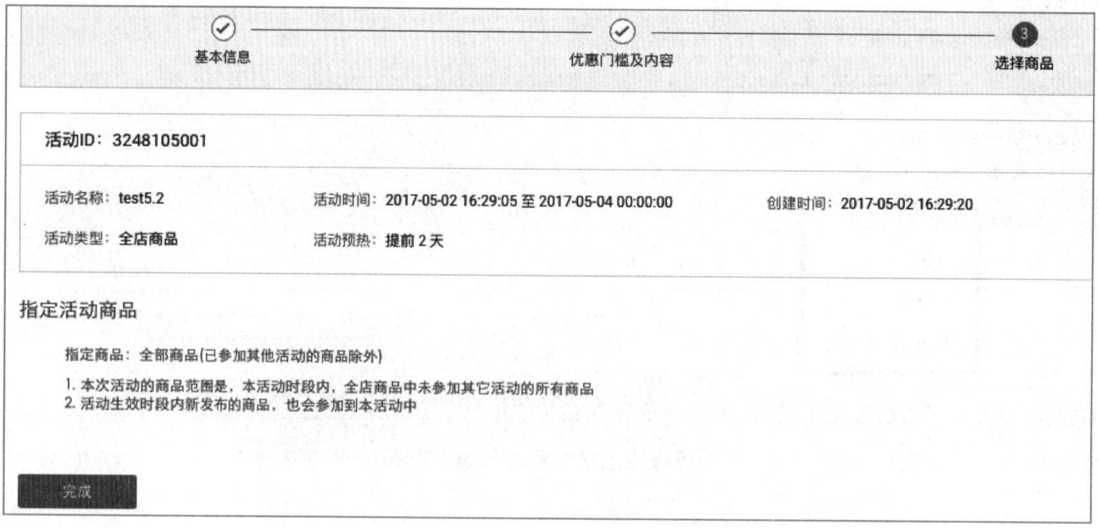

图5-1-9 全店商品参与活动

若创建为【自选商品活动】类型，操作如下：

（1）下载模板，进行商品批量上传，如图5-1-10所示。

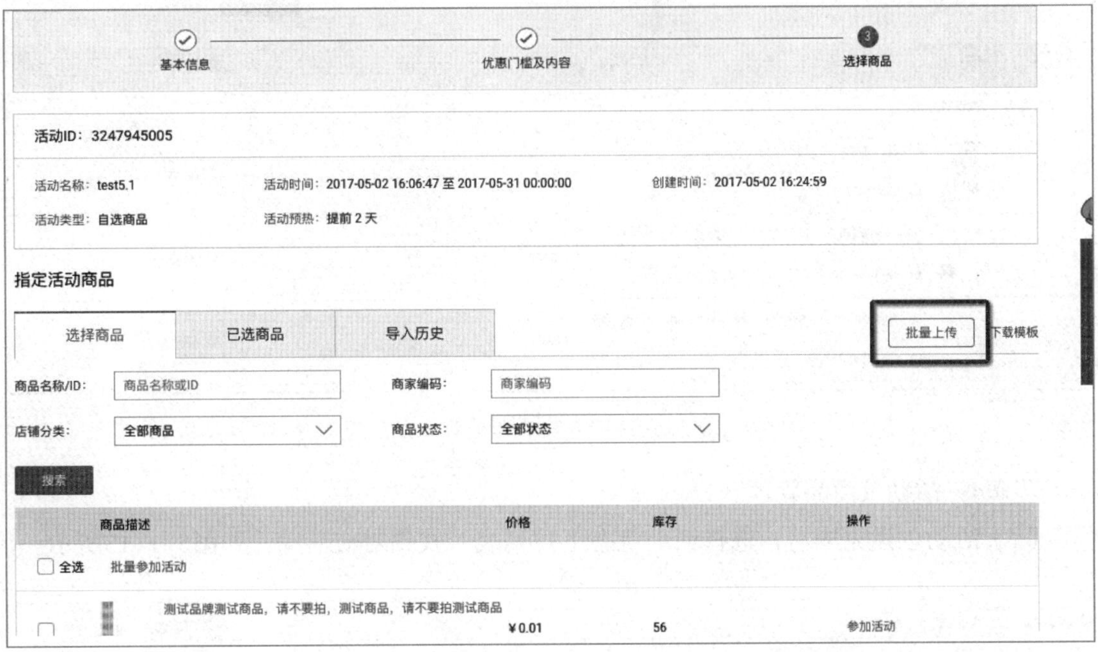

图5-1-10　批量上传

（2）上传完毕后，可查看失败成功记录（同一个商品在同一个时间段内不允许参加多个自选商品的活动类型），如图5-1-11所示。

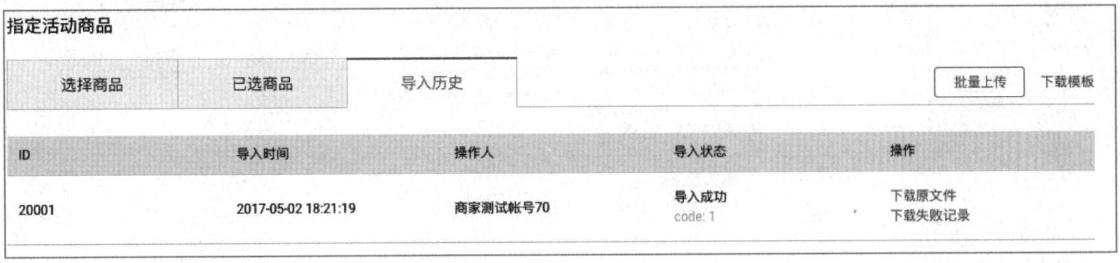

图5-1-11　指定活动商品

（3）确认已选商品，并完成创建，如图5-1-12所示。

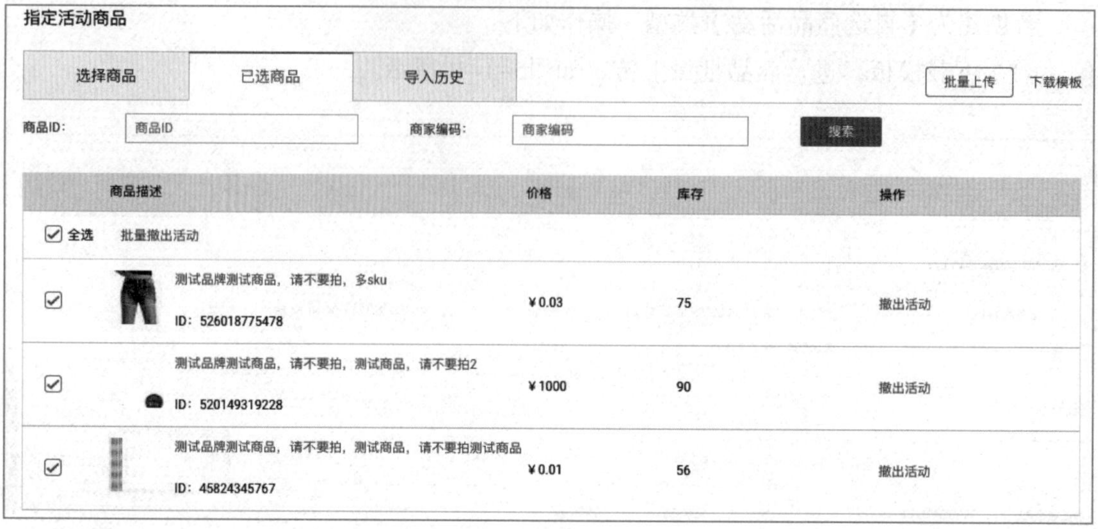

图5-1-12　确认选择商品

步骤4：活动及商品管理。

（1）活动创建完毕后，选择活动状态下拉列表，找到对应活动，如图5-1-13所示。

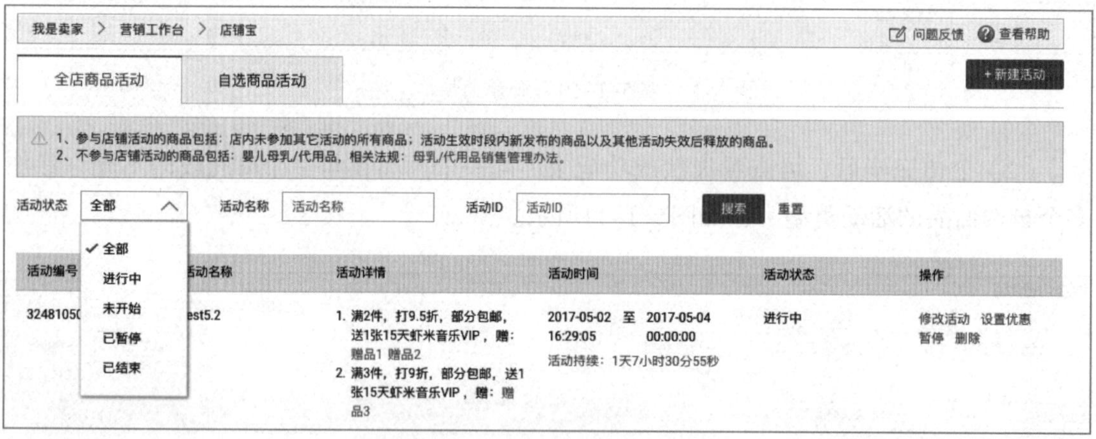

图5-1-13　设置活动状态

（2）可根据需求，进行活动修改、暂停、重启、删除及商品管理操作，如图5-1-14所示。

图5–1–14　活动商品管理

三、单品宝

单品宝是由原来的限时特价升级而来，它更灵活更高效，可支持SKU级（即每个颜色或者尺寸可以分别打不同的折扣）打折、减现、促销价；过期活动，可一键重启。具体使用操作步骤如下：

步骤1：新建活动，填写信息（注：活动时间最长可设置为180天），如图5–1–15所示。

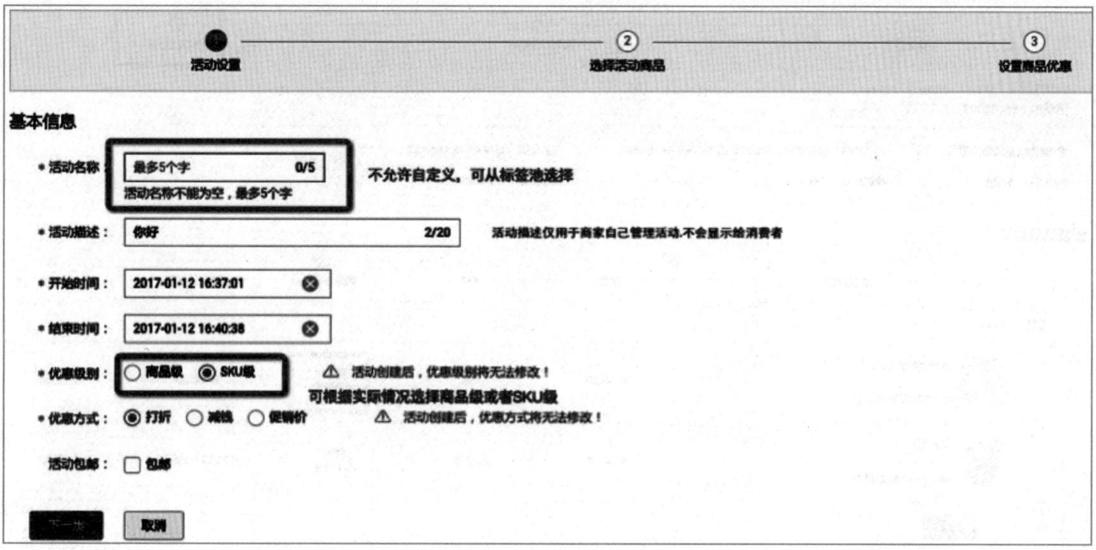

图5–1–15　填写新建活动信息

步骤2：选择活动商品，如图5–1–16所示。

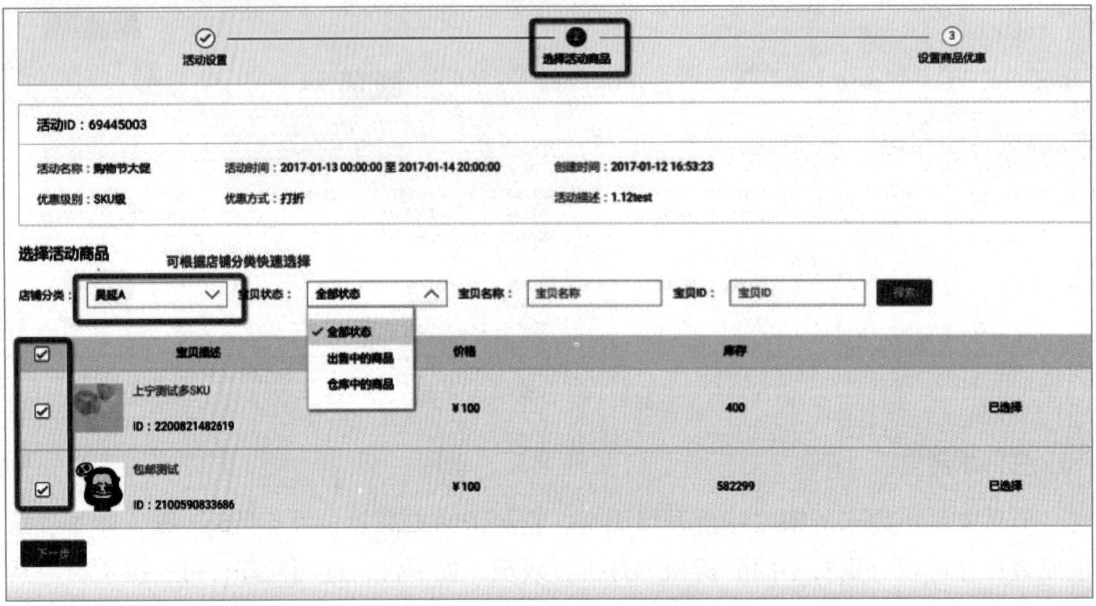

图5-1-16　选择活动商品

步骤3：设置商品优惠，如图5-1-17所示。

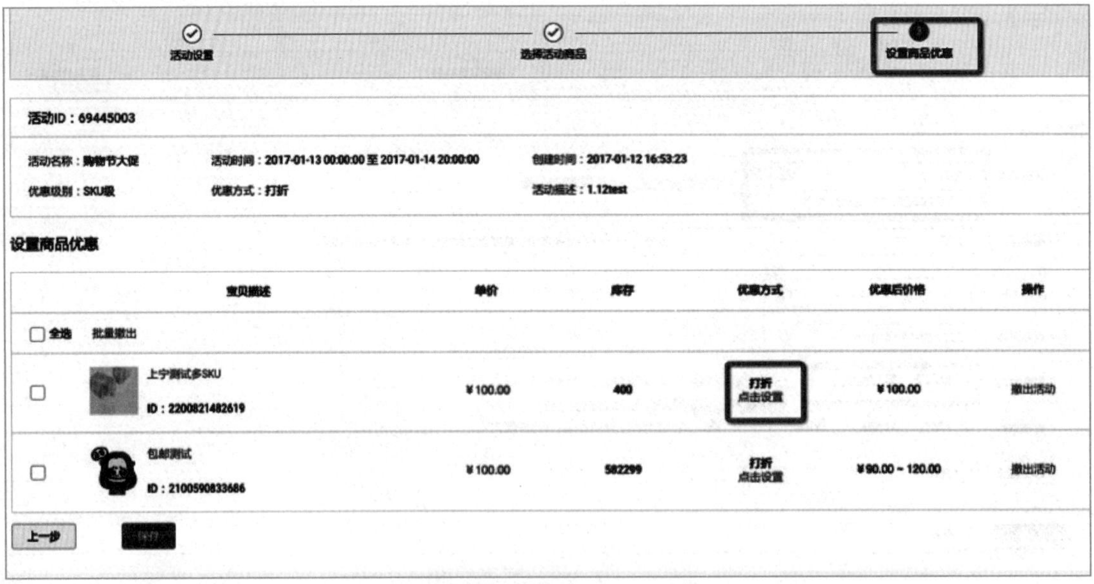

图 5-1-17　设置打折优惠

（1）设置打折优惠，设置SKU（SKU：就是每个颜色或者尺寸可以分别打不同的折扣，对应的商品级就是这个产品打一个统一折扣）级的操作，如图5-1-18所示。

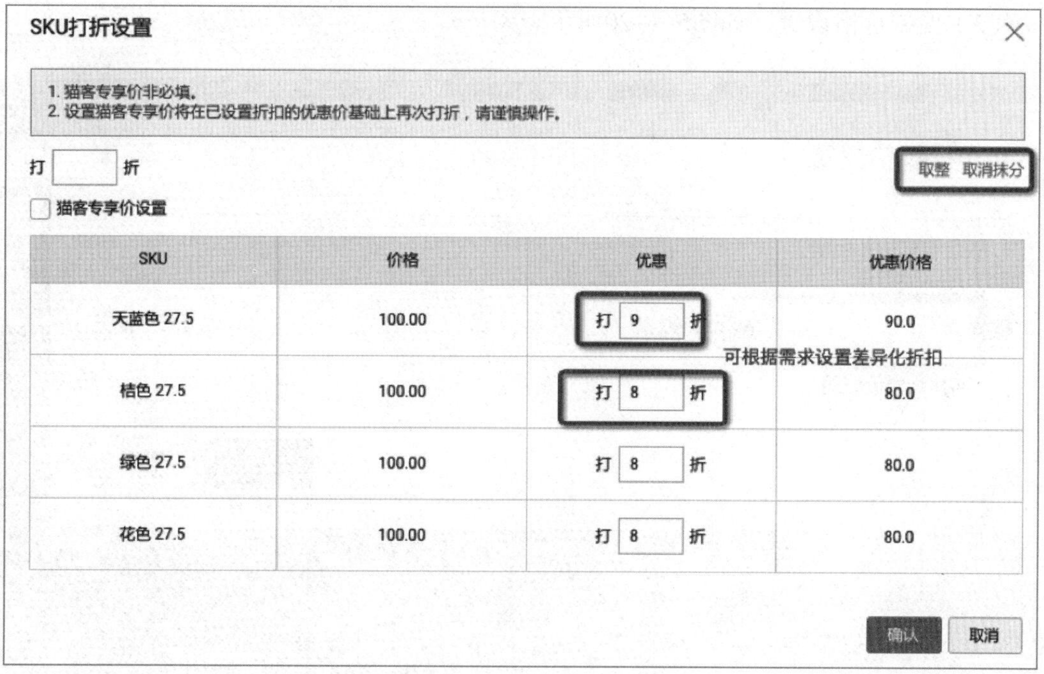

图5–1–18　设置SKU

（2）宝贝减钱设置，如图5–1–19所示。

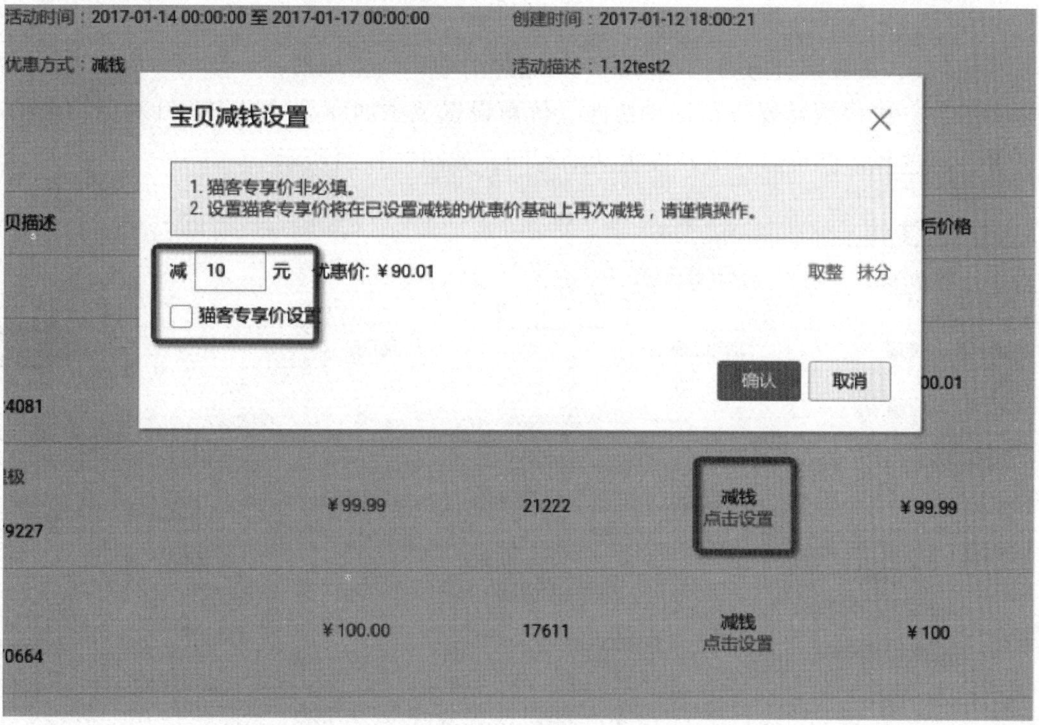

图5–1–19　设置宝贝减钱

（3）促销价格设置，如图5–1–20所示。

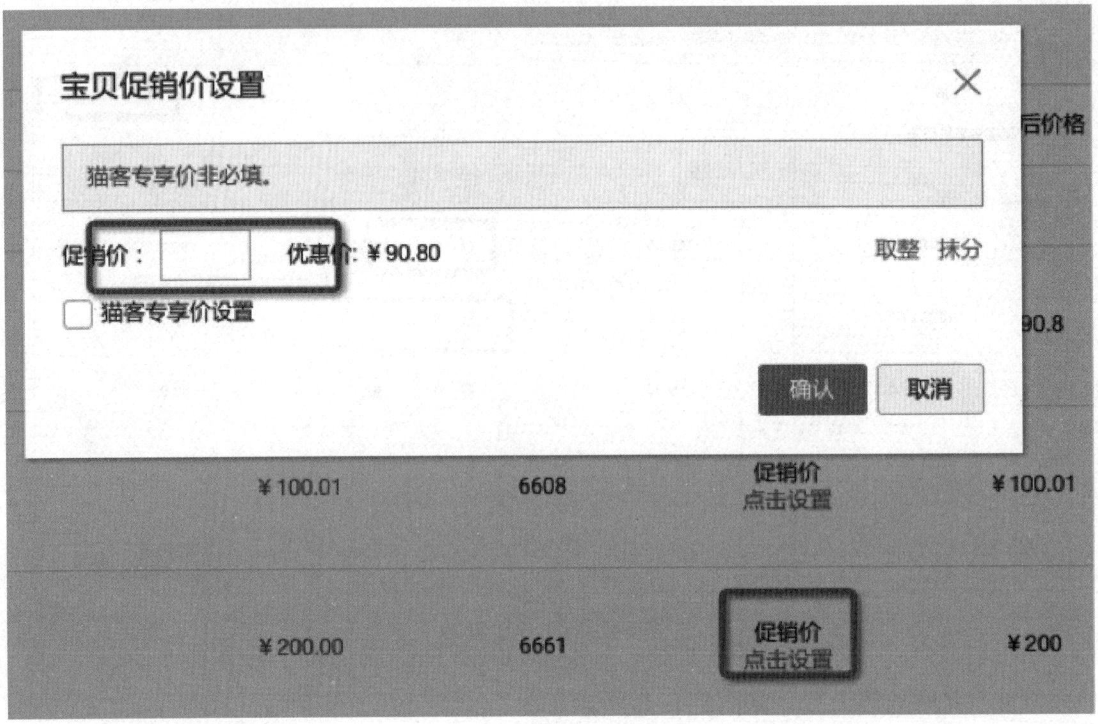

图5–1–20　促销价格设置

步骤4：活动管理。活动创建完毕后，选择活动状态下拉列表，找到对应活动，对活动进行管理。可根据需要进行活动修改、优惠设置及添加商品的操作。针对已结束状态的活动，可选择一键重启，重新设置活动时间，如图5–1–21所示。

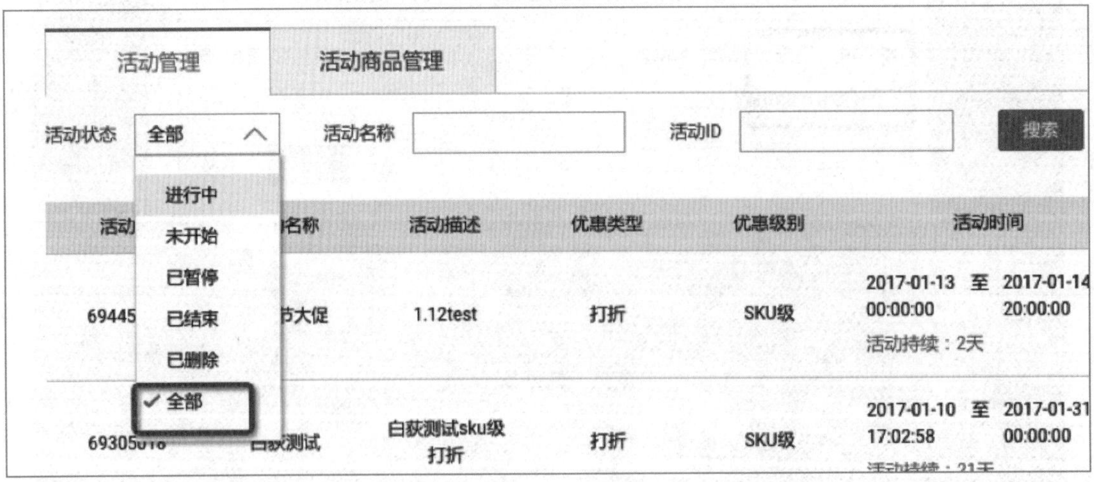

图5–1–21　活动管理

步骤5：活动商品管理。可针对活动中和未开始的宝贝，进行商品优惠信息编辑和撤出活动操作，如图5–1–22所示。

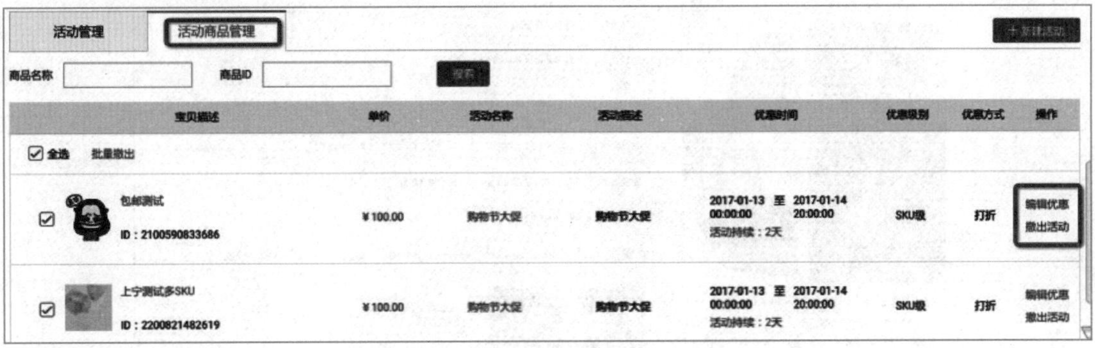

图5–1–22　活动商品管理

四、搭配宝

搭配宝可实现店铺内商品关联搭配，支持固定及自由搭配；加入智能算法，推荐适合的搭配商品，帮助店铺提升客单价和转化率；同时搭配套餐将穿透到公域，参与主搜，成为引流利器。操作步骤如下：

步骤1：进入搭配宝界面，单击【创建套餐】，首先添加主商品，选择主商品（不支持搭配及赠品类目下商品）后，系统会基于智能算法，推荐适合的搭配商品；同时，也可根据实际需求，自行选择搭配商品，最多可选择8个。选择好套餐商品后，点击进入下一步，进行基本信息设置，如图5–1–23所示。

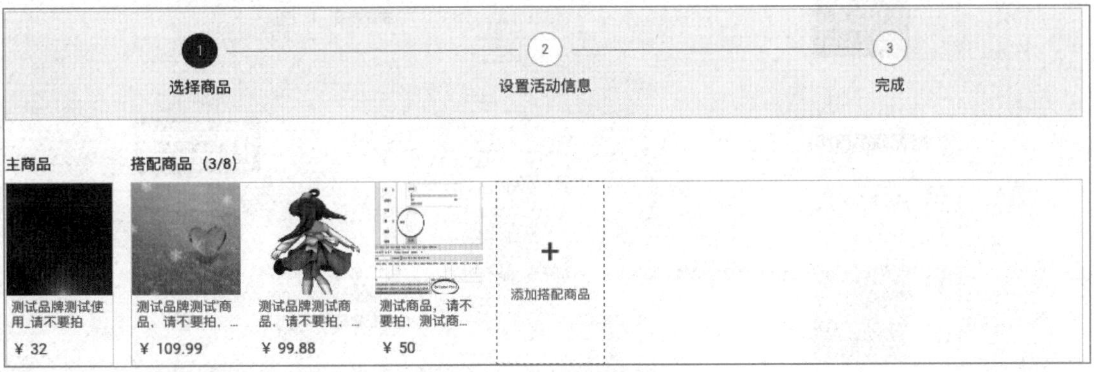

图5–1–23　创建套餐

步骤2：创建套餐并设置基本信息。套餐主图确保为白底图，并重点突出主商品，勿在图片上添加价格及促销文案；部分行业提供模板参考，其他行业可根据实际情况微调，若不符合图片规范，套餐将不会在主搜上透出，如图5–1–24所示。

图5-1-24 设置套餐基本信息

（1）设置套餐内商品的搭配价、搭配数量（即套餐内该商品可最多购买件数），如图5-1-25所示。

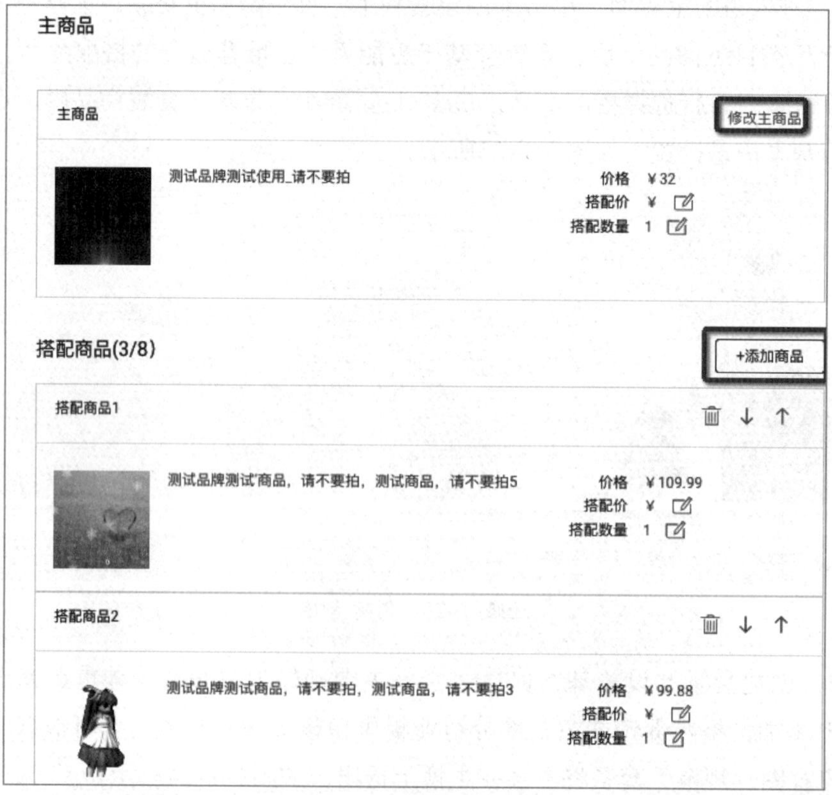

图5-1-25 套餐搭配价格和数量

（2）价格设置完毕后，点击保存。设置完毕后可通过【点此查看】和扫描二维码分别在无线和PC端进行预览，如图5-1-26所示。

图5-1-26　设置套餐价格

步骤3：套餐管理。支持根据套餐类型、状态名称、ID进行活动筛选、删除套餐等操作，如图5-1-27所示。

图5-1-27　套餐管理

课后练习

练习一：为店铺设置10元、20元、50元的优惠券，并设置相应的使用条件。

练习二：为全店商品设置相应的满减折扣，比如两件九五折、三件八八折、满99元包邮。设置会员折扣，累计购物满一定额度可以升级为VIP会员，享受店铺商品相应折扣。

练习三：根据不同的颜色为店铺的宝贝设置不同的折扣，例白色9.5折，黑色9折。

练习四：选择两款商品做搭配促销，设置搭配套餐价格。

任务二　直通车推广

任务描述

直通车是专门为广大卖家量身定制的一款推广工具，是网店推广的常见方式，本任务主要讲解直通车推广的开通方法，并以标准推广计划的设置和管理为例来讲解直通车的使用。

任务目标

知识目标：掌握直通车推广概念。

技能目标：掌握直通车的开通方法，会使用直通车推广商品，掌握直通车推广的推广技能、营销创意能力、关键词获取能力。

情感目标：让学生形成良好的推广营销习惯，建立营销信心。

任务实施

直通车主要通过设置与推广商品相关的关键词获得流量，按照获得流量个数（点击数）来付费，从而进行商品的精准推广。直通车推广计划有四类，分别是标准推广、快捷推广、钻石展位、活动专区。本任务以最常见、最普遍的标准推广方式来讲解，这种推广方式通过新建推广计划，选择推广宝贝，添加创意设置关键词，出价等步骤完成宝贝的推广。

步骤1：开通直通车。在淘宝网登录后单击【卖家中心】选项，然后在左侧列表的【营销中心】栏下单击【我要推广】链接，单击【淘宝/天猫直通车】图标，即可进入直通车，如图5–2–1所示。初次使用它，系统会自动弹出淘宝直通车软件服务协议界面，仔细阅读，确认没问题后单击【同意】按钮，接受协议后来到直通车页面，此时用户已经加入淘宝直通车了，但还不能使用。

图5-2-1　淘宝/天猫直通车

步骤2：如要使用淘宝直通车，必须激活它，需要先充值。开通直通车要求第一次充值500元作为预存款，充值后只能作为推广资金，不能退还，如图5-2-2所示。

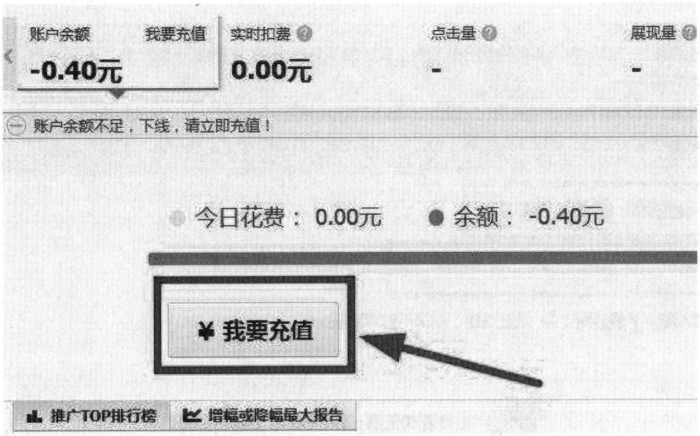

图5-2-2　直通车充值

单击【我要充值】按钮，进入充值界面。选择或输入充值金额，单击【立即充值】按钮，系统自动链接到支付宝界面，输入自己的支付宝账户及密码后完成充值。这样淘宝直通车就正式开通了。以后账户续费时，充值金额200元起。

步骤3：在淘宝直通车首页，单击页面左边的【推广计划】栏中的【标准推广】链接，然后单击【+新建推广计划】按钮，即为新的标准推广计划起一个名字，比如【夏季促销】，单击【提交】按钮，一个新的推广计划即创建完成，如图5–2–3所示。

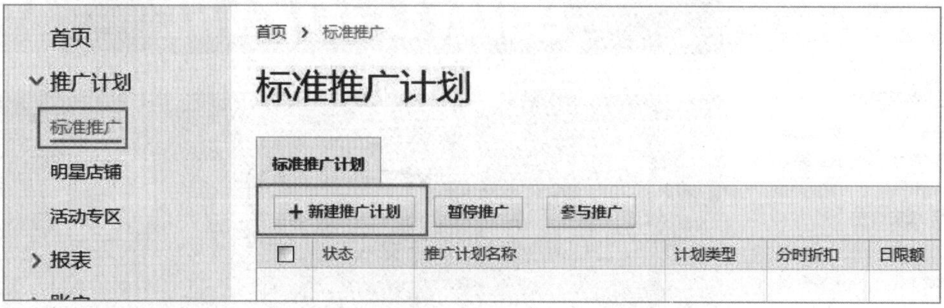

图5–2–3　新建直通车标准推广计划

步骤4：标准推广计划的设置和管理。

（1）创建好推广计划后，要设置和管理此计划，单击【设置和管理标准推广计划】链接，选择【我的推广计划】栏中的【夏季促销】选项，进入此计划的设置和管理界面。

（2）设置日限额。日限额可以控制推广成本，卖家也可以根据预算调整日限额。通过按钮开关选择【不设置日限额】或【设置日限额】选项进行设置。选择【设置日限额】选项后，可以为推广计划设置每日扣费的最高日限金额，如图5–2–4所示。

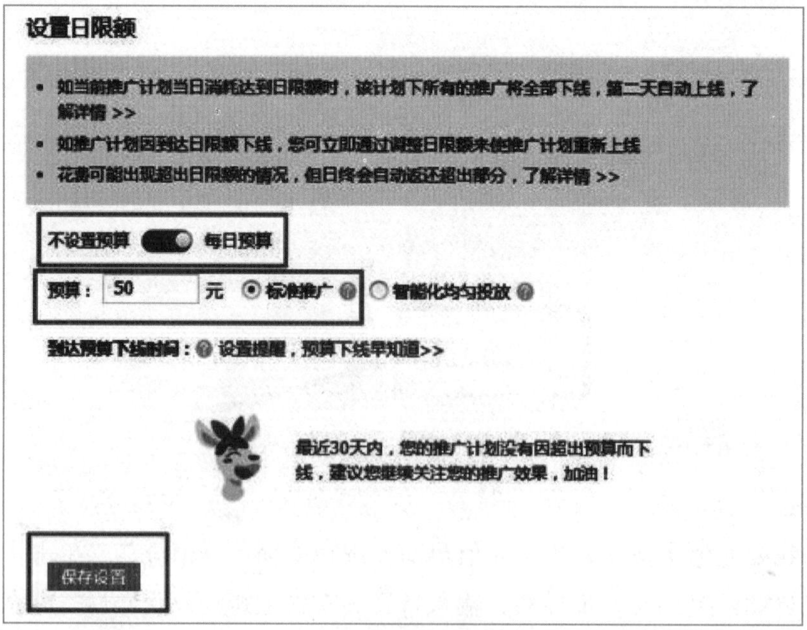

图5–2–4　设置日限额

输入日限额具体金额后，选择【标准推广】或【智能化均匀投放】选项。

● 标准推广：系统会根据卖家的投放设置正常展现商品的推广，但也可能会因为过早达到日限额而提前下线。

● 智能化均匀投放：根据网站的流量变化及设置的日限额，系统会在设置的投放时间内均匀展现商品的推广，尽可能地避免因为过早达到日限额而错过晚些时候的流量。

（3）设置投放平台。淘宝直通车目前有淘宝站内和淘宝站外两个投放平台，每个平台里面都有计算机设备和移动设备端。淘宝站内平台指淘宝网内投放，是必选的投放平台，淘宝站外平台指跟淘宝网合作的推广网站，卖家可以根据自己的预算决定是否开通，如图5–2–5所示。

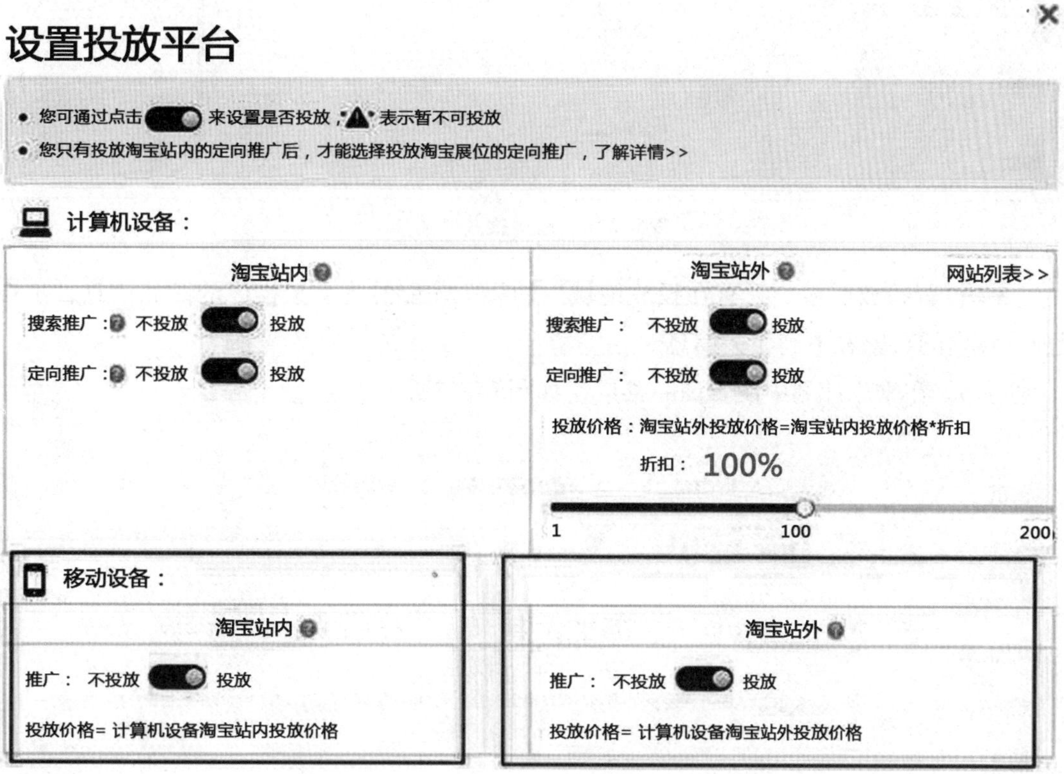

图5–2–5　设置投放平台

（4）设置投放时间。投放时间是指在卖家设置的特定投放时间内，在淘宝网推广相关的商品。卖家可以根据自己的整体安排和在线安排选择投放的时间段。时间段投放的最小单位是半小时，但可以设置一周的投放时间。如果是新手，可选行业模板进行设置，如图5–2–6所示，可选择【女装/女士精品】模板。

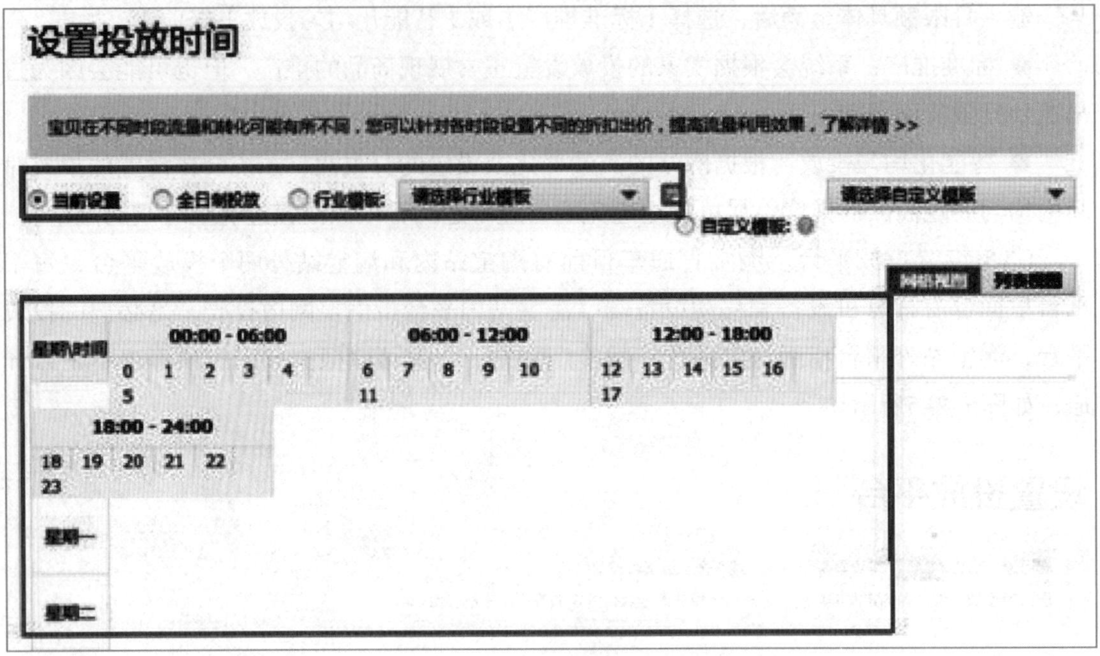

图5-2-6 设置投放时间

（5）设置投放区域。只有在投放地域内的买家才能看到卖家推广的商品信息，不在投放地域内的买家看不到相关信息。

步骤5：在推广计划中设置商品推广，如图5-2-7所示。

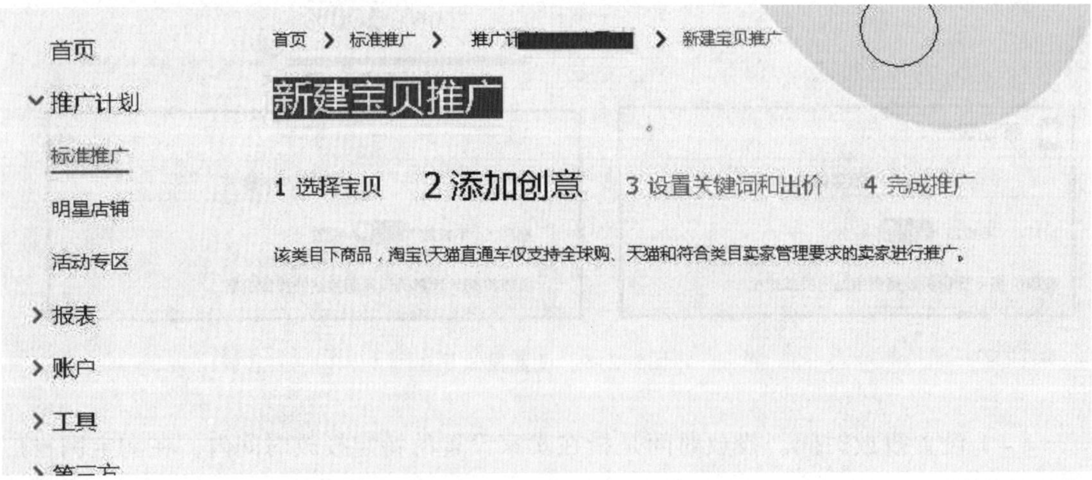

图5-2-7 设置商品推广

（1）选择商品。要精心挑选自己店里有代表性的、图片宣传效果好的、能吸引人的商品（图片尺寸最大是800PX × 800PX，正常为320PX × 320PX）。

（2）添加创意。标题描述要有创意，因为标题最多只能有20个汉字。要精心挑选字词以调动买家的购买欲望。

（3）设置关键词和出价。挑选匹配的关键词和适宜的出价，提高推广的性价比。

（4）完成添加关键词和设置出价后，系统显示“恭喜你，已完成宝贝推广！”界面。设置完成后，回到首页，可以看到刚设置的宝贝推广的情况，如推广状态、推广单元和默认出价等。

课后练习

练习一：开通淘宝直通车，设置直通车的标准推广计划。

练习二：选择店里有代表性的一款衣服做直通车推广。

任务三　淘宝客推广

任务描述

淘宝客推广是一种按照成交量来计费的推广模式，本任务我们主要讲解淘宝客推广模式的开通以及各种推广模式的创建方法。

任务目标

知识目标：掌握淘宝客推广的开通以及各种推广模式的区别和设置方法。

技能目标：能根据自己的网店需要开通并创建合适的淘宝客推广计划。

情感目标：提升学生的沟通协作能力，增强团队合作意识，养成沟通合作的好习惯。

任务实施

淘宝客就是指帮助卖家推广商品并获取佣金的个人或网站。在淘宝客中，有淘客联盟、卖家、淘客以及买家四个角色。淘宝客推广的逻辑关系如图5-3-1所示。

“淘宝联盟”：帮助卖家推广产品；帮助淘客赚取利润，每笔推广的交易抽取相应的服务费用。

卖家：佣金支出者，他们提供自己需要推广的商品到淘宝联盟，并设置每卖出一个产品愿意支付的佣金。

淘宝客：佣金赚取者，他们在淘宝联盟中找到卖家发布的产品，并且推广出去，当有买家通过自己的推广链接成交后，那么就能够赚到卖家所提供的佣金（其中一部分需要作为推广平台的服务费）。

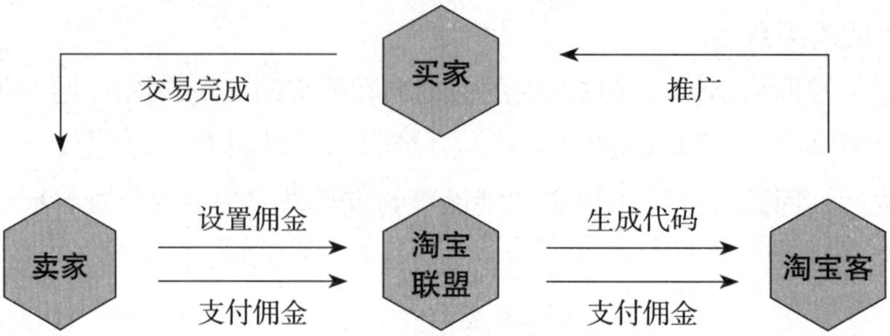

图5-3-1　淘宝客逻辑关系图

一、开通淘宝客

步骤1：在淘宝网首页登录淘宝网账号，登录后单击网页右上角的【卖家中心】菜单。

步骤2：在卖家中心后台单击【营销中心】栏下的【我要推广】链接，在【我要推广】选项中单击【淘宝客】图标链接。

步骤3：初次使用时会弹出账户信息补全界面，输入对应的信息后，单击【同意协议并注册】按钮。完成注册后进入淘宝客推广页面，即开通了淘宝客。

二、淘宝客推广计划

淘宝客主要有三种推广模式，分别是通用计划推广、如意投计划推广和定向淘宝客计划推广。

通用计划推广是淘宝客最常见的、默认的一种推广方式。这种方式不设定任何门槛，所有的淘宝客都能参与并推广。佣金一般是1%~5%，主推商品30款，不能删除，但能修改。

如意投计划推广是为淘宝卖家量身定制，帮助卖家快速提升流量，按成交付费的精准推广营销服务。分为PC（个人计算机）和无线两大块。只要开通了如意投计划即可，没有太多技巧，高佣金和高质量的产品会优先展示。

定向淘宝客计划推广是由卖家自己定义的，卖家可以公开，也可以不公开，可以选择需要审核或者不需要审核。这种推广方式可以避免浏览器阻截，防止买家自己购买产品自己推广赚取佣金的情况。所以卖家可以把这个计划的佣金设置的高一点，只有通过审核的人才能推广。

通用计划推广和如意投计划推广设置方法相对比较简单，任务中我们以定向淘宝客计划推广为代表来介绍淘宝客推广模式及设置方法。操作步骤如下：

步骤1：点击定向计划下的【新建定向计划】，进入新建计划的新页面，如图5–3–2所示。

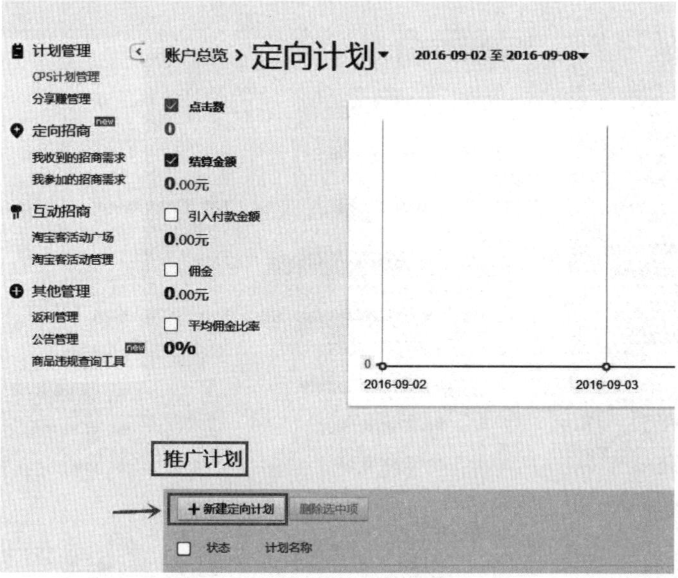

图5–3–2　新建定向计划

步骤2：在新页面要填写计划名称、佣金的设置、计划类型及审核方式的选择等内容。首先是名称，例如“秋季新款推广”，计划类型选【公开】，审核方式选【自动审核】，如图5–3–3所示。

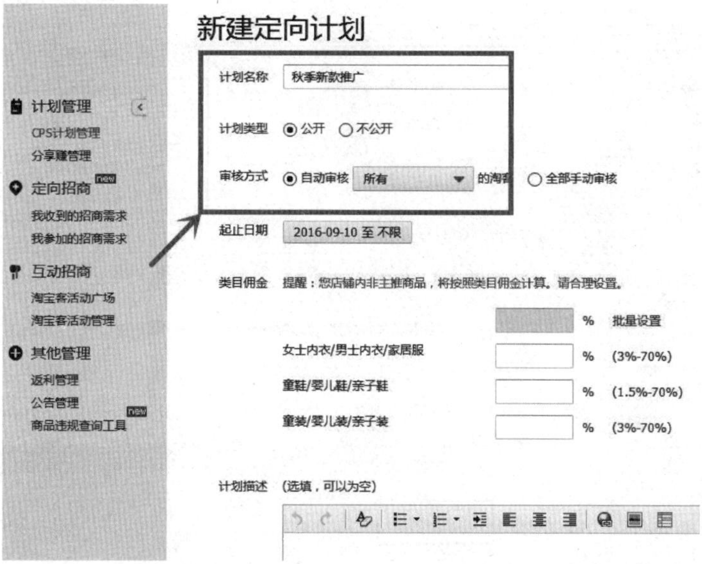

图5–3–3　定向计划设置

步骤3：接下来是时间的选择、佣金的设置、计划的描述等。时间的选择可以设置长一点，比如20~30天。佣金可以比默认值高一点，最好查看一下行业的平均值。计划描述主要是说明计划推广的目标、商品的种类及亮点等，如图5-3-4所示。

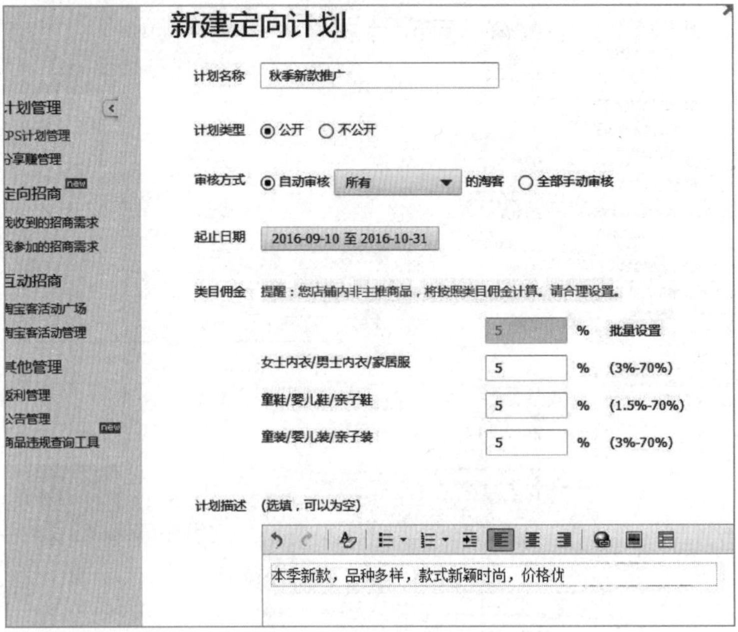

图5-3-4　设置定向计划时间和佣金

步骤4：计划内容创建完成后，单击下方的【创建完成】进入新页面，如图5-3-5所示。

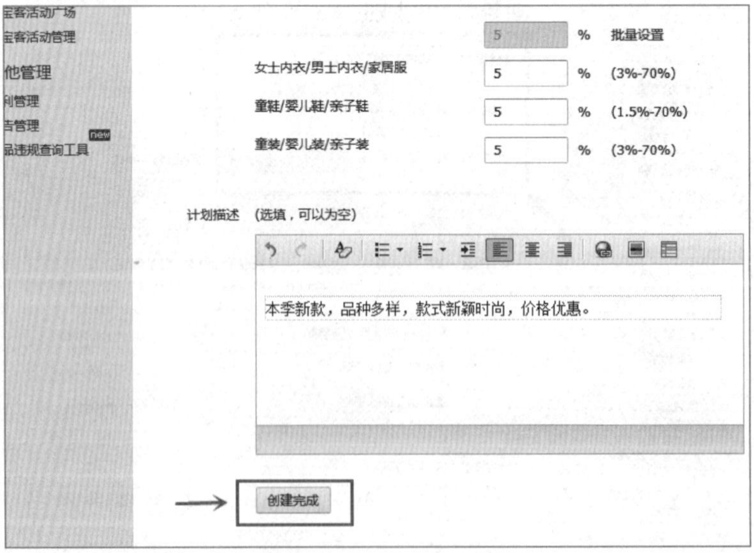

图5-3-5　完成定向计划创建

步骤5：进入新页面后，编辑新建的计划【秋季新款推广】，如图5-3-6所示。

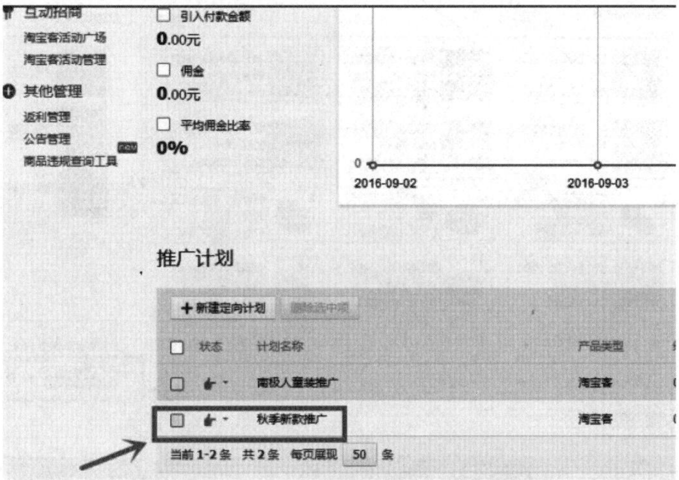

图5-3-6　设置定向计划时间佣金

步骤6：点击计划里的【秋季新款推广】，进入新一页选择要用淘宝客推广的宝贝，点击【新增主推商品】，如图5-3-7所示。

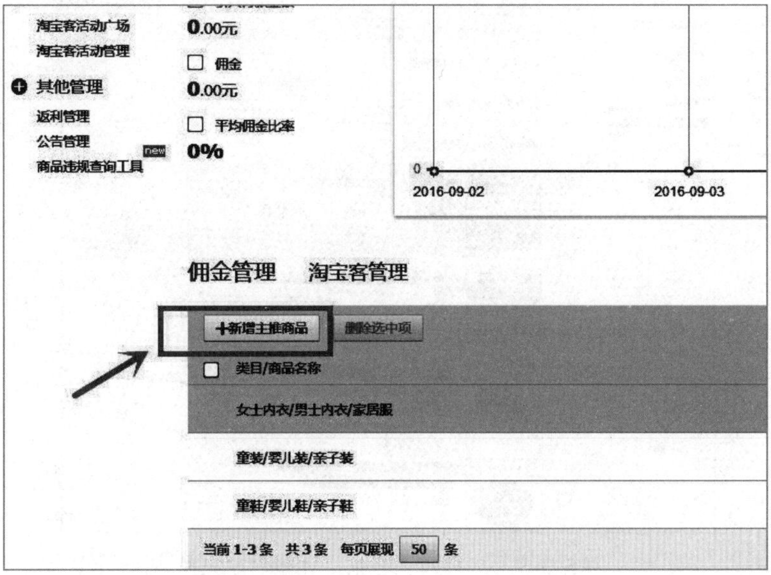

图5-3-7　完成定向计划创建

步骤7：弹出“选择主推商品”页面，在要选的宝贝图片上点击一下，图片会显一个勾，并且自动添加到右边一侧，如此选择完后，设置右下角的佣金，最后单击【完成添加】，如图5-3-8所示。

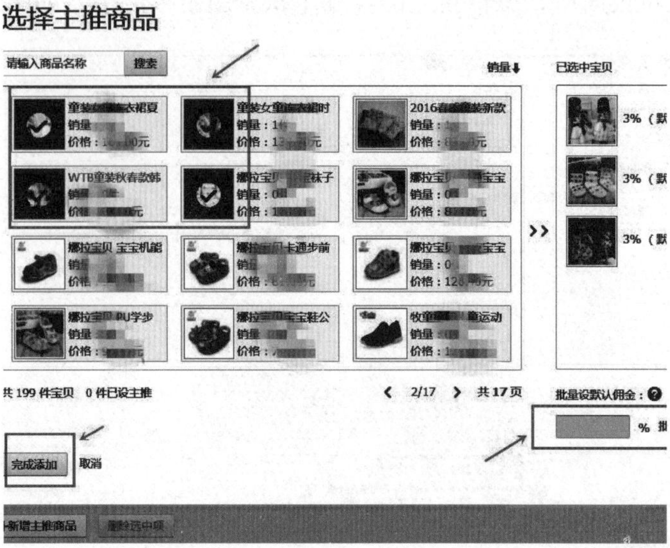

图5–3–8 选择主推商品

步骤8：商品选择完成后，单击【创建完成】，弹出的新页面，即为淘宝客计划设置完成的界面。淘宝客推广商品过程已完成，如图5–3–9所示。

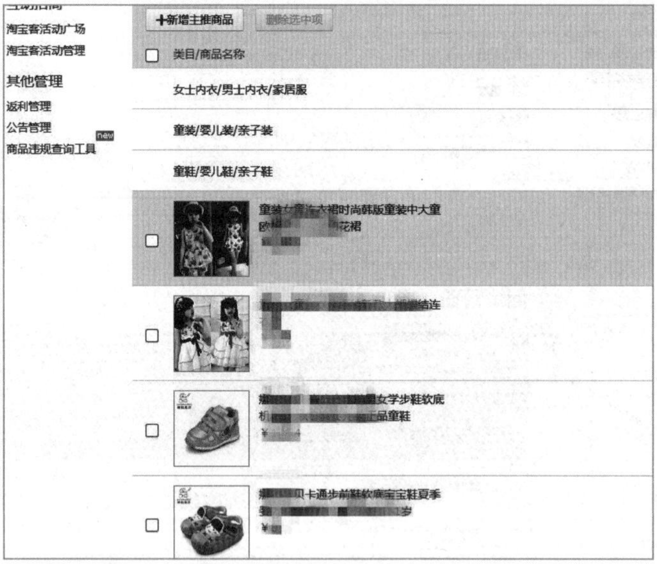

图5–3–9 定向淘宝客推广计划创建完成

课后练习

练习一：为店铺开通淘宝客推广，并设置定向淘宝客计划推广。

练习二：为店铺设置定向淘宝客计划推广。

任务四　钻石展位推广

任务描述

钻石展位，简称钻展，是淘宝网图片类、文字类、视频类广告位竞价投放平台，是为淘宝卖家提供的一种广告产品。具体来说，钻展就是花钱在淘宝网首页或者其他位置做广告，依靠图片、文字或视频创意吸引买家点击，获取巨大流量。本任务我们来学习如何使用钻石展位推广店铺。

任务目标

知识目标：掌握钻石展位的开通以及投放方法。

技能目标：培养选择适合自己店铺钻石展位推广的能力，包括广告位选择能力、钻展创意能力、定向推广能力等。

情感目标：让学生增强克服困难的意志，形成良好的学习方法和学习习惯。

任务实施

新手卖家投放钻展时应遵循如图5-4-1所示的工作流程。

图5-4-1　钻展操作流程

步骤1：开通钻展。卖家登录淘宝网进入“卖家中心”，单击【营销中心】栏目下的【我要推广】按钮，在打开的页面中单击【钻石展位】图标。

对于首次加入钻石展位的卖家，根据上述操作单击【钻石展位】图标后，将进入钻展的报名页面。首先，卖家进行报名，单击【立即报名】按钮，若提示“报名成功”则完成第一步。若没有提示“报名成功”说明商家的店铺还未满足准入条件，如图5-4-2所示。

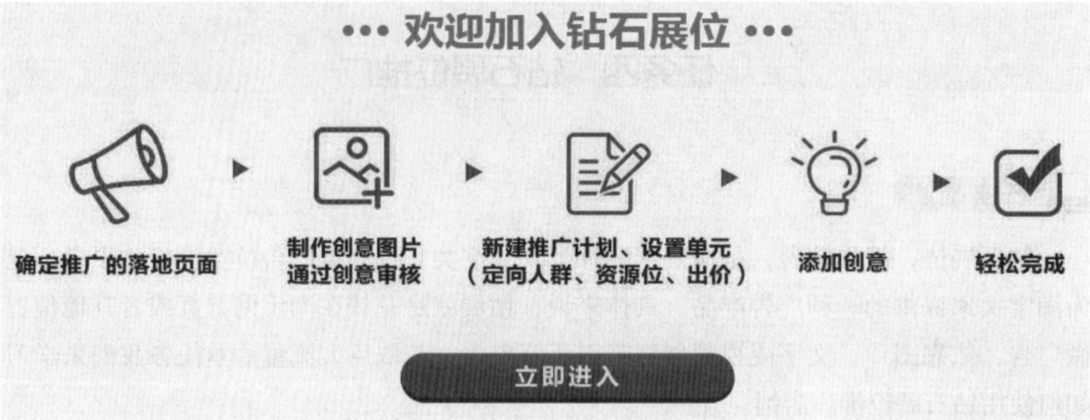

图5-4-2　钻石展位加入提示

步骤2：账户充值。开通钻展权限后，商家需要向钻石展位充值，进入钻石展位管理页面，单击【充值】按钮或单击【账户】按钮，进入账户管理页面后进行钻石展位账户的充值操作。

步骤3：选择资源位。钻展所有的资源位列表在"资源位——资源位列表"下面。勾选【网上购物】——勾选【本行业】——按照综合推荐指数排序——选择排名靠前的资源位，如图5-4-3所示。

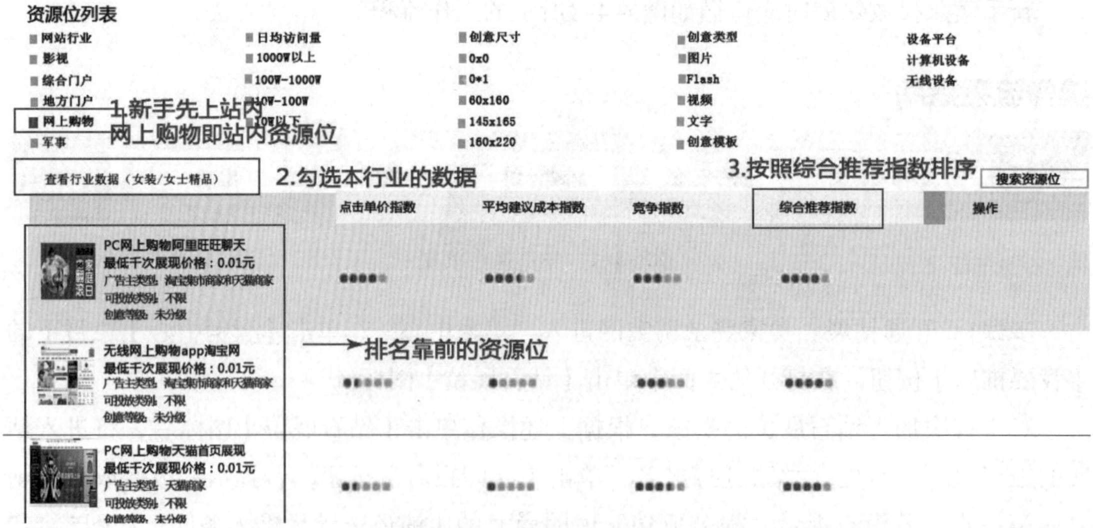

图5-4-3　钻展资源位选择

选择资源位最主要看两点：日均可竞流量、点击率（CTR），寻找那些CTR好同时日均展现较高的展位。首先选择站内的资源位，即名称带有"网上购物"的资源位，少而精，预算不大的话投放的资源位数量不要超过5个。为新手推荐一些流量充足、点击率相对较高、投放性价比较高的位置，如图5-4-4所示。

广告位名称	尺寸	推荐理由
无线_网上购物_app_淘宝首页焦点图2	640x200	流量充足、效果好、钻展最黄金的资源位
无线_网上购物_app_淘宝首页焦点图2	640x200	
PC_网上购物_淘宝首页焦点图2	520x280	
PC_网上购物_淘宝首页焦点图3	520x280	
PC_网上购物_淘宝首页焦点图4	520x280	
PC_网上购物_淘宝首页焦点图右侧banner二	170x200	流量充足、价格相对较低、性价比高
PC_网上购物_淘宝首页3屏通栏大banner	375x130	
PC_网上购物_阿里旺旺_弹窗焦点图2	168x175	

图5–4–4　性价比较高的图片位置以及要求

步骤4：制作和上传创意。制作与所选择的资源位相应尺寸的创意图片，并先在创意管理中上传，等待审核。创意尺寸需要和选择的资源位一致，在审核通过后才可以成功投放。

（1）查看资源位对应的创意要求，不符合要求的创意，就算审核通过，也无法在这个资源位上投放，如图5–4–5所示。

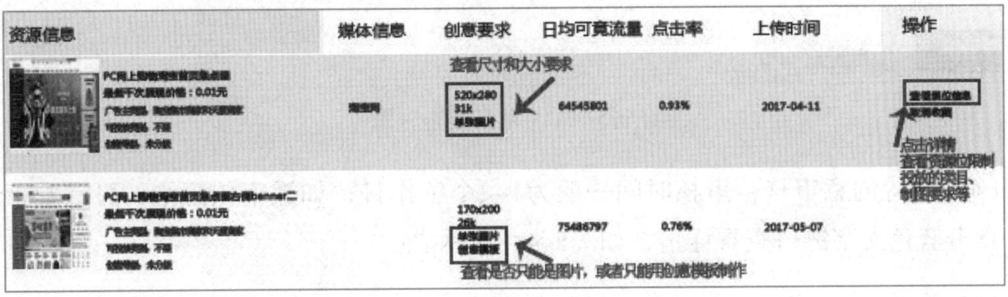

图5–4–5　资源位创意要求

（2）打开创意管理，单击【本地上传】，如图5–4–6所示。

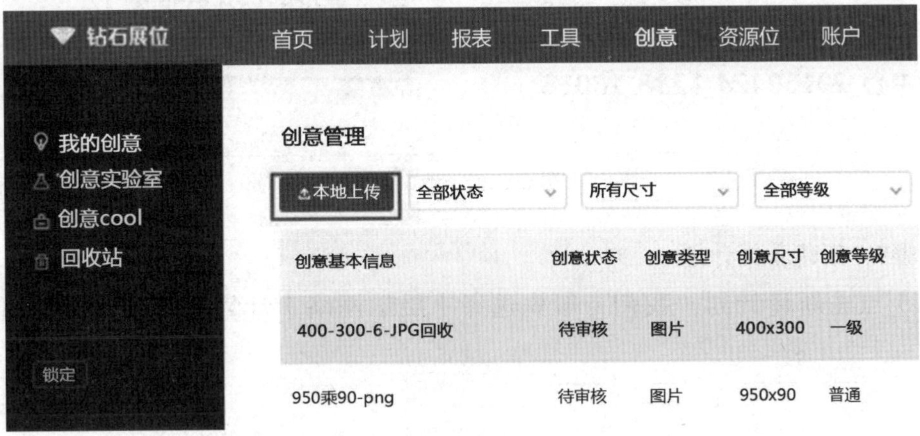

图5–4–6　创意图片上传

（3）填写创意基本信息，若选择的是无线端资源位，请单击【在无线设备投放】按钮，若是PC资源位请不要转化，否则会造成创意审核拒绝，如图5-4-7所示。

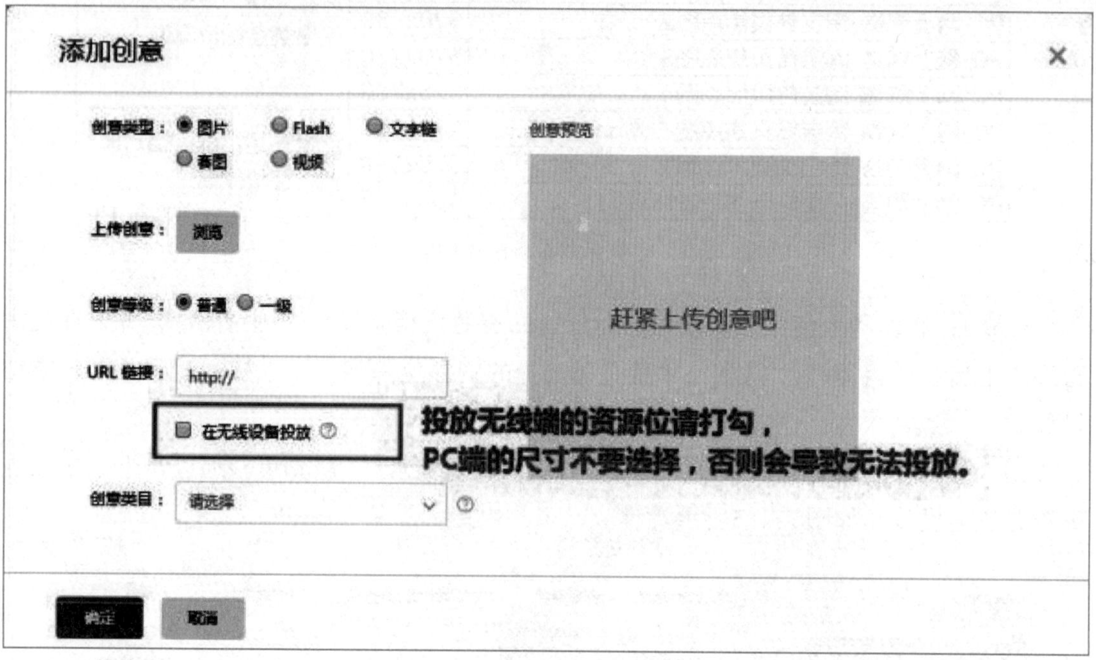

图5-4-7　填写创意信息

（4）等待创意审核，审核时间一般为1~2个工作日；如被审核拒绝，可查看拒绝理由，点击蓝色文字链可查看详情，如图5-4-8所示。

图5-4-8　创意审核

步骤5：新建营销计划。

（1）点击新建计划，我们一般先选择【展示网络】计划进行创建，如图5-4-9所示。

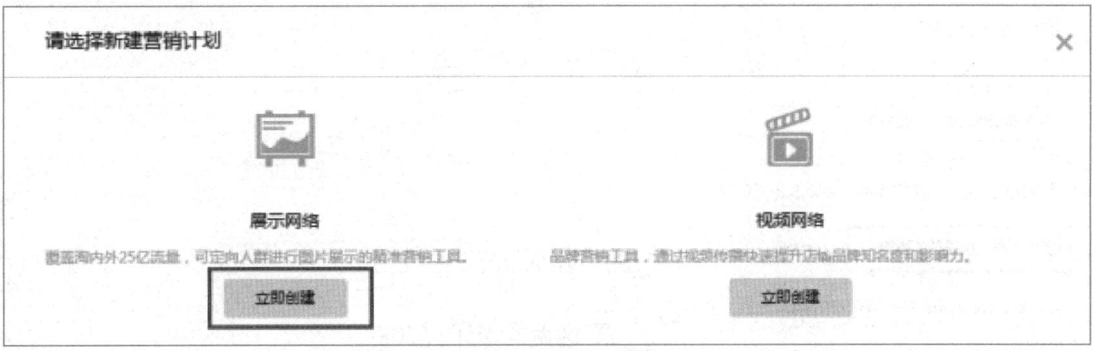

图5–4–9 新建营销计划

（2）填写计划基本信息。填写计划名称和预算，选择投放时间和地域：在【高级设置】里选择投放地域和时间，时间、地域根据店铺顾客的地域分布和成交高峰来选择。“尽快投放”指的是合适流量预算集中投放，“均匀投放”指的是全天预算平滑投放，如图5–4–10所示。

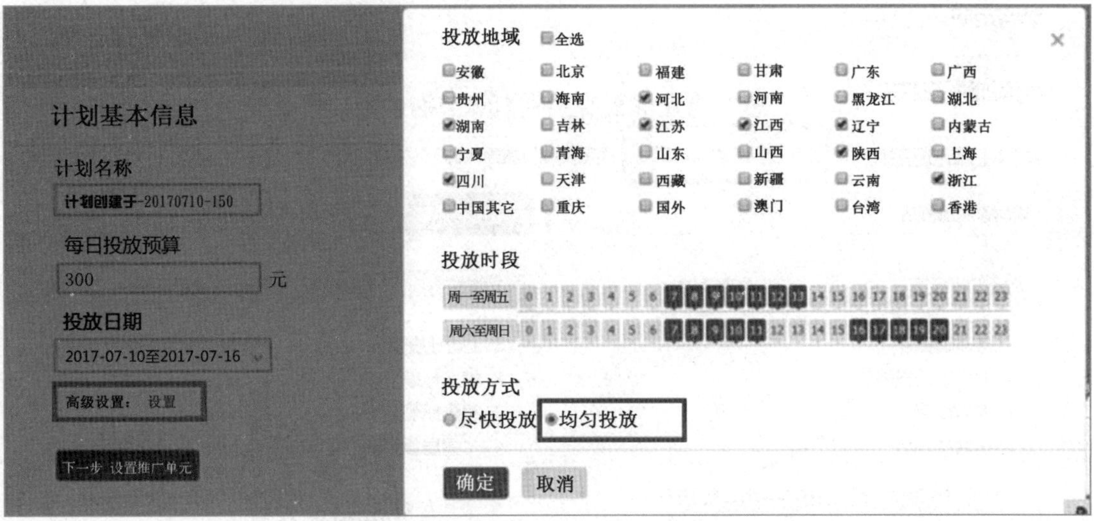

图5–4–10 填写计划基本信息

步骤6：填写推广单元信息——设置定向和出价。

（1）定向和出价的设置直接关系到点击率高低，可以为卖家获得尽可能多的定向流量，不要通投流量，获得高点击。填写推广单元名称、选择定向，如图5–4–11所示。

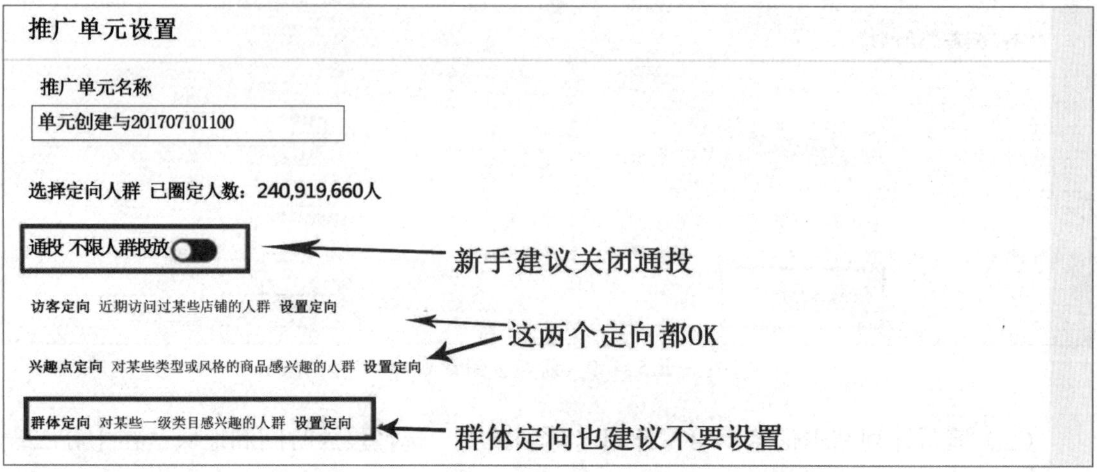

图5–4–11 推广单元设置

（2）设置访客定向，如图5–4–12所示。

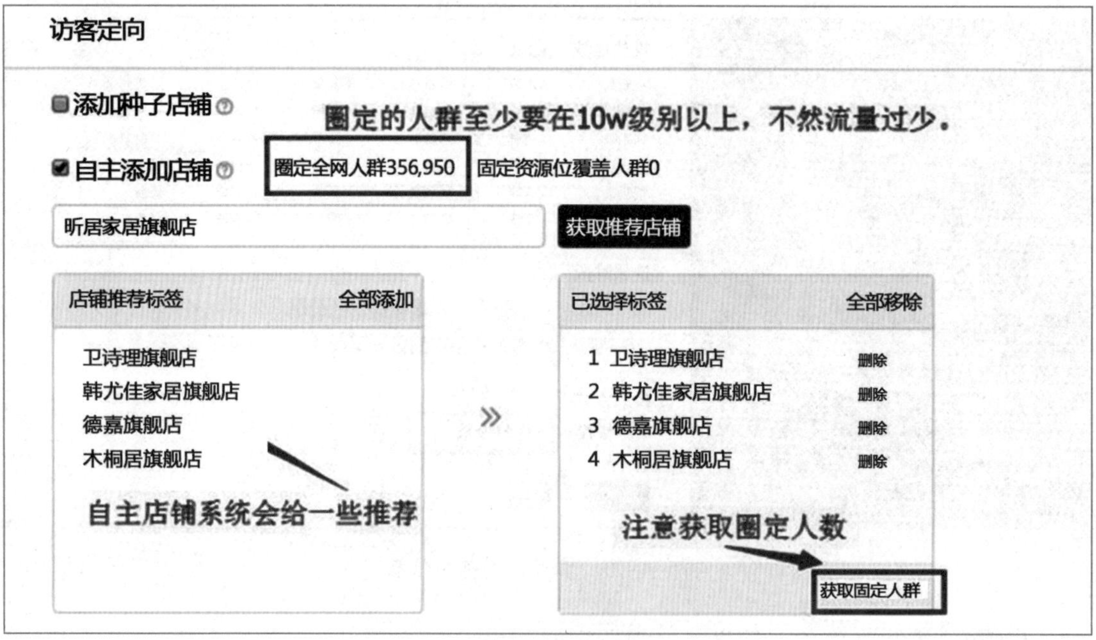

图5–4–12 访客定向设置

（3）设置兴趣点定向，兴趣点流量相对较大，不要把系统推荐的所有兴趣点都一起添加，一般来说推广什么产品，就添加最相关的几个兴趣点（数量在2~3个即可），如图5–4–13所示。

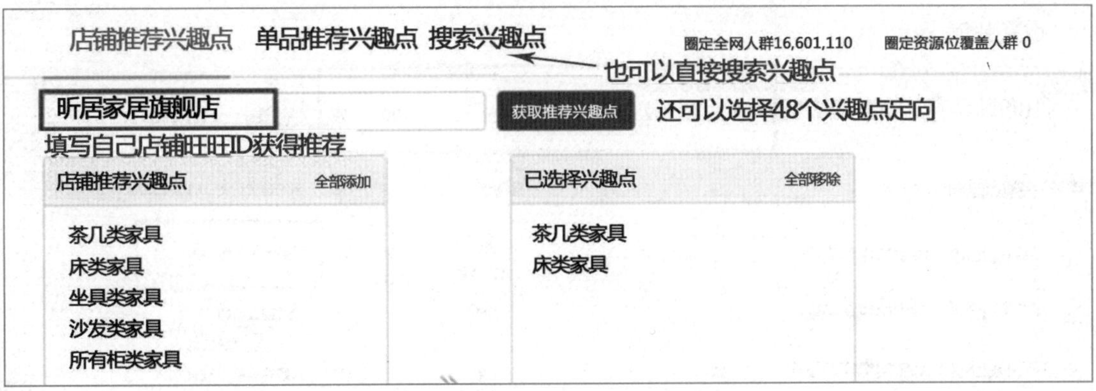

图5-4-13　兴趣点定向设置

（4）添加资源位，如图5-4-14所示。

图5-4-14　添加资源位

（5）出价，参考各个定向上每个资源位的建议出价即可，在投放过程中按照获取流量多少来调整，如图5-4-15所示。

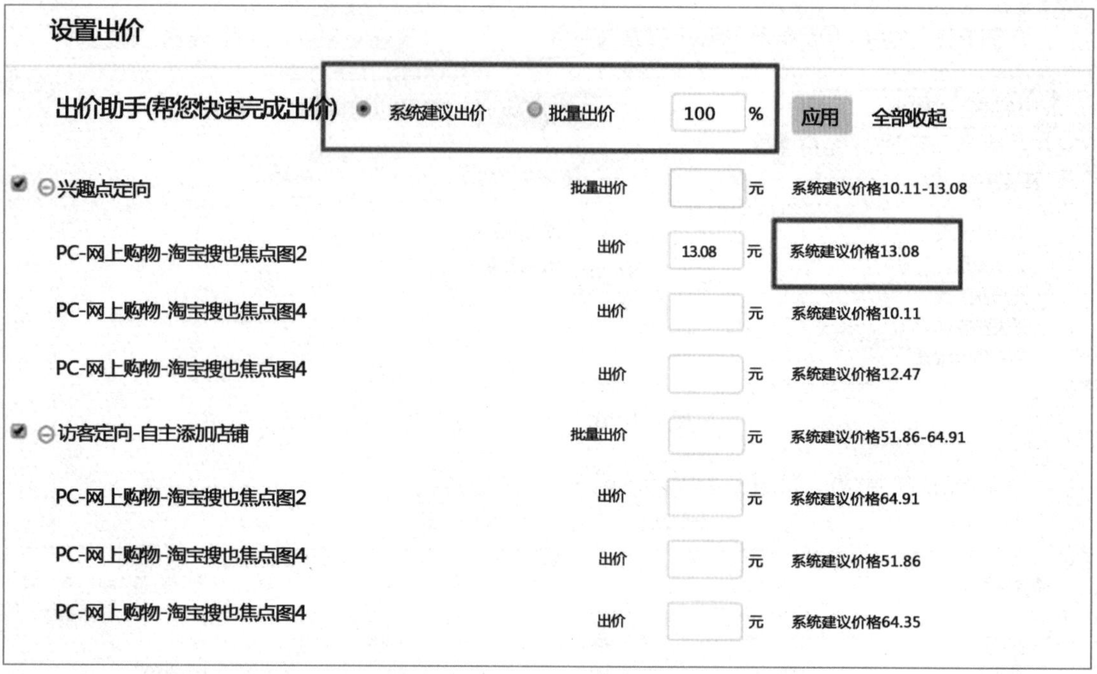

图5–4–15 出价设置

步骤7：添加创意，保存计划。从创意库中选择已经审核通过的创意进行添加，保存该推广单元，并且在一个计划中可以创建更多推广单元。点击保存以后，一个计划就设置完成了，如图5–4–16所示。

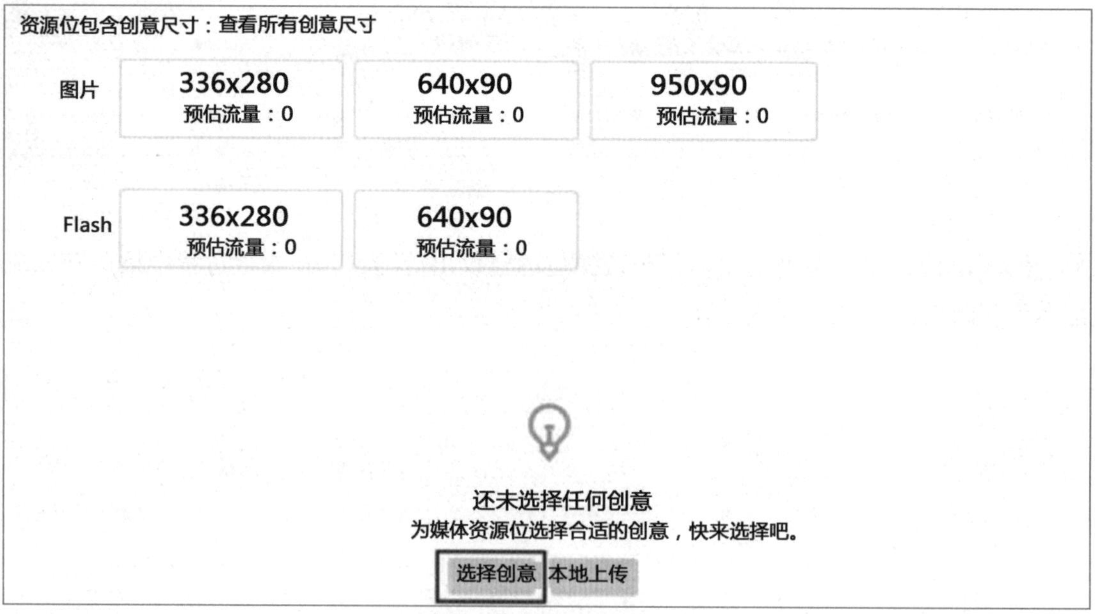

图5–4–16 添加创意 保存计划

课后练习

练习一： 选取店铺的一款商品，选取适合的投放位置，根据钻石展位要求，结合自己的创意制作淘宝首页焦点图。

练习二： 为选取的商品申请钻石展位推广，制作和上传钻展推广创意，制定推广计划，投放钻展推广。

任务五　打造网店单品爆款

任务描述

淘宝爆款，通俗一点讲就是在销售中供不应求，销售量、人气量非常高的某一款商品。本任务主要讲解淘宝爆款这一热门的推广手段，让店铺通过打造店铺爆款，提升销量、增加人气、获得利润、吸引流量、提高转化率。

任务目标

知识目标：掌握爆款打造的基本方法。

技能目标：让学生能够灵活运用各种推广手段为自己的店铺打造一款爆款商品的能力。

情感目标：使学生获得成功体验，建立和增强学生经营好、推广好网店的信心。

任务实施

步骤1：推爆款前期准备。明确爆款的意义在于保证整店的流量和销量，分析行业大环境、行业爆款特征，最后根据爆款生命周期制定计划，如图5-5-1所示。

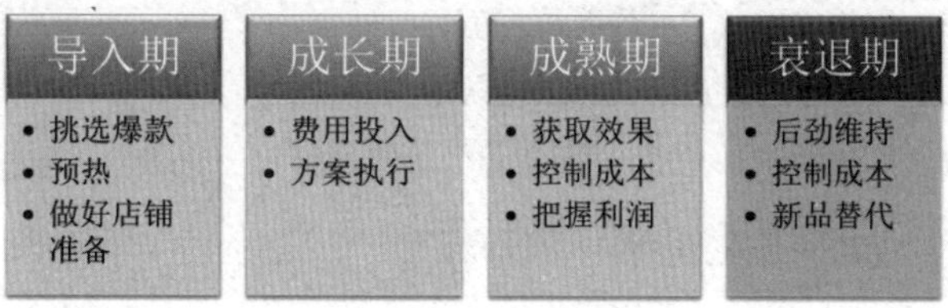

图5-5-1　爆款生命周期

步骤2：商品选择。

质量筛选：保证商品的性价比，劣质的产品永远没有竞争力。

价格策略：大众化、平民化的主流定价，定价也是商家利润的保障。

流量是根本要素：起点销量很重要，在选择单品时可把一系列的商品先投放直通车，经过测试选择页面到达率高的单品进行推广。

抓住消费者的从众心理：选择的商品要符合大众消费理念。

步骤3：商品标题、详情页面准备。标题命名要有吸引力，吸引消费者关注并点击；商品详情页的核心重点是吸引人的图片和简洁明了的文字说明，通过文案、图片将商品的卖点、亮点重点展示，提升转化率；准备购买记录、评价记录截图，迎合消费者的从众心理，制造爆款景象；详情页中设置收藏引导、服务、物流、售后、包装、评价、付款等提升店铺转化率。

步骤4：店铺准备。一个高效率的团队，要协助店铺，配合做好爆款的准备。首先是关联商品的准备，其次是整店转化率的保证，如图5–5–2所示。

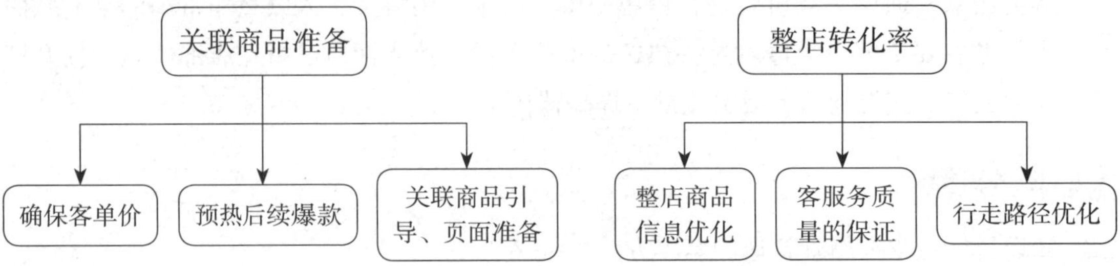

图5–5–2　关联商品和整店转化率

步骤5：信息预热阶段。通过提前信息告知、活动预告、单品预告、店内信息公告栏告知、焦点广告栏告知等进行预热，给老客户发旺信或短信告知活动内容，也可以利用微信朋友圈发布新品信息，如图5–5–3所示。

图5–5–3　信息预热

步骤6：店铺执行优惠促销活动，优惠活动执行临时性、长效性促销活动结合，如图5–5–4所示。

图5-5-4 店铺优惠活动宣传

步骤7：通过老客户营销、客服推荐、整店页面引导，打造基础销量和评价。

步骤8：外部自然基础流量引入，如图5-5-5所示。

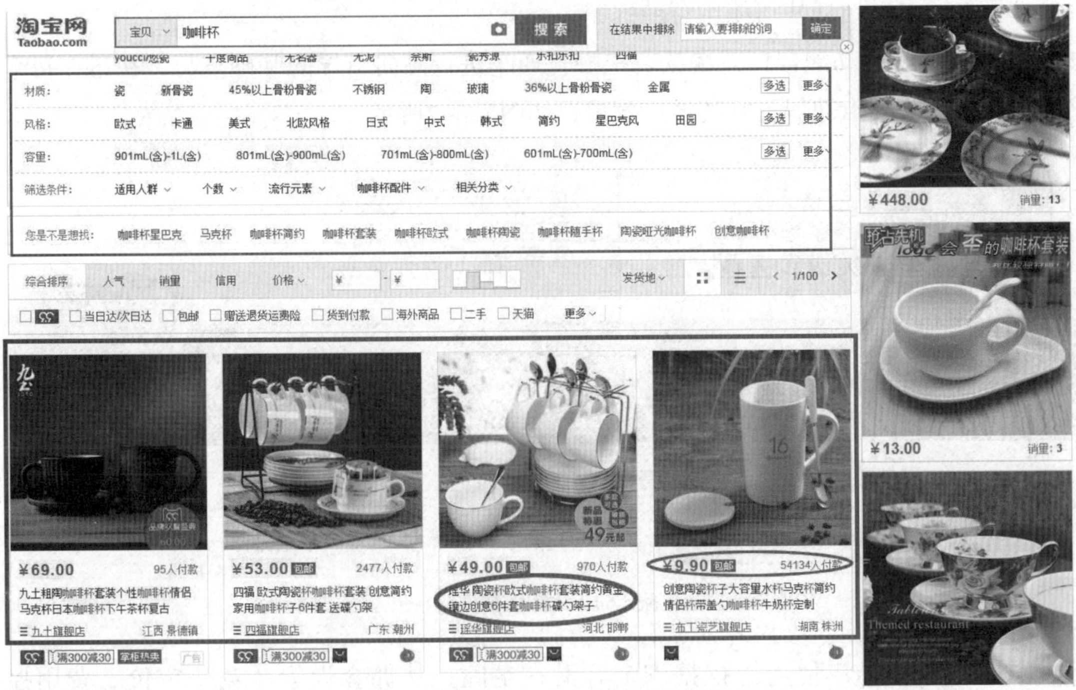

图5-5-5 搜索页面

步骤9：通过店内页面引导、客服接待引导，整点信息接触点配合爆款营销，如图5-5-6所示。

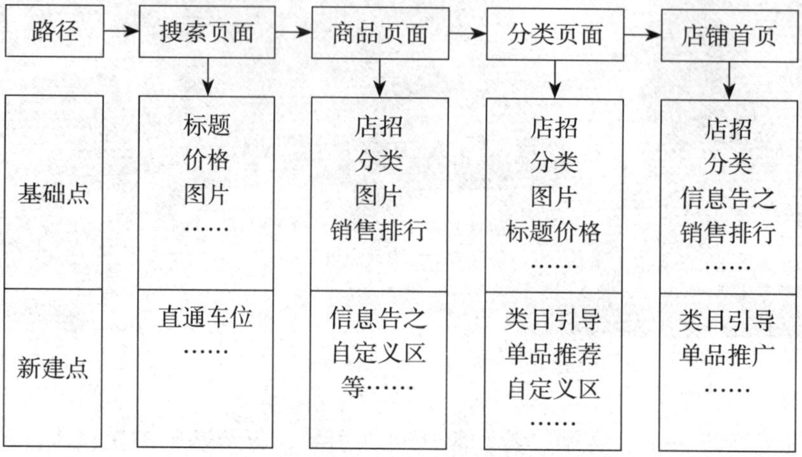

图5-5-6　店内页面设计

步骤10：各种活动技巧使用帮助推爆。

（1）直通车活动配合打造爆款。挖掘直通车进行倾向引导的基础技巧，在运作每个环节时把握一个要点获得更好的推广效果，如图5-5-7所示。

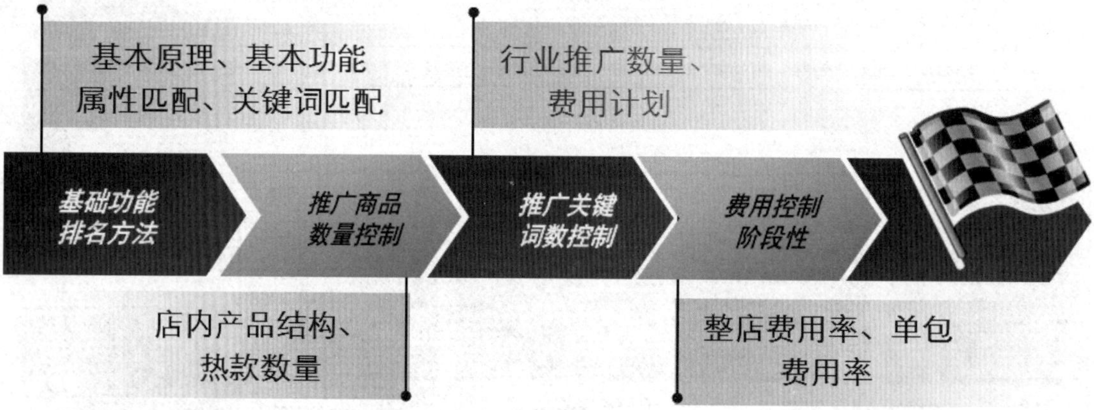

图5-5-7　直通车优化

（2）淘宝客推广使用。挖掘淘宝客潜在空间，从佣金设置（竞争定价、费用控制）、宝贝选择（选择利润有持久性的宝贝）、淘客合作（主动出击，寻找优质淘客）三个角度就可以发挥淘客的最大的潜力。

（3）通过论坛、帮派进行体验式营销，淘宝的论坛和帮派流量巨大，而且参与门槛比较低，助推爆款。

（4）通过钻石展位，卖霸等进行广告支持。

（5）积极参与各种淘宝活动。

步骤11：效果评估及整改。对一阶段的推爆情况进行总结评估，整改不足，如图5-5-8所示。

了解相关数据	分析数据，调整方案	总结经验，提升，打造网店爆款群
➢ 询单率 ➢ UVPV ➢ 自动下单率 ➢ 咨询下单率 ➢ 回头率 ➢ 爆款销量比重	➢ 分析数据：获得数据，深入分析数据，由细节找问题 ➢ 找出问题：单品问题？店铺问题？客服问题？运营问题 ➢ 更改方案：整改问题，重新计划	➢ 寻找新品：寻找更多的适合打造的单品。 ➢ 二次行动：再次行动，吸取经验，应用新方法 ➢ 打造爆款群：打造爆款群，让店铺销量进一步提升

图5-5-8　评估和整改

课后练习

练习一：选取一款商品为候选爆款，撰写爆款打造计划。

练习二：尝试将这款商品打造为店铺的爆款商品。

任务六　平台活动

任务描述

淘宝官方促销活动主要有聚划算、双十一、淘金币、天天特价、淘宝试用、淘抢购等，均为淘宝的常见活动。店铺参与平台活动可以提升店铺流量，增加销量，让自己店铺参与活动是淘宝店铺运营推广的常见手段。

任务目标

知识目标：掌握平台常见活动的参与方法。

技能目标：能根据活动要求并结合店铺情况参与淘宝平台活动。

情感目标：增强学生对各种活动的统筹规划能力，提升学生活动参与感和成就感。

任务实施

淘宝很大，活动很多。淘宝活动参与要求各不相同，报名规则无外乎两大部分，一是对商家的考核，主要是对店铺类别、信誉资质、DSR评分、是否有违规处罚在处罚期等进行考核。二是对报名商品的考核，主要是考核商品图片、商品价格、宝贝数量、是否应季或者是否适应这个活动要求，也会对报名商品的主图、标题、内页说明等进行考核。

如果要为进入促销活动的路径做一个总结，即淘宝营销导航主题页（http://daohang.taobao.com）。它根据活动参与条件对信誉等级和类目有很好的归类，方便大家快速筛选，帮助卖家更好地利用淘宝活动这一引流手段。虽然活动有很多，但活动平台的报名入口一般有两个。

路径1：进入卖家中心，选择【营销中心】——【活动报名】选项，就会出现一系列活动报名的内容。

路径2：可以进入卖家中心，选择【营销中心】——【我要推广】选项，这里也会出现很多活动报名机会。

本任务以聚划算活动报名参与方法为例来讲解平台活动的参与方法。其他活动的参与方式基本相似，具体要求可参看网站具体的活动要求。

一、聚划算活动

聚划算（http://ju.taobao.com）业务模块主要有品牌团、非常大牌、聚名品、全球精选、量贩团、旅游团等频道。参团的商家必须同时符合一些条件，方可报名，具体要求可参看【卖家中心】——【我要推广】——【聚划算】——【招商公告】，如图5–6–1所示。聚划算的参聚类型主要包括商品团、品牌团、聚名品、聚新品和竞拍团。每个类型的活动各有自己的核心价值和特色，参团商家可根据自身情况选择参聚类型。

图5–6–1　聚划算不同频道招商公告

聚划算每个业务团的运作流程具体要求不一，但都遵循报名、审核、上团准备、上团收尾这四个阶段流程。报名聚划算有两个地方，第一，进入聚划算商户中心后台——我要报名，如图5-6-2所示；第二，进入【天猫商家中心】——【营销活动中心】（https://sale.tmall.com/home.htm）报名，两种报名流程基本相同，我们以天猫商家的报名方式为例来讲解。具体报名流程如下：

图5-6-2 聚划算报名入口

步骤1：商家进入【天猫商家中心】——【营销中心】——【天猫营销中心】。

步骤2：进入【营销中心】——【活动报名】，选择相应的活动入口报名。

步骤3：报名活动。

（1）选择报名频道后，应了解活动详情，比如可查看活动介绍、品类要求、收费规则、坑位规划等信息，如图5-6-3所示。

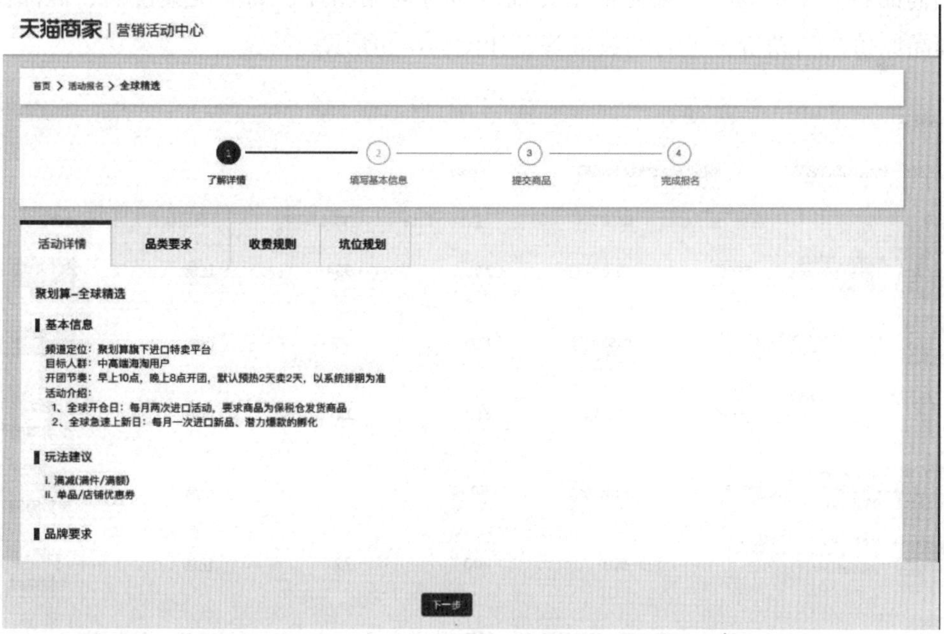

图5-6-3 活动具体要求

（2）了解详情后，需选择参团形式，有单品团、品牌团、主题团，如图5-6-4所示。

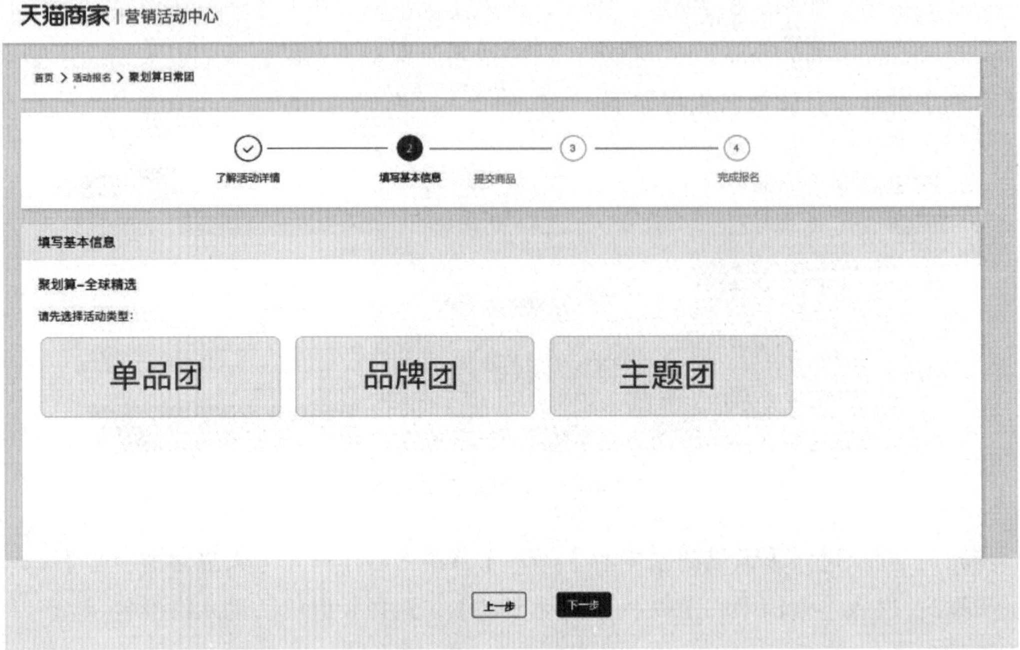

图5-6-4　选择参团形式

（3）根据选择的参团类型，提交报名商品或品牌。提交商品的页面很多信息要根据自己的商品特点来填写，主要是需要提前准备好商品图片、商品文案说明、商品图文混排、商品原价、活动价，报名的数量等，如图5-6-5所示。

图5-6-5　提交报名商品或品牌

（4）选择期望时间，默认接受调剂（接受调剂是指如果系统排期时无法满足期望时间，系统将推荐其他时间），如图5-6-6所示。

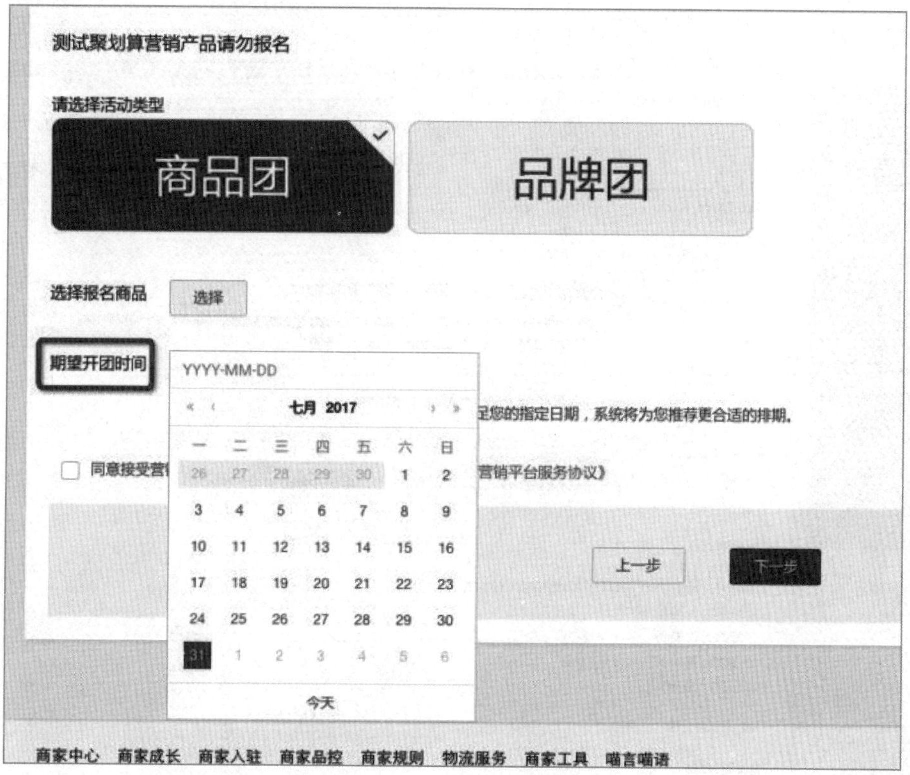

图5-6-6　期望开团时间

（5）进入填写报名信息页面，填写完成后，单击【提交报名】。提交报名后，系统提示报名成功，耐心等待报名结果，如图5-6-7所示。

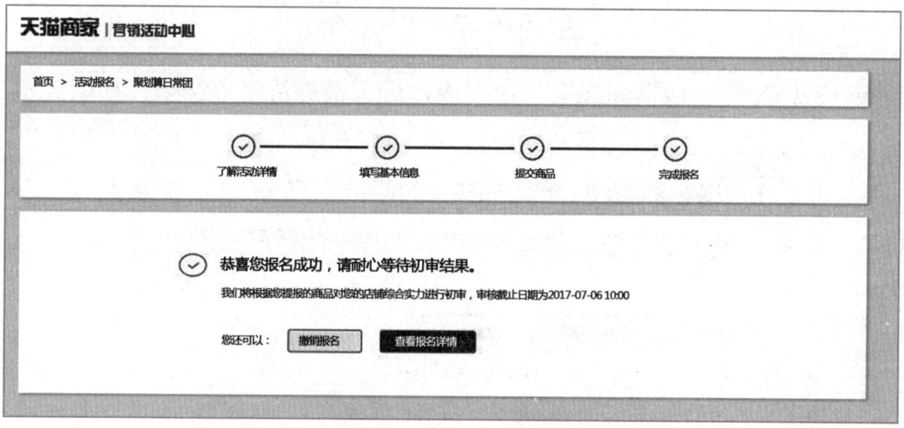

图5-6-7　等待审核结果

步骤4：报名成功后，进入审核排期阶段。

（1）报名成功后，可在报名详情里关注报名的审核状态，如图5-6-8所示。

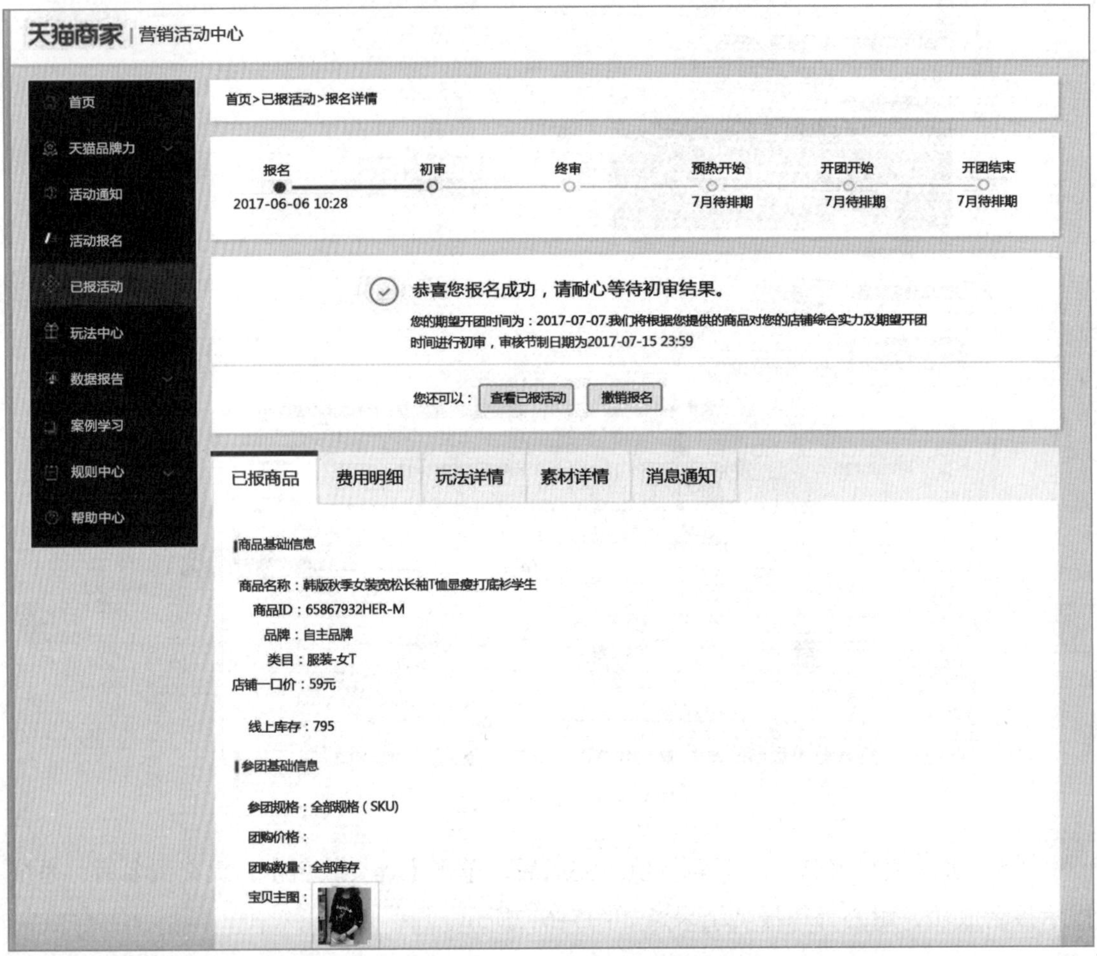

图5-6-8　报名审核状态

（2）审核共有2轮：初审和终审。初审通过后，请等待终审结果，如图5-6-9所示。

图5-6-9　初审结果

（3）终审通过后，若系统排期的开团时间与您期望时间不符，需要在48小时内做出选择，同意系统排期还是拒绝排期。若超过48小时未做确认，系统默认同意排期，如图5–6–10所示。

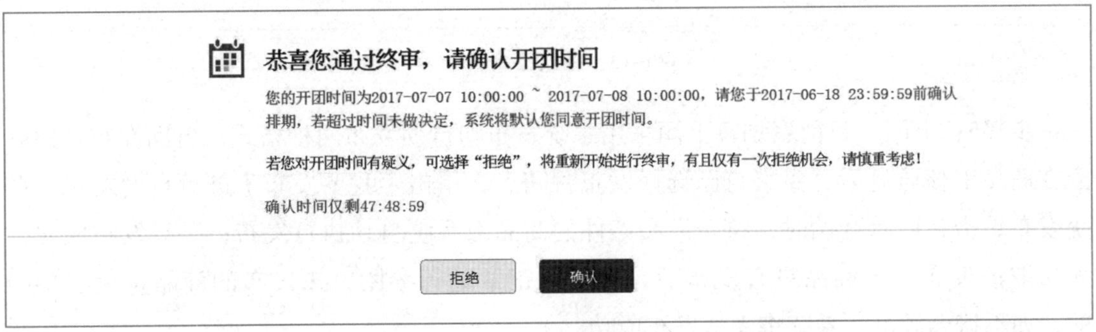

图5–6–10　终审结果

（4）确认排期后，开始准备活动，如图5–6–11所示。

图5–6–11　确认排期

（5）若您对排期时间不满意可以拒绝，拒绝后，退回到待终审状态（可能会审核不通过），等待系统再一次排期。注意：每个报名记录有6次拒绝的机会。第一次拒绝排期，如图5–6–12所示。第6次拒绝排期，等同于取消本次活动，取消后需要重新再报名活动，如图5–6–13所示。

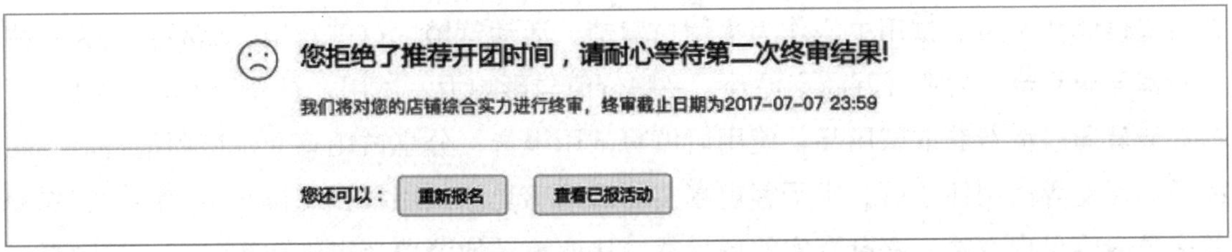

图5–6–12　首次拒绝排期时间

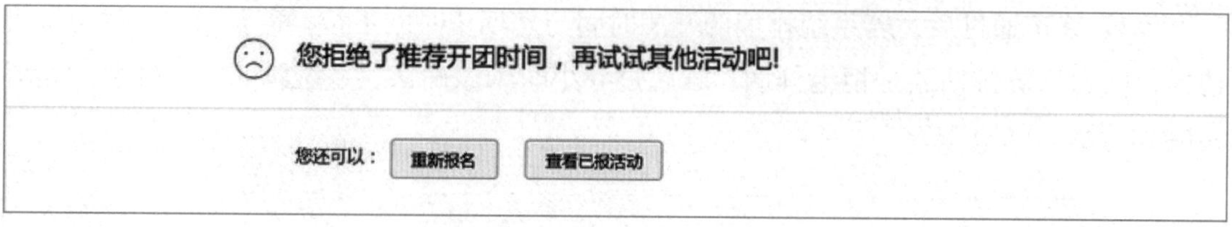

图5-6-13　末次拒绝排期时间

步骤5：上团。目前聚划算上团采用系统发布和自助发布两种格式；自助发布是指商家在商品审核通过后，商家自己选择发布时间点，单击【我要发布】进行自助发布；系统发布是指在展示开始时，符合发布条件的商品由系统自动执行发布；一旦发布成功，无法取消发布。（商品只有发布后，才可以正常进行参团，未发布的商品是无法参团的，如不符合规范，系统将无法发布成功。）

二、淘金币活动

淘金币是为淘宝卖家量身打造的店铺营销工具，是全网通用的虚拟货币。目前淘金币兑换、抽奖、竞拍各类商品，都在淘金币平台（http://taojinbi.taobao.com）进行。淘金币日常活动主要有品牌汇（一品牌一商家）和主题购（一主题多商家）。淘宝卖家可免费开通“卖家淘金币账户”，通过赚金币、花金币，提升店铺流量，提高买家黏性与成交率。

三、天天特价活动

天天特价是扶持淘宝网卖家成长的营销平台，它专门扶持有特色货品、有独立货源并有一定经营潜力的中小卖家，为中小卖家提供流量增长、营销成长等方面的支持。其报名、审核、排期和展现均为系统自动化，不收取任何费用。这个活动利用预告页面为店铺提前引流，带动全店销售，利用活动宝贝详情页进行管理销售及新会员活动，促进关联销售，增加店铺收藏量。

四、试用中心活动

淘宝试用中心是全国最大的免费试用中心，最专业的试客分享平台。试用中心聚集了上百万个试用机会以及亿万消费者对各类商品最全面真实客观的试用体验报告，为消费者提供购买决策。试用中心作为集用户营销、活动营销、口碑营销、商品营销为一体的营销导购平台，为数百万商家提升了品牌价值与影响力。试用，是一种生活态度!

会员通过免费获取试用品，使用后填写试用报告，分享试用感受，试用报告对商品品质、性能等试用体验后作出了客观真实的试用感受。试用报告支持文字、图片、视频等多种内容呈现方式，富有真实的场景感，从而为其他消费者提供购物参考，找到真正适合自己的商品。

课后练习

练习一：选取一款商品申请并参加聚划算活动，写一个聚划算活动的参与计划书。

练习二：为店铺商品申请并参与天天特价活动。

项目小结

随着电子商务的发展，网店的竞争也越来越激烈，在日趋激烈的网店竞争中，网店要想脱颖而出就越来越难，为了能让自己的网店被客户在众多的店铺中发现并选中，这就需要我们对网店进行推广和营销，通过推广店铺或商品寻找潜在客户，增加店铺流量，提高用户黏性。

本项目我们主要讲授了网店推广之站内推广的基本方法，包括网店营销基本工具的使用方法，这些基本方法的使用可以帮助网店增加销量；付费推广方式之直通车推广、淘宝客推广以及钻石展位推广这三种网店推广的主要方式；通过打造网店爆款，提升整个网店的流量，增加网店销量，对于很多中小卖家来说，通过打造爆款可以让自己的店铺在众多的网店竞争中脱颖而出。

学习自测

任务模块	测试内容	学习自测	分值权重
综合素质	协作能力		10
	沟通能力		10
基本知识	网店促销的基本工具		10
	付费推广		15
	平台常见活动		5
	打造店铺爆款		10
操作技能	网店促销基本工具使用		10
	付费推广使用		15
	至少参与一项平台活动		5
	选择一款商品作为爆款打造		10
学习感悟			

项目六 站外推广与营销

项目导读

网络经济的优越环境、市场进入门槛的降低为人们提供了创业的好时机，给年轻人带来了新的梦想。随着网络媒体越来越正规化，网络推广、传播信息绝对不再是发发帖子这么简单的事。现在，在网络世界中，只有将网络新闻、搜索引擎、微信、博客、电子邮件、论坛等网络营销推广手段有效地结合在一起，才能更好地让商品被网购者迅速接受。

案例导入

后来居上 凡客诚品在服装界抢得一席之地

凡客诚品（VANCL）是国内近几年比较突出的时尚服装品牌，在成立时间上要比其他时尚品牌晚得多。对于时尚服装营销而言，即使有大量的营销投入，新品牌也未必能够在市场中抢得一席之地，而VANCL则抓住了开展营销的必要元素，制定出了完全符合市场切入的营销策略，成功地将商品打入市场。

1. 网络病毒营销。VANCL抓住这一重要推广方式，采用广告联盟的方式，使VANCL的广告遍布大大小小的网站。同时，VANCL通过采取试用的策略，获得了较高的广告点击率。

2. 体验营销。一次良好的品牌体验（或一次糟糕的品牌体验）比正面（或负面）的品牌形象要强有力得多。因此，VANCL组织了“加入VANCL试用拉拉队，免费获新品BRA”活动，用户只需要填写真实信息和邮寄地址，就可以拿到新品试用装。消费者试用过VANCL产品后，就会对产品进行评价，并和其他潜在消费者进行交流，一般情况下，评价都是正面的（若试用装很差，牌子也就砸掉了）。

3. 微信营销。微信营销是移动互联网营销的关键阵地，VANCL紧跟脚步，抓住微信这一火热的网络营销工具，获得了较高的关注度。

学习目标

- 掌握微信营销基本技巧。
- 掌握QQ营销推广技巧。
- 掌握电子邮件的制作技巧。
- 掌握博客营销的过程和方法。
- 掌握微博营销的技巧。

任务一　微信营销

任务描述

用户注册微信后，可与周围同样注册的“朋友”形成一种联系，用户订阅自己所需的信息，商家通过提供用户需要的信息，推广自己的产品，从而实现点对点的营销。

任务目标

知识目标：掌握微信公众平台的使用技巧。

技能目标：灵活运用微信公众平台进行营销。

情感目标：通过示范微信推广的具体操作，培养学生学习微信营销的兴趣。

任务实施

一、注册微信公众号

微信公众平台是腾讯公司在微信的基础上新增的功能模块，通过这一平台，个人和企业都可以打造一个微信的公众号，并实现和特定群体的文字、图片、语音的全方位沟通、互动。下面是微信公众平台的操作步骤。

步骤1：登录微信公众平台，注册微信公众号。在浏览器中输入微信公众平台的官方网址http://mp.weixin.qq.com/，如图6-1-1所示。

微信公众号有3种：服务号给企业和组织提供更强大的业务服务与用户管理能力，帮助企业快速实现全新的公众号服务平台。订阅号为媒体和个人提供一种新的信息传播方式，构建与读者之间更好的沟通与管理模式。企业号为企业或组织提供移动应用入口，帮助企业建立与员工、上下游供应链及企业应用间的连接。

图6–1–1　微信公众平台注册页面

步骤2：进入公众平台注册页面，单击绿色的【注册】按钮，这里以订阅号为例进行操作演示。单击【订阅号】进入注册页面，按照提示逐步填写基本信息，如图6–1–2所示。

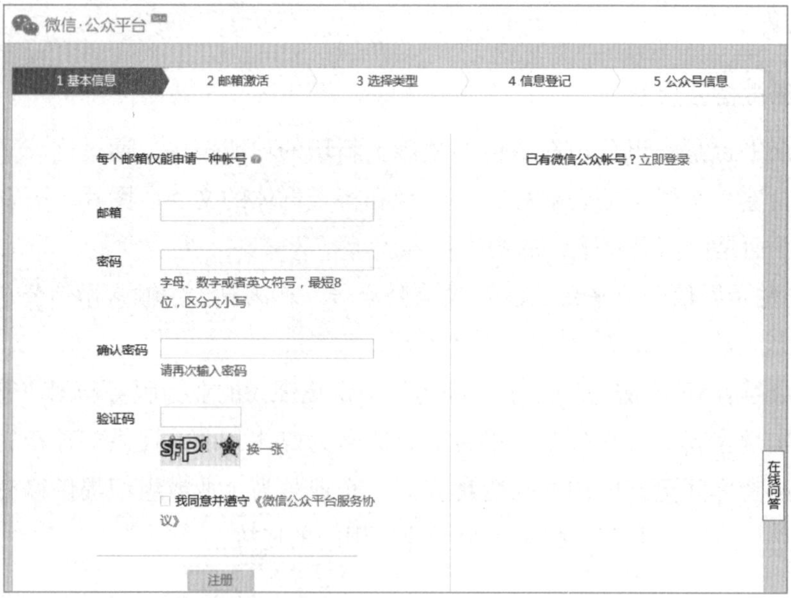

图6–1–2　填写信息

步骤3：填写完信息后单击【完成】按钮，提示前往微信公众平台，如图6-1-3所示。这里就完成了微信公众号的注册。

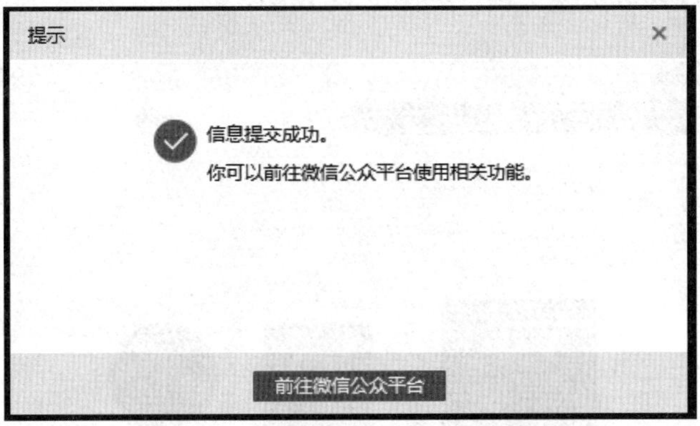

图6-1-3　前往微信公众平台

步骤4：单击前往微信公众平台，网页就会转到微信公众平台的管理界面。在这里，可以管理自己的粉丝，看到他们发来的留言，对粉丝进行分类管理，制作图文信息有针对性地发送，如图6-1-4所示。

图6-1-4　微信公众平台

二、公众账号的设置与用户管理

公众账号的管理主要是在电脑浏览器上完成的，注册完成可以登录到微信账号的管理页面。在注册公众账号的过程中已经填写了微信账号、功能介绍等信息，但如果想吸引更多人的关注，还应该注册完成后进行另两项信息的设置：头像和微信号。

头像的设置对微信来说是至关重要的，既要与账号的功能直接相关，又要美观而惹人喜爱。尤其需要注意的是，头像一个月内只能更换五次。头像很多时候是一个公众号的标志，因此不建议经常更换头像，如图6–1–5所示。

图6–1–5　头像的设置

用户管理可以对关注账号的粉丝进行分类管理，分组标准可以是年龄、性别、职业等，按照合适的标准进行分组后，就可以在群发消息时选择将消息发送给部分组别的用户，如图6–1–6所示。

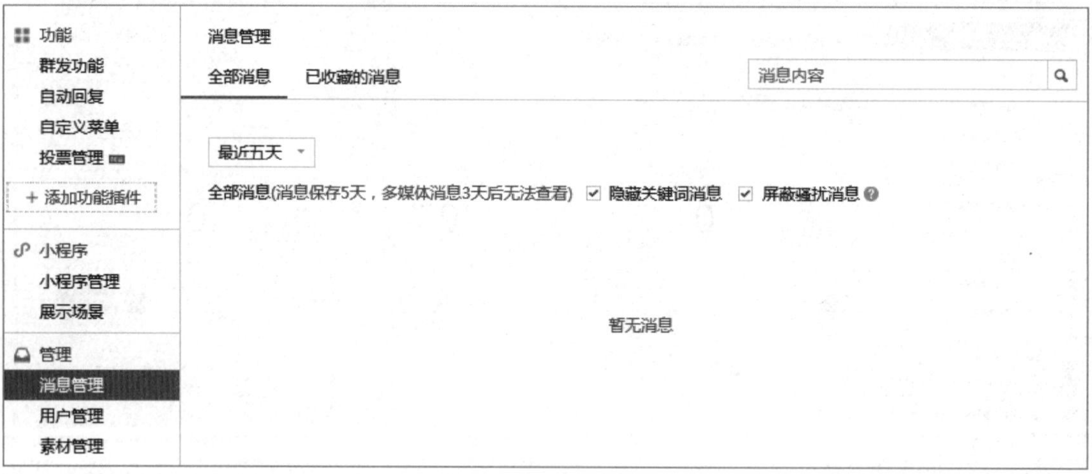

图6–1–6　用户管理

三、自定义菜单

微信公众号自定义菜单的主要作用就是便于用户更加直观快捷地找到自己想要的东西，引导用户点击选择，当用户接触到一个陌生的公众号时，往往会觉得无从下手，而自定义菜单就能起到一个良好的引导作用，设置自定义菜单的操作方法如下：

步骤1：登录微信公众号平台，单击页面左侧【自定义菜单】选项，如图6-1-7所示。

图6-1-7　自定义菜单

步骤2：单击横向【+】添加一级菜单，且最多只能添加3个，单击纵向【+】添加子菜单，最多能添加5个，如图6-1-8所示。

图6-1-8　添加子菜单

图6–1–9　填写菜单名称

步骤3：在页面右侧填写菜单及子菜单名称，如图6–1–9所示。

步骤4：子菜单内容可以添加编辑好的素材进行推送，也可以添加URL链接页面（未认证的订阅号不能添加URL地址），如图6–1–10所示。

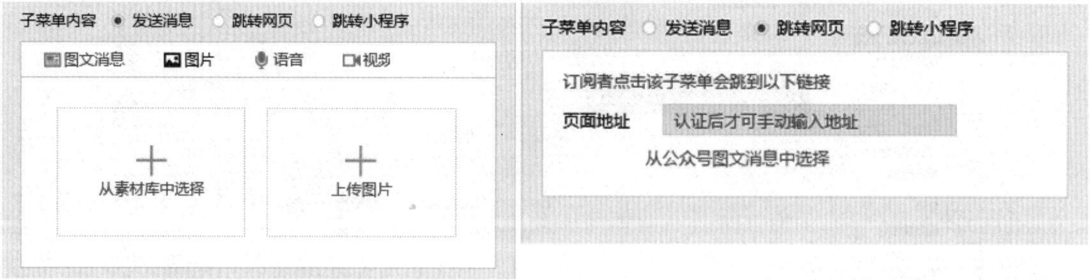

图6–1–10　子菜单内容

四、微信公众平台发布消息

微信公众平台发布消息，关注你的人都可以看到。每次开启微信就有很多公众用户发布的信息，我们自己发布的消息也是在群发消息里面。使用微信公众平台群发信息的具体操作如下：

步骤1：在微信公众平台页面左侧单击【素材管理】超链接，在【图文消息】列表中单击【多图文消息】按钮，如图6–1–11所示。

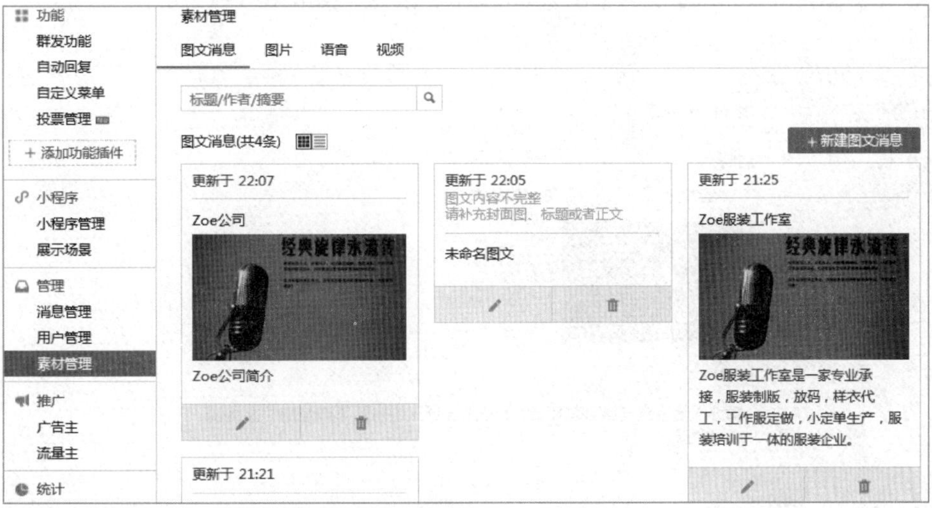

图6–1–11　新建图文消息

步骤2：打开【新建图文消息】页面，输入标题和内容文本，为了表达简洁，头条和次条标题在用户手机屏幕上，尽量不超过一行；一篇文章中，文字颜色不要超过三种；行间距1.75倍最佳，不要超过2倍，如图6–1–12所示。

图6–1–12　填写消息

步骤3：上传封面图片。封面图要注意与公众号整体风格搭配，尺寸为900PX×500PX；次条封面尺寸200PX×200PX；封面图中不要出现太多文字、数字，封面图的视觉焦点要在图片中央。选择从【图片库选择】按钮，如图6–1–13所示。

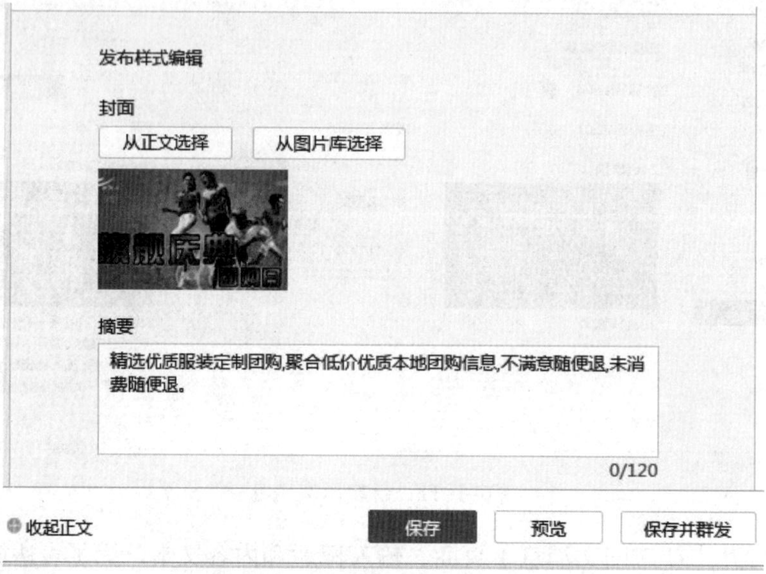

图6–1–13 上传封面图片

步骤4：图文消息编辑完成后，单击页面下方的【保存】按钮，图文消息保存成功，返回【素材管理】页面，从中可以看到创建的图文消息素材，如图6–1–14所示。

图6–1–14 图文消息

步骤5：在微信公众平台页面左侧单击【群发功能】超链接，打开【新建群发消息】页面，从中可编辑消息内容。设置群发对象、性别及群发地区，单击【图文消息】按钮，如图6–1–15所示。

图6–1–15　群发功能

步骤6：在打开的页面中查看消息的详细内容，如图6–1–16所示。

图6–1–16　查看消息

五、公众号的推广

微信公众号作为宣传的载体，成为了微信推广的热点，但公账号无法主动添加好友，这样就造成了微信推广困难的局面，下面我们主要介绍几种微信公众号推广的技巧。

1. 站外内容推广

如果有好的内容，可以在一些站外平台做内容传播，这能够很好地为自己的微信公账号引流，也可以获得更精准的目标用户。

（1）注册自媒体账号

去一些流量比较大的自媒体平台注册账号发稿，比如今日头条、一点资讯、搜狐自媒体、百度百家、博客等，保持文章的更新，在文章中加入微信公众号的推广信息。

（2）论坛发帖

做站外推广，还可以去一些论坛做微信公众号的推广，质量比较高的就是知乎，搜索一些与微信公众号定位相符的问题做回答，并在底部留下自己的微信二维码，如果答案质量好的话，会获得比较高的点赞数，曝光的机会比较大，对你有兴趣的知友也会扫描你的二维码关注。

当然，除了知乎，还有许多论坛可以做，这时候就需要去发掘更多的渠道，广撒网多积累，如图6–1–17所示。

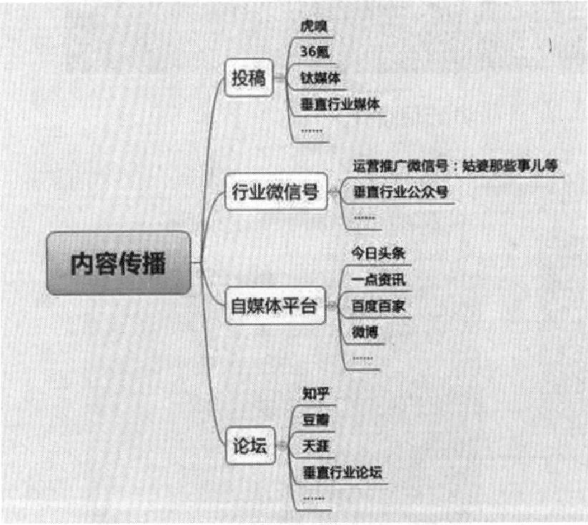

图6–1–17　传播渠道

图6–1–18　微信红包推广

2. 微信群红包推广

自微信红包出现以后，有许多的人开始利用微信红包做营销，同理这也可以用于微信号的推广。在一些微信群混脸熟后，可以做一下微信红包推广，如图6–1–18所示。在微信群里发红包，让群友帮忙转发你的公众号文章到朋友圈，进而加大微信公众号的扩散范围。

3. 视频推广

如果会制作视频的话，也可以自己策划制作一些有趣、搞笑的小视频传到优酷、土豆、爱奇艺等视频网站，记住要在视频内加入自己的微信二维码求关注。

例如网红papi酱和同道大叔，都有在微博上推广自己制作的短视频，也会在视频结尾中推广自己的微信号并贴上二维码图片，如图6–1–19所示。

图6–1–19　视频推广

4. 软文推广

软文推广比较适合一些企业推广自己的公众号，自媒体类公众号也比较适合用软文方法推广。写好软文后，发布到大流量的平台，点击量达到10万的话，也能吸引不少的粉丝关注，重点在于软文的质量，还有发布软文的平台。

5. “秘”字符号，让您的微信文章更显眼

这个小细节可能还有很多人没有发现，大家可别小看这个符号，当有人把它分享到朋友圈时，那真是够显眼的，如图6–1–20所示。

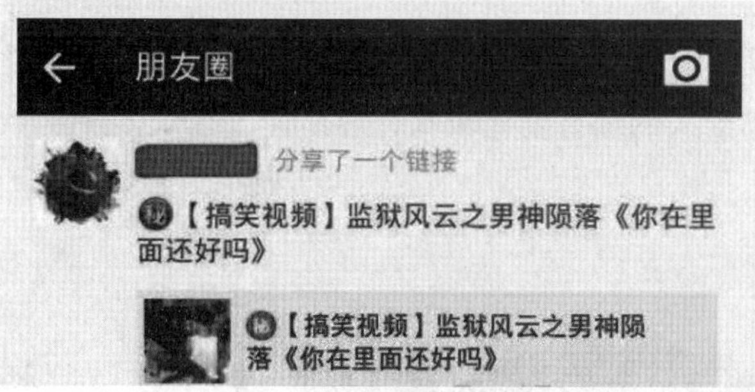

图6–1–20　“秘”字符号

图6–1–21　地推

6. 地推

找到用户聚集的地方，通过展示服务+奖品赠送的方式去获得精准用户。如果你的微信号用户是大学生，那么去大学转一圈是一个不错的选择，如果你的微信号用户是女性用户，你就去商场，如图6–1–21所示。

课后练习

练习一：申请并注册个人微信公众号。

练习二：利用个人公众号发送图文消息并在校园内推广个人公众号。

任务二 QQ营销

任务描述

国内常见的IM工具有腾讯QQ、MSN、淘宝旺旺、飞信、新浪UC、YY、呱呱、雅虎通、Gtalk等。其中腾讯QQ的市场占有率最高，平常做IM推广时，都是以QQ平台推广为主，这里主要介绍QQ推广。

任务目标

知识目标：掌握QQ设置技巧与推广技巧。

技能目标：创建QQ群，通过QQ群能够进行推广。

情感目标：通过实行QQ推广，使学生获得成功的体验，建立和增强学生学习的信心。

任务实施

一、QQ设置技巧

步骤1：头像的设置。建议头像最好是自己最美的照片，如果实在不想放置自己的照片，可以放置公司Logo、产品图片，这样给人的信誉度比较高，容易让人在众多好友中一眼就能找到你，如图6-2-1所示。

图6-2-1 头像的设置

步骤2：昵称的设置。很多人都喜欢把QQ昵称设置得充满诗情画意并有创意。可是作为企业推广来说，直接用自己的名字或者公司名称做昵称，可以让网民更容易记住，更能体现出诚意，用公司名称做昵称还能展现公司的知名度和产品的信赖度，如图6–2–2所示。

图6–2–2 公司昵称

二、QQ群设置

步骤1：创建QQ群。单击【创建】——【创建群】；选择一个群类别；填写群信息；邀请群成员；单击【完成创建】。如图6–2–3所示。

图6–2–3 建群步骤

步骤2：群名设置。对于自建的群，一定要选择合适的群名，不能只追求个性。比如你是推广面膜的，如果群名为“美丽新世纪”，就偏离了推广的产品，加进去的用户可能不会带来很多利润，所以，群名可以选择与推广产品有关的标志性词汇，如图6–2–4所示。

图6-2-4　QQ群名

三、QQ推广

1. QQ推广方式

QQ推广并不是只有与个人和QQ群聊天一种方式，QQ中还有许多应用，如QQ邮箱、漂流瓶、QQ空间、腾讯微博、QQ签名等，都可以用来进行推广，如图6-2-5所示。

图6-2-5　QQ推广应用

2. QQ群推广技巧

很多推广人员喜欢一进群就开始发广告，这很容易被管理员踢出去，从而没有什么效果，所以推广人员要掌握QQ群推广的技巧，如图6-2-6所示。

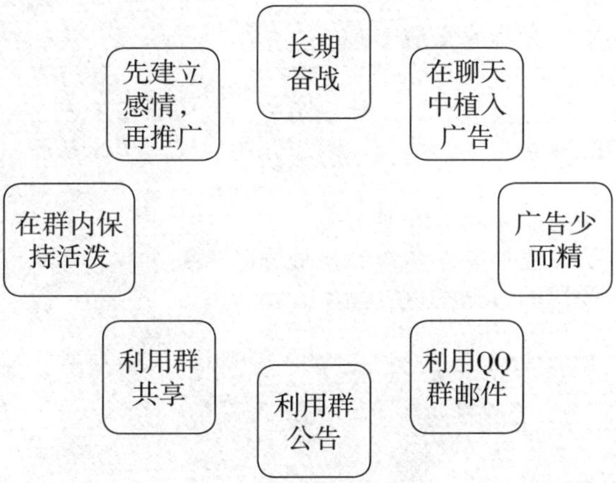

图6-2-6　QQ群推广技巧

3. QQ群推广案例

下面简要介绍QQ群推广的方法，这里以“百味坊”为例。

步骤1：根据前面介绍的，首先创建QQ推广群（500人群：朋友，同事），这里直接命名为“百味坊”，设置公司Logo为群头像，如图6-2-7所示。

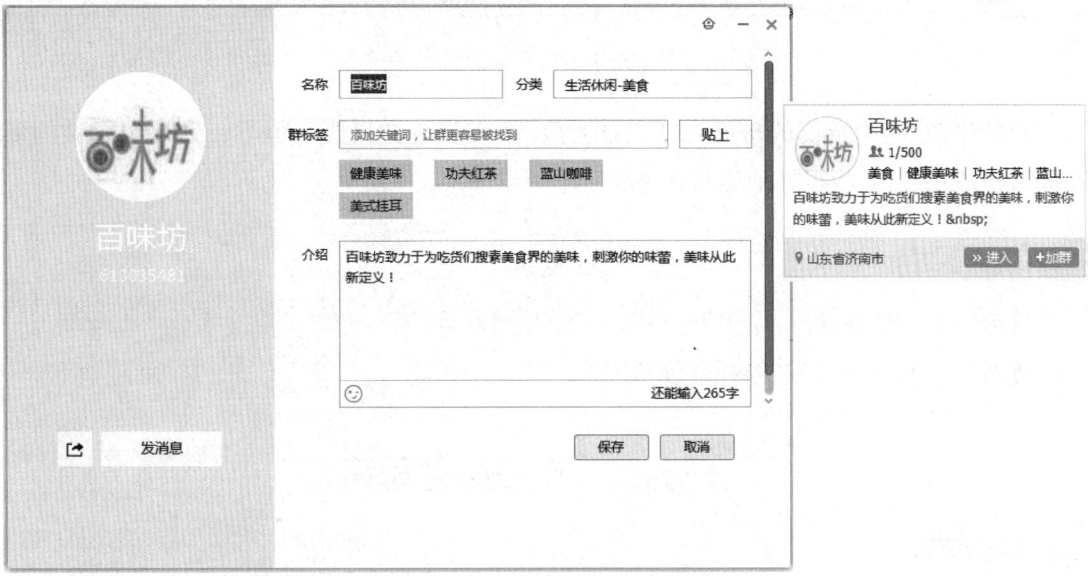

图6-2-7　创建群

步骤2：百味坊QQ群推广内容如图6-2-8所示。

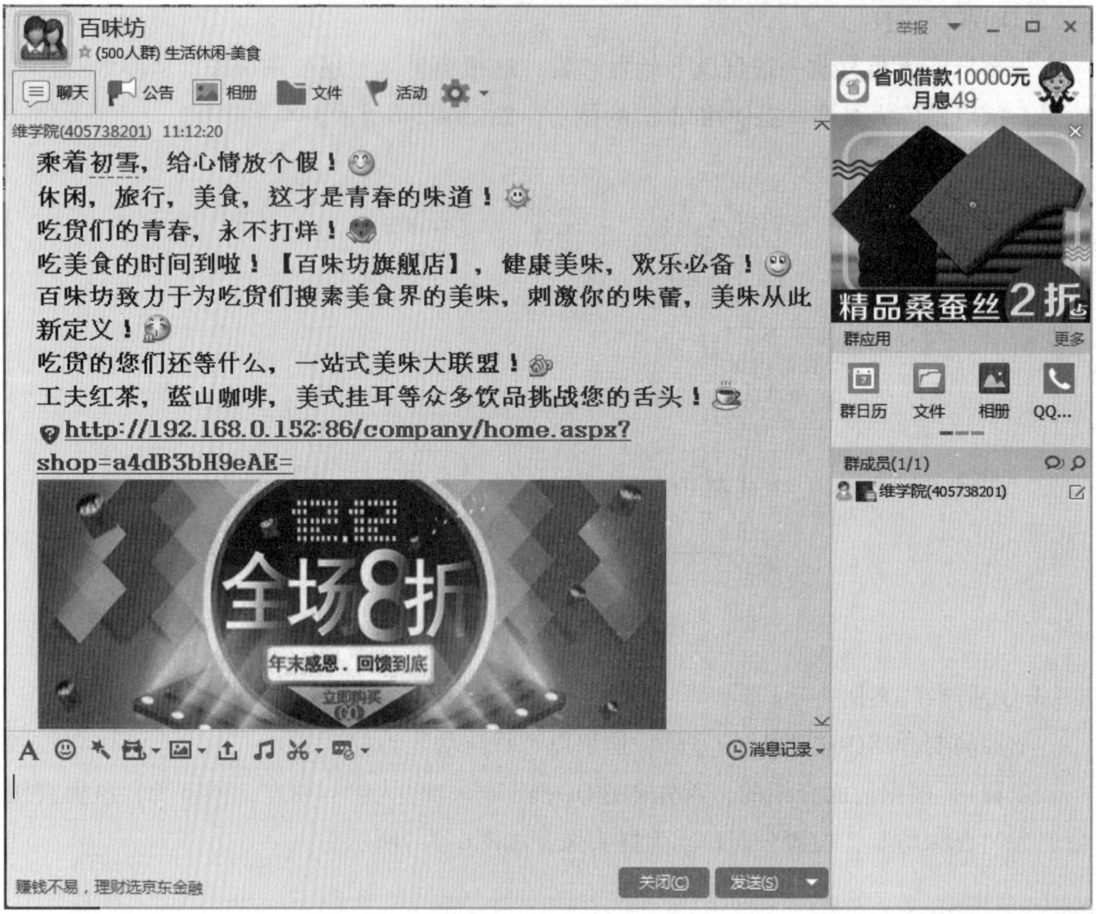

图6-2-8 推广内容

总的来说，QQ推广的核心在于与QQ好友耐心交流，只要有恒心，并拿出真诚的姿态面对QQ好友，就能很好地运行QQ推广。

课后练习

练习一： 创建QQ群，完善群资料，广泛邀请群成员。

练习二： 利用创建的QQ群进行营销推广。

任务三 电子邮件营销

任务描述

老牌营销方式，尽管古老，但很稳定。邮件从标题设计到内容组织，展示设计到反馈与效果分析，整个邮件营销更强调流程性与过程可控性。

任务目标

知识目标：掌握电子邮件的制作技巧。

技能目标：能够利用电子邮件进行推广。

情感目标：通过制作规范的营销邮件，形成良好的学习方法和学习习惯。

任务实施

目前，用于收发电子邮件的软件很多，比较常用的有微软公司的OutlookExpress，国内编写的Foxmail，Netscape公司的Mailbox等。这里以常用的微软公司的Outlook为例来讲解这类软件的使用。

一、电子邮件的使用

步骤1：新建邮件账户。安装启动Outlook2007后，创建邮件账户，如图6-3-1所示。

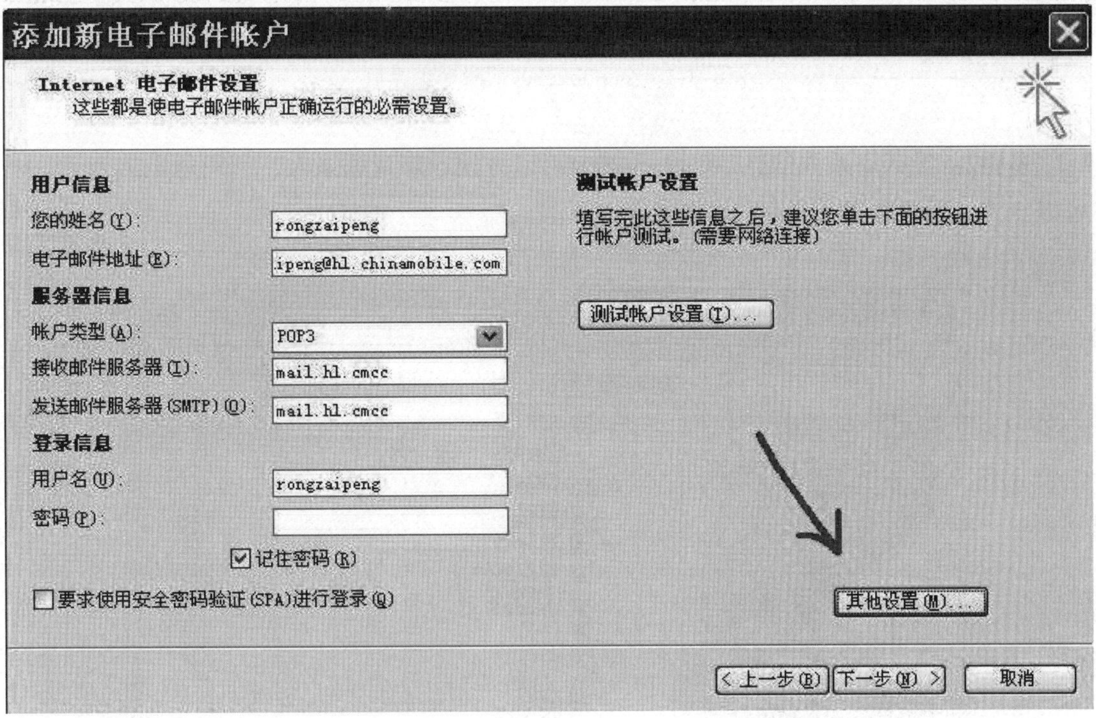

图6-3-1　邮件设置

配置完邮件账户，进入Outlook2007的程序主界面，如图6-3-2所示。

图6-3-2　Outlook2007的程序主界面

步骤2：导入联系人信息。Outlook2007可以方便地新建联系人、创建通讯组列表。还可以导入、导出联系人信息，如图6-3-3所示。

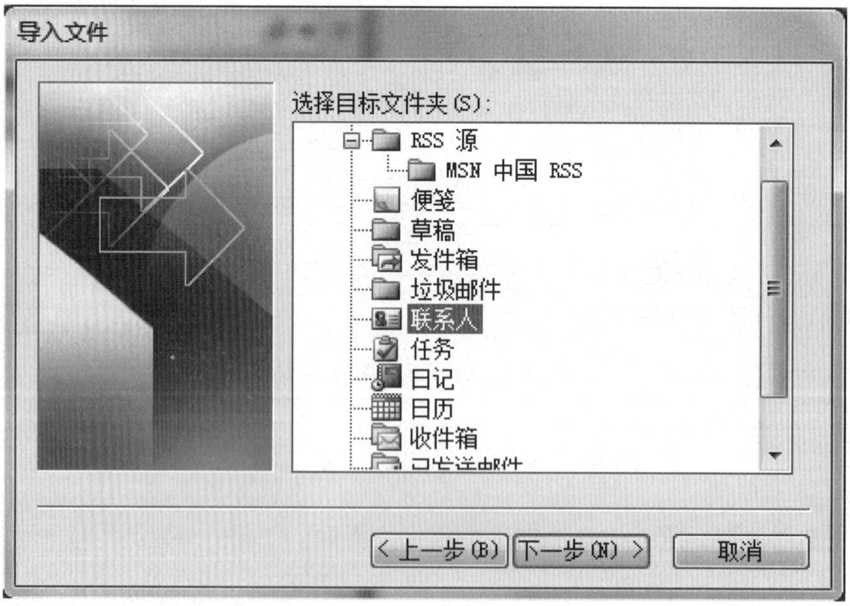

图6-3-3　导入联系人信息

步骤3：发送邮件。在【邮件】界面中，单击【新建】，就会出现发送邮件界面，如图6–3–4所示。

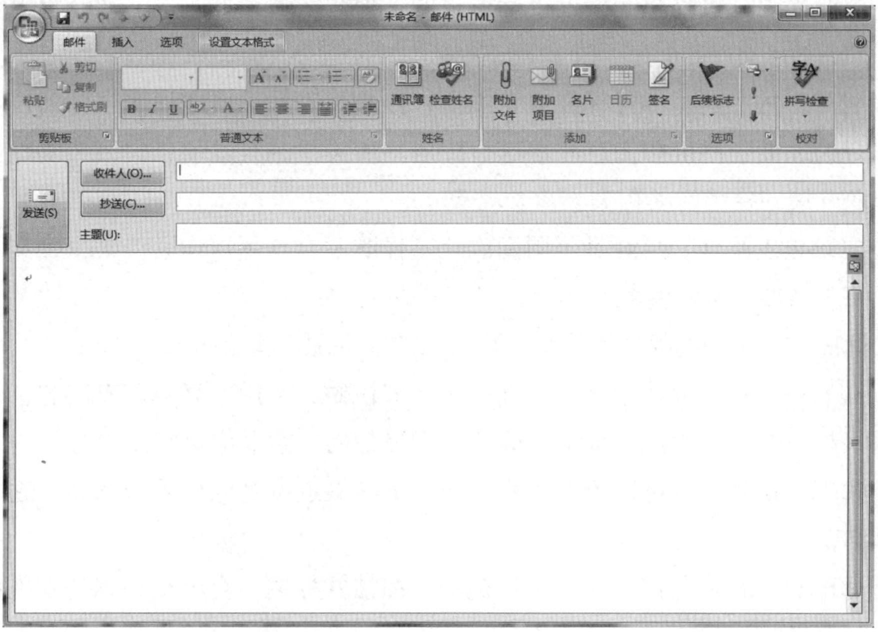

图6–3–4　新建邮件

步骤4：单击【收件人】，进入【选择收件人】。如果要附加文件，请单击【添加文件】按钮。

设定邮件主题，加入邮件内容，如图6–3–5所示。完成后单击【发送】。

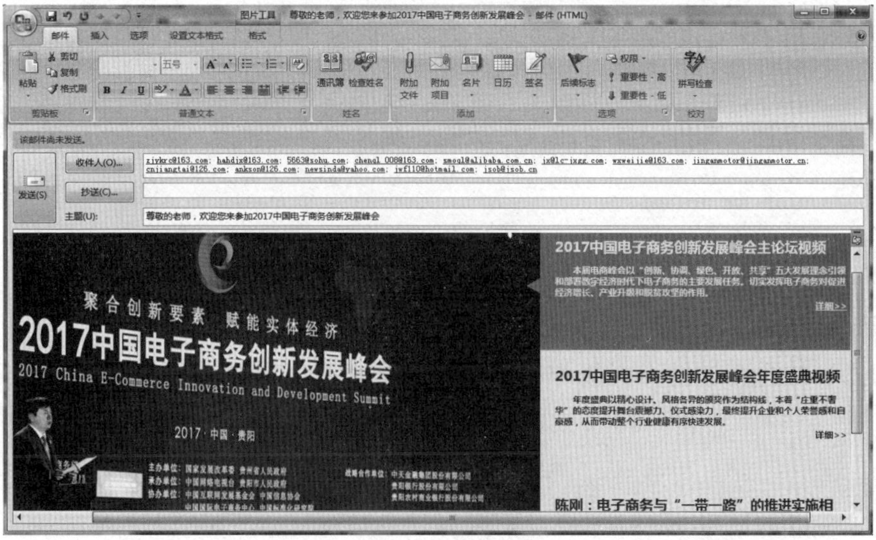

图6–3–5　填写邮件

二、电子邮件营销技巧

电子邮件对于如今的人来说是一种很重要的交流工具，它便于接收信息、注册账号等。对于企业来说，也是便于接近目标用户的一种网络营销方式。下面介绍电子邮件营销的技巧。

1. 吸引眼球的主题。邮件标题或者摘要，务必要一针见血地说明企业邮件对目标用户有什么好处，如一些折扣信息和推送目标用户所关注的其他信息，当然要确保邮件的主题与企业开展的营销活动相关。

2. 不要频繁发邮件。最好是一周两次，这样既不会与用户沟通得太少，又不会让用户反感，便于增加二次购买率。

3. 设计简洁。正确的邮件设计应该是简洁的文字配以适当的图片。

4. 投其所好。在投放营销邮件之前，企业应该做一个用户兴趣调查问卷，来挖掘潜在用户的兴趣。企业的用户出现了不同的兴趣爱好后，企业应该将用户分组，有针对性地发送相关邮件信息。还可以根据用户在网站上的最近浏览或购买的物品，逐个进行针对性的网络营销。

5. 标题醒目。企业营销选择一个特定的、简洁的标题，突出最关键的邮件信息，如新春热购、全场5折。

6. 不要有太多的广告。为了避免企业发出去的邮件被用户当成骚扰信息，不要一次性把广告做得太足了。投放一些对用户有用的邮件信息。例如，企业是销售衣服的，可以提供一个季节性的潮流风格搭配指南。

7. 放置“是否订阅”。企业在做电子邮件营销的过程中，应该在邮件主题的最后放置“是否订阅”的按钮，供用户选择，如果用户点击了“否”，企业就没有必要再向这位用户投放信息了。企业如果执意投放，那么会降低企业在用户心目中的形象，甚至流失用户。

8. 浏览者统计。邮件设置“回执”功能，统计浏览者信息，对感兴趣的浏览者进一步宣传。

课后练习

练习一：新建邮件账户，制作联系人信息表，并导入邮件账户。

练习二：结合营销特点，制作一封有特色的邮件，并进行群发送，统计回执的邮件人。

任务四　博客营销

任务描述

博客营销是一种基于个人知识资源（包括思想、体验等表现形式）的网络信息传递形式。开展博客营销的基础问题是对某个领域知识的掌握、学习和有效利用，并通过对知识的传播达到营销信息传递的目的。

任务目标

知识目标：掌握博客营销的过程和方法。

技能目标：能够应用博客进行推广活动。

情感目标：通过博客营销活动，培养学生利用博客进行推广的能力。

任务实施

博客营销的操作步骤与传统营销有所区别，而且它的易操作性以及最初的低投入成本使得博客营销具有非常大的可实施性。这里以如何利用新浪博客平台的博客文章发布功能开展网络营销活动为例，介绍博客营销的过程与方法。

一、博客的使用

步骤1：开设博客账号。选择适合本企业的博客营销平台，并获得发布博客文章的资格。例如，新浪博客，在该网站可以开设博客账号，如图6–4–1所示。

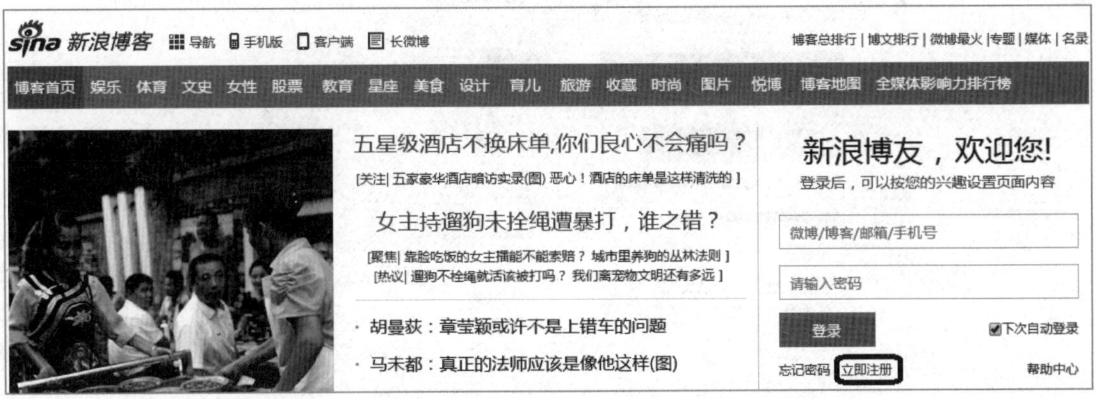

图6–4–1　新浪博客的注册

按照提示填写完信息，博客已设置成功了，如图6-4-2所示。

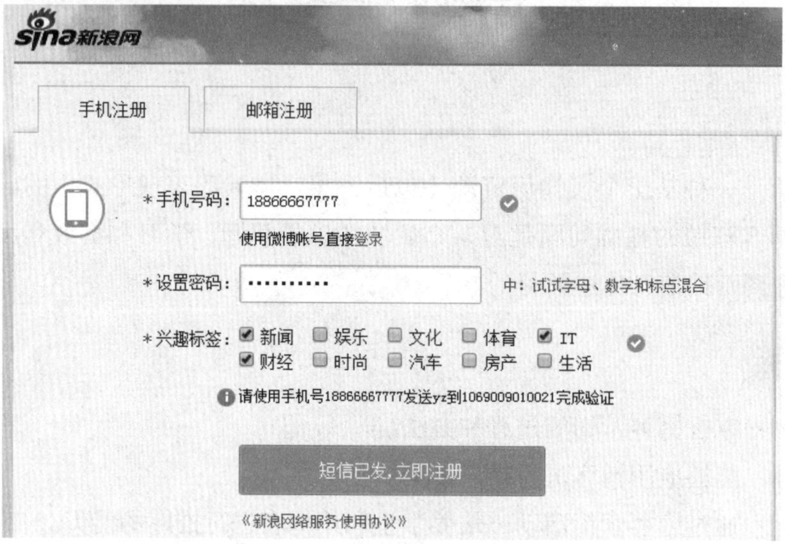

图6-4-2　设置成功页

步骤2：设置昵称与头像，如图6-4-3所示。

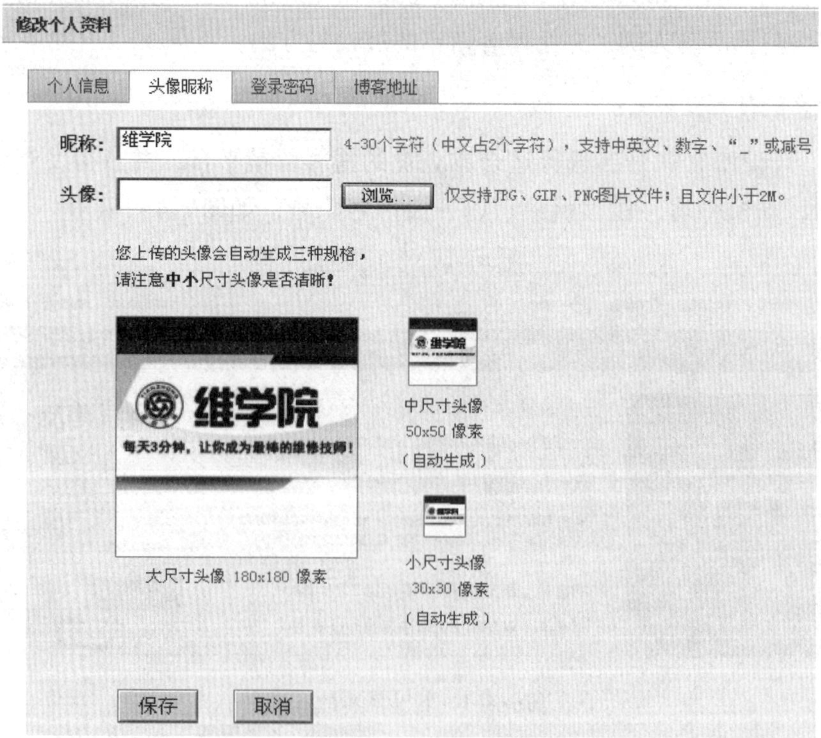

图6-4-3　设置昵称与头像

步骤3：发表博客文章。个人博客页面进行登录，单击【发博文】按钮，如图6-4-4所示。

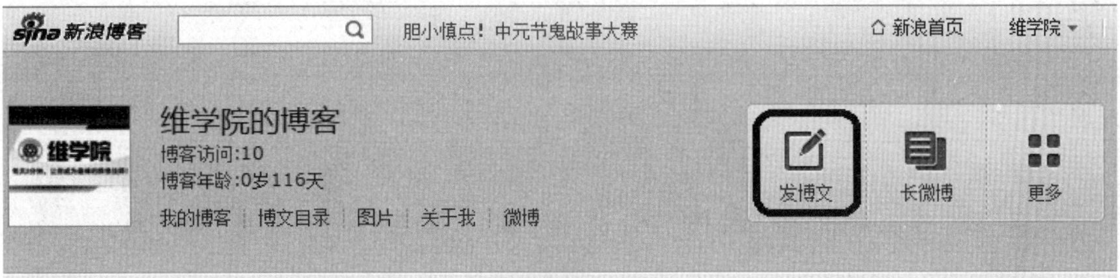

图6-4-4　发博文

步骤4：进入到文章编辑页面，输入文章的标题和内容。输入完毕之后，单击【发博文】按钮就可以将文章发布了，如图6-4-5所示。

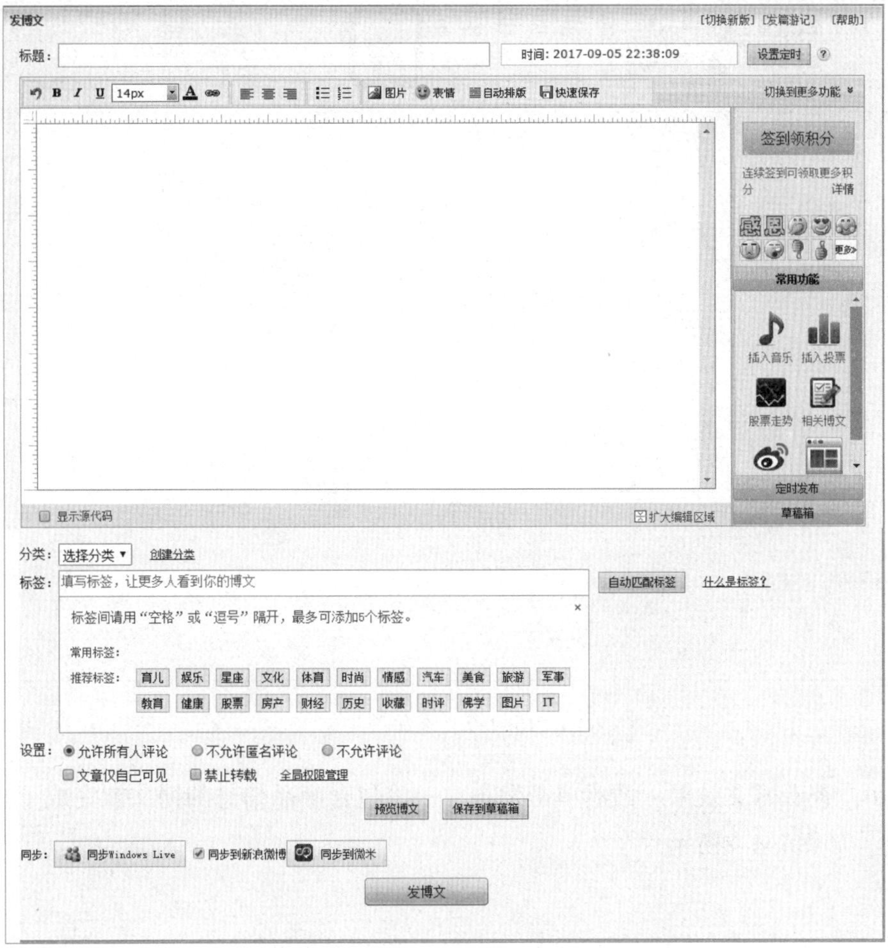

图6-4-5　编辑博文

博客文章编辑页面有实用的编辑功能，可以帮助您对博文进行排版与美化。单击后出现更多编辑功能，就像是Word，非常强大，如图6-4-6所示。

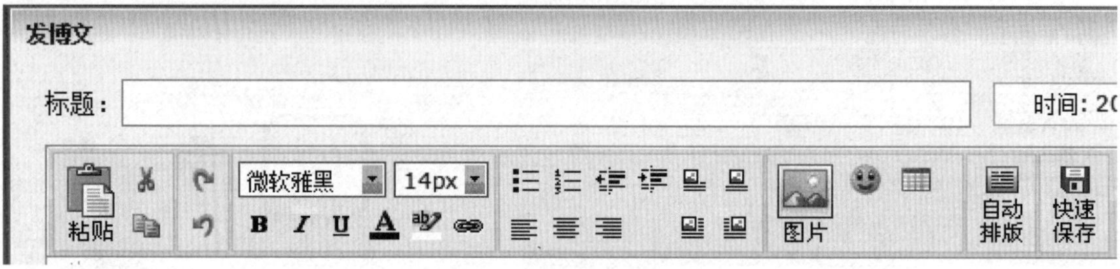

图6-4-6　编辑功能

步骤5：在博文中添加图片。进入到您的博客后，进入发博文页面，单击【插入图片】，如图6-4-7所示。

图6-4-7　添加图片

步骤6：查看博文效果。最后单击发布，一篇包含商品信息的博文就完成了。以下是最终呈现，如图6-4-8所示。

正文　　　　字体大小：大 中 小

卡车停放怕生锈？老司机教教你卡车停放时应注意的保养事项！ (2017-09-05 11:33:15)

＋转载▼

标签：红岩杰狮　红岩杰狮蓄电池　分类：红岩资讯

对于卡车司机来说，卡车是他们形影不离的朋友。但是有时遇到什么别的事时，卡车就有可能闲置几天，很多司机就把卡车放到了库房。殊不知，这样卡车时非常容易出问题的。今天红岩杰狮小编给大家介绍几点卡车闲置时的保养注意事项。

卡车长时间停放会造成车身零部件生锈

图6-4-8　查看博文

二、博客推广技巧

1. 建立博文链接

在发表一篇新博客时，在文章最后添上相关博文的链接，这样能提高博客的访问量。或者在博文当中要尽量提到其他博文，然后添加链接，这样也增加了文章的深度。

2. 突出关键字、词

在写博文时，要尽量突出博文的关键字、词，这样不仅方便访问者的阅读，提高博客友好度，还能引起搜索引擎的注视，从而收录于网页。

3. 要多出现“秘籍”“技巧”之类的词

平常在访问一些空间或博客时，人们容易关注 “什么秘籍”“几大怎么……怎么样”之类的标题，它总能引起访问者的兴趣。

4. 在首页加入邮件订阅

这样能够吸引一部分忠实访客，带来稳定的访问量。

5. 多写系列文章

其一：能让别人产生兴趣，提高关注度；其二：读者能有意向把他们读完，而这些内容由多个网页组成，能够提高访问量；其三：能增加博客的深度。

6. 论坛

根据自己博客的定位，去寻找相关的论坛，在论坛发表时，附加上博客的地址链接。

7. 提高互动性

要关注有名气的博客，经常到他们的博客看看留言以及与自己博客有关的信息。

8. 添加反馈

在每篇博文的头部或尾部插入投票，征询浏览者的意见反馈，这样既能改进文章，又能提高访问者的兴趣。

三、博客推广案例

案例：购喜欢发布商品博文

步骤1：有以下两种方式打开“发商品”模块。

（1）单击博客顶部托盘的【发博文】组件——【发商品】，如图6–4–9所示。

图6–4–9　发商品（1）

（2）单击【发博文】发布器——【常用功能】——【发商品】，如图6–4–10所示。

图6–4–10　发商品（2）

步骤2：在“发商品”模块里粘贴商品链接。

在博文发布器下方打开的【发商品】链接模块，粘贴商品链接，并单击【添加】（以淘宝商品为例），如图6–4–11所示。

步骤3：选择商品类型。

根据您分享的商品类型选择服装、配饰、杂货、孕婴四种类型中的一种。请务必选择商品类型，否则发不了博文。

步骤4：填写体现特色的博文标题和正文介绍。

为了使您的商品博文更有趣，并获得更多的推荐机会。请务必认真填写博文标题。以下是可参考的成功例子，如图6–4–12和图6–4–13所示。

图6-4-11　粘贴商品链接

（1）四字经介绍商品

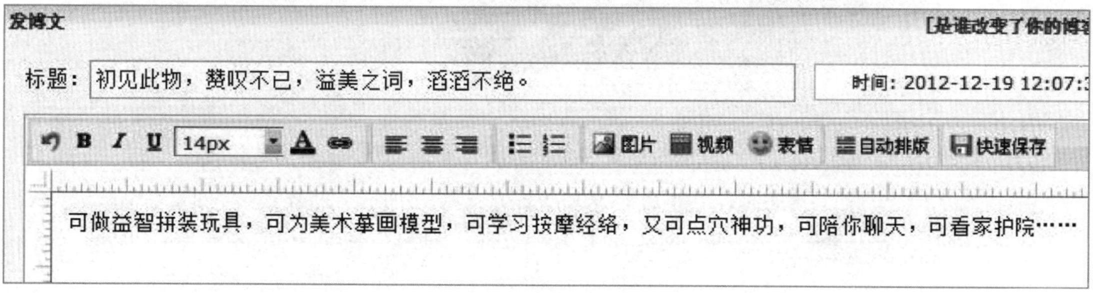

图6-4-12　四字经介绍商品

（2）功能性文字介绍商品

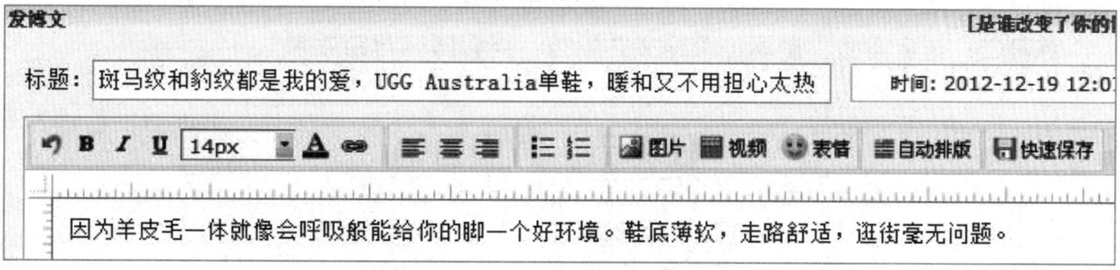

图6-4-13　功能性文字介绍商品

步骤5：发布博文成功。

最后单击发布，一篇包含商品信息的博文就完成了，如图6-4-14所示。

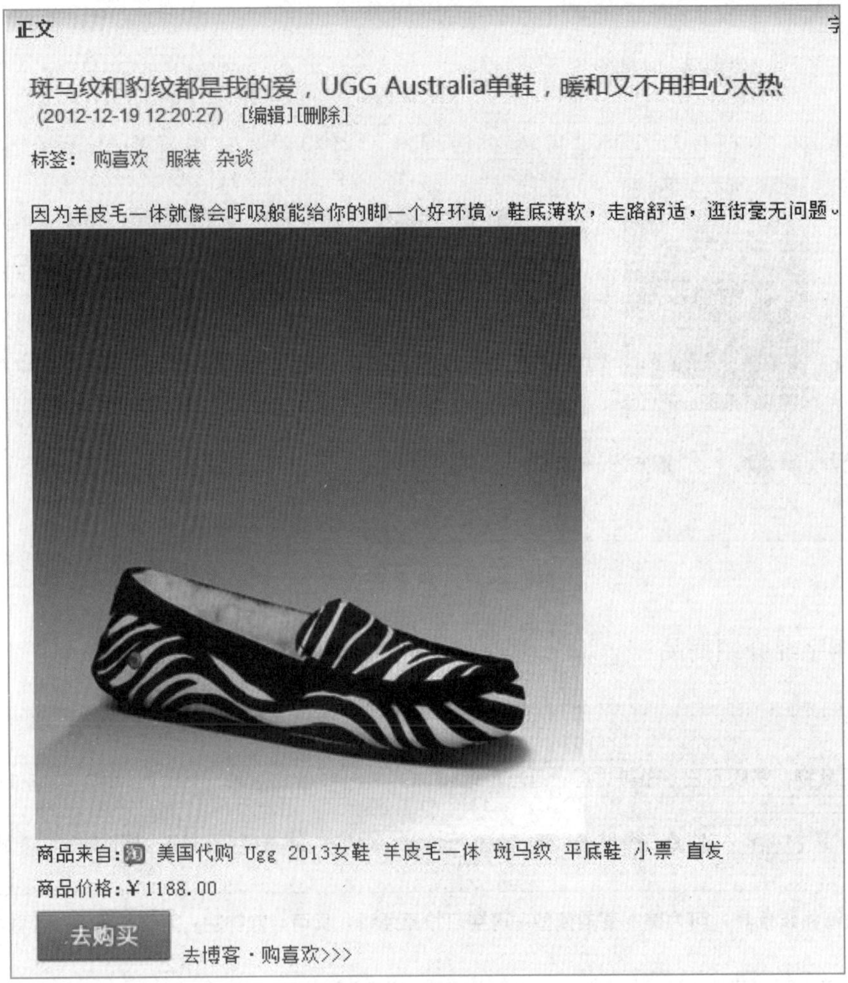

图6-4-14 发布博文

课后练习

练习一：注册博客，完善账户信息，操作博客基本功能。

练习二：选定商品，撰写一篇博文并发布，查看博客营销效果。

任务五 微博营销

任务描述

在微博平台，用户只需要用很短的文字就能反映自己的心情或者完成发布信息的目的，这样便捷、快速的信息分享方式使得大多数企业与商家开始抢占微博营销平台，利用微博“微营销”开启网络营销市场的新天地。

任务目标

知识目标：掌握微博营销的各种技巧。

技能目标：能够撰写有营销效果的博文。

情感目标：通过微博营销活动，培养学生学习微博营销的兴趣。

任务实施

一、微博基本设置

步骤1：基本设置。微博营销要提高转化率，就必须具有诚信，上传真实的头像，资料设置要完善，如图6–5–1所示。

图6–5–1　基本设置

● 昵称是和微博定位关系密切的基本信息，只要把握好其设置原则和技巧，就能随意地想到适合微博营销的昵称，昵称可设置为“姓名+行业+产品”。

● 头像要看着真实，如果是品牌的微博，可以用品牌标识做头像，如果是店面的微博，可以用店面或商品照片做微博头像，如果是连锁品牌，就可以以连锁品牌名称或标识作为头像。

步骤2：简介。简介是微博账号个人资料的最后一项内容。企业可以根据自己的产品准备很多词组，去掉个人标签用掉的几个，剩下的就写到这里来，如图6–5–2所示。

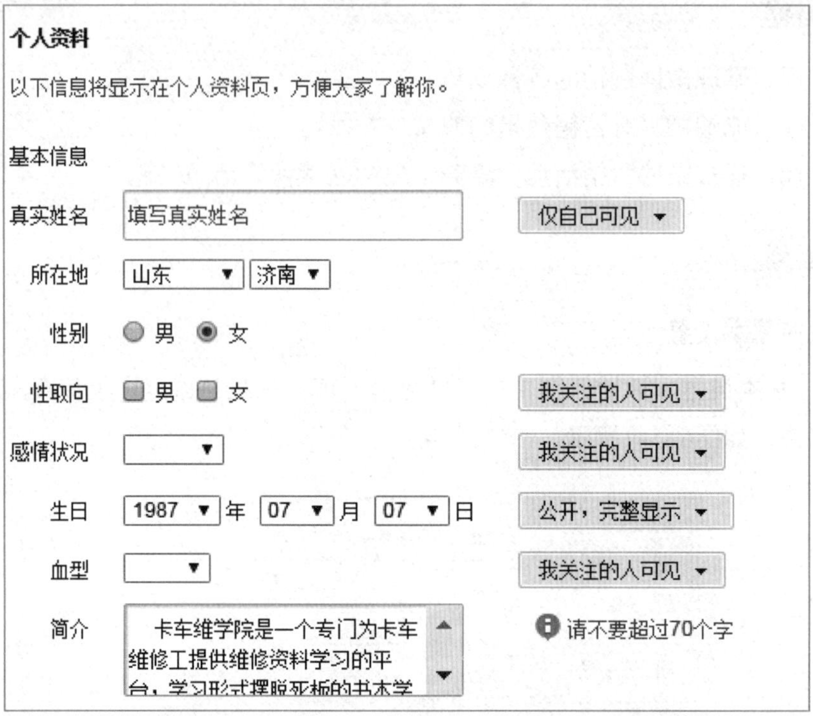

图6–5–2　简介

二、微博发布

步骤1：发布微博。打开新浪微博首页。在首页的编辑区内编辑博文内容，完成之后单击发布即可。微博内容要简练，与主题紧紧相扣，简单明了，如图6–5–3所示。

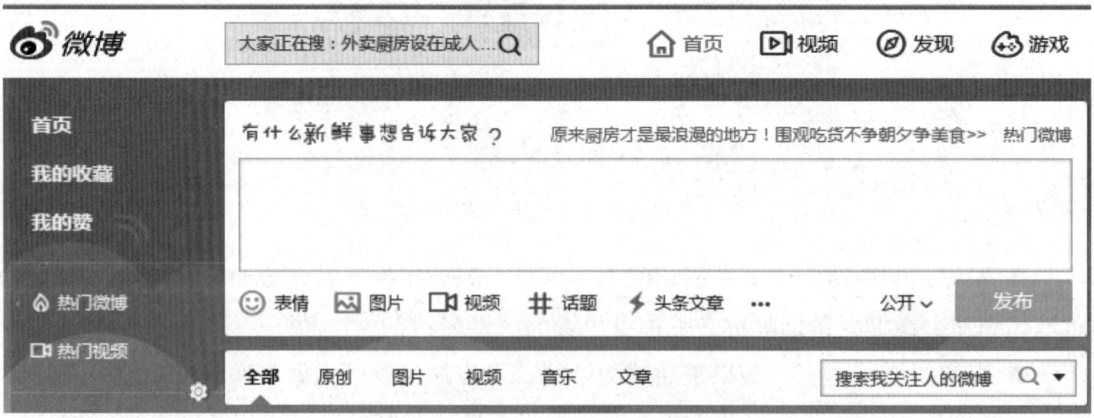

图6–5–3　新浪微博首页

步骤2：发布微博上传图片。单击微博发布框下方的图片按钮即可，多种上传图片方式供您选择：多图上传、拼图上传、截图上传等，如图6–5–4所示。

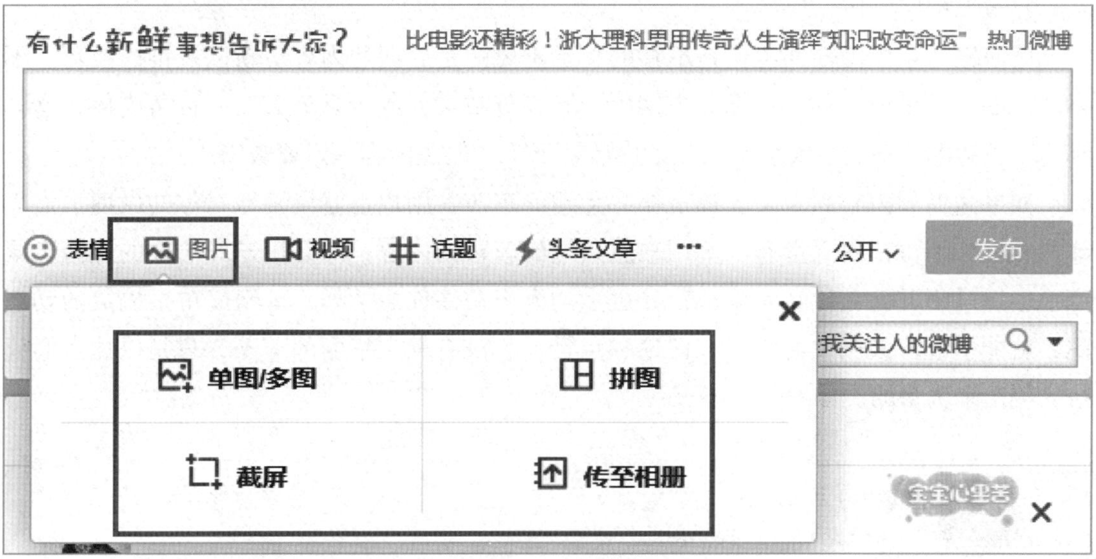

图6–5–4　上传图片

注意：上传的图片文件支持gif、jpg、png格式；单张图片大小要在20M以下。

步骤3：在微博中添加音乐。在微博发布框【...】按钮下选择【音乐】按钮，即可添加系统为您推荐的歌曲或您赞过的歌曲，同时还可在搜索框中搜索想要添加的音乐，如图6–5–5所示。

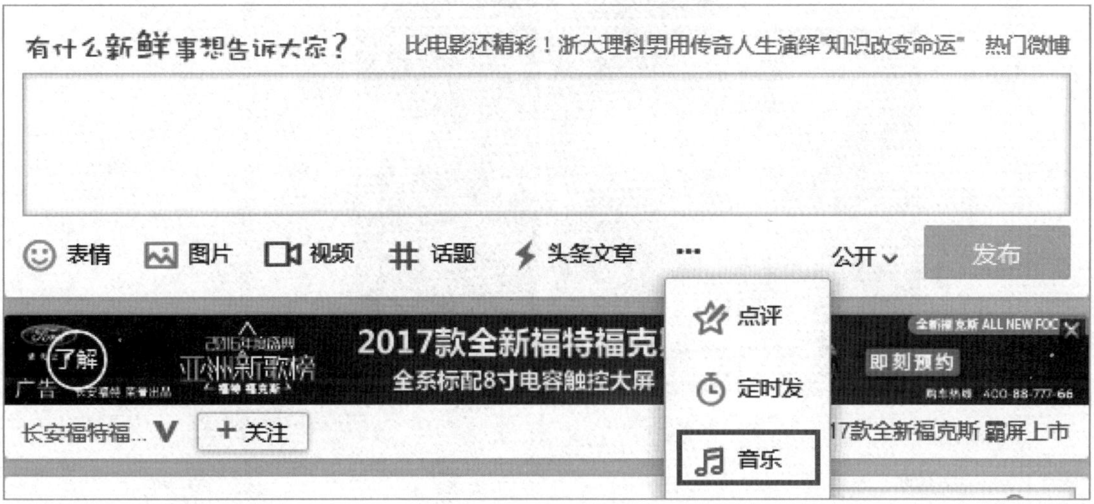

图6–5–5　微博中添加音乐

通过上述方式，还可以在博文里面添加表情、视频、话题等等。

三、微博推广技巧

1. 微博推广技巧

微博推广单单做前期工作是不够的，更重要的是后期的内容更新以及推广技巧。不要注册好一个微博，却放在那儿当摆设，不去更新它，或者是一天发一百条广播，这样都是不正确的。平均每天发二十几条广播就行了，但是内容一定要吸引人。

如果微博的内容来来去去都是那些无趣的东西，用户也就慢慢地对你的微博失去兴趣。相反如果微博每天都有一些用户感兴趣的新颖的内容，那么用户对于你的微博忠诚度也会提升，并且帮你转发微博，让更多的人来关注你。例如，一组简单、搞笑的动态图，就能引起广大网友的转发、评论和点赞，它没有软文华丽的辞藻，只是以让人们放松、笑出来为目的，如图6–5–6所示。

图6–5–6 热门微博转发量、点赞次数、评论量

下面介绍一些微博内容推广技巧。

（1）坚持原创内容建设，制定适合的转发热门内容的比例。

（2）适当利用“时光机”可以减少工作量、增加发布频率和微博活跃度。

（3）图文并茂的内容更受人欢迎；在图片上打上水印，有利于微博的推广。

（4）重视突发事件的直播报道和现场直播，更容易受到网友关注。

（5）内容要贴近生活和现实、新闻热点、事件；热门排行里的内容更受用户关注，可以适当转发和参与。

2. 提高粉丝量的技巧

微博营销是一种基于信任的用户自主传播营销手段。企业在发布微博营销信息时，只有取得用户的信任和引起他们的兴趣，用户才可能帮企业转发、评论信息，使信息产生较大的传播效果与营销效果，如图6–5–7所示。

图6–5–7　微博粉丝的营销力量

企业想要提高粉丝量，首先要知道自身微博的状况，自己微博的粉丝量决定了微博的不同阶段。每个微博账号最多只能加2000个关注。当然，想要提高粉丝量，还需要掌握以下几点技巧。

（1）坚持原创，吸引志同道合的人关注。

（2）多更新微博，不要半途而废。

（3）多组织活动，吸引粉丝加入，提升微博传播力，并在实践中不断提升自己的话题策划能力。

（4）多与粉丝互动，积极@别人并参与回复、转发、评论、点赞。

（5）积极向知名微博投稿，推荐自己，寻求活跃粉丝的关注与支持。

四、微博推广案例

步骤1：微博账号设置。微博个人信息跟自己微信账号设定的个人信息是一致的，在微博里找一些搞笑的、权威的微博进行转发并评论，日积月累，账号等级就上升了。在这期间，建议广加好友，等好友达到一定数量的时候，开始筛选出一些无价值的好友并取消关注。

步骤2：慢慢地发布一些微博营销信息，建议在微博上先给博友们提供一些微学院的信息，然后引出要推广的电子书《柴油发动机维修技术300问》，甚至可以加上链接和图片来丰富微博内容。

步骤3：登录微博首页，开始发一篇营销博文，写好内容之后单击【发布】，如图6–5–8所示。

图6–5–8 营销博文

步骤4：确定微博发出去以后，开始逛微博，看看当天的热门话题，然后选择人气最高的几个热门话题参与讨论和发布自我观点，从而提升账号的等级及引起博友们的关注，如图6–5–9所示。

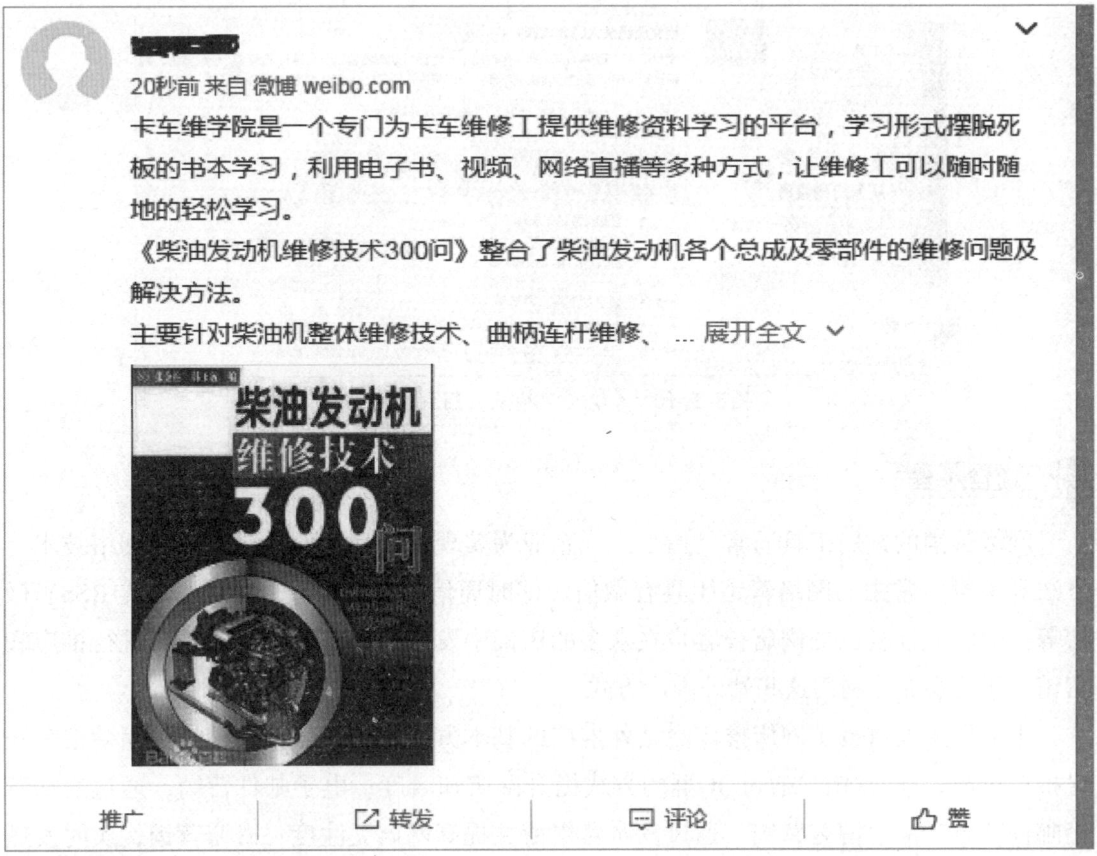

图6-5-9　微博效果

步骤5：营销推广。根据微博营销技巧，利用空间、论坛进行文章的推广，同时对账号进行宣传，提高粉丝量。

微博营销面对的人群非常广泛，要善于发现好的微博并进行转发和评论，多多与网友们互动，但是微博内容不要经常围绕营销信息，这样很容易让网友反感。要善于利用微博100多字的可输入内容，多发布一些有价值的内容，从而达到营销目的。

课后练习

练习一：注册微博，完善微博信息，操作微博基本功能。

练习二：下面列举由人民邮电出版社出版的一本图书，尝试以上或书中的发布微博的方法，进行演练。《软文营销从入门到精通》在当当网的封面与介绍这本如图6-5-10所示。

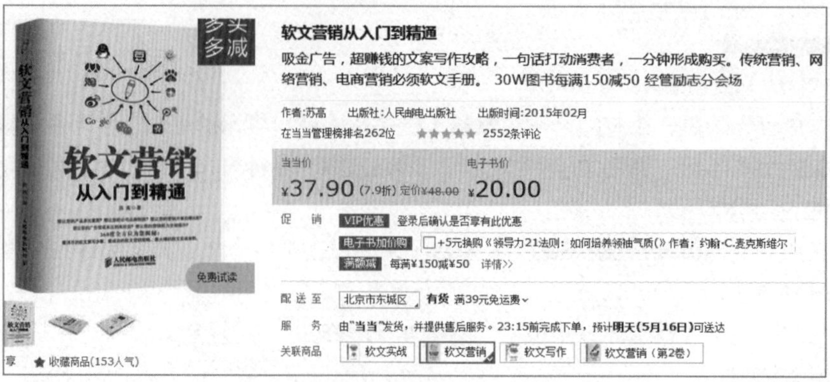

图6-5-10 《软文营销从入门到精通》

项目小结

网络营销的常用工具通常是指个人或企业为实现营销目标而使用的各种网络技术、方法和手段。常用的网络营销工具有微信、即时通信软件、电子邮件、博客与RSS、微博等。为了能让自己的网店被客户在众多的店铺中发现并选中，除了对网店进行推广和营销，还需要充分利用这些站外推广方式。

本项目主要讲授了网店推广之站外推广的基本方式，包括微信营销，使用微信公众号推广产品；QQ营销，通过QQ群的方式提升网店知名度；电子邮件营销，通过发送营销邮件宣传产品；博客营销，通过发布营销博文提高网店关注度；微博营销，实时发送微博，提升整个网店的流量。

学习自测

任务模块	测试内容	学习自测	分值权重
综合素质	协作能力		10
	沟通能力		10
基本知识	微信公众号的使用		10
	QQ群的设置		10
	电子邮件撰写		10
	博文发布		10
操作技能	公众号平台自定义菜单、发布消息		10
	QQ群的设置、推广		10
	撰写、发送电子邮件		10
	撰写、发布博文		10
学习感悟			

项目七　微商城

项目导读

微商城，又叫微信商城，是第三方开发者基于微信而研发的一款社会化电子商务系统，同时又是一款传统互联网、移动互联网、微信商城、易信商城、APP商城、支付宝商城、微博商城七网一体化的企业购物系统。消费者只要通过微信商城平台就可以实现商品查询、选购、体验、互动、订购与支付，是一种线上线下一体化的服务模式。

案例导入

良品铺子，是一家集休闲食品研发、加工分装、零售服务于一体的专业品牌连锁运营公司。2013年底官方微信平台正式上线，除了与消费者沟通互动，良品铺子还尝试在微商城上推介和销售优惠产品。

2015年，良品铺子完成线上渠道销售额12亿元，微信商城上线仅2年时间，就贡献了8000万。2016年，良品铺子来自微信商城上的销售额达2亿元人民币。尽早起步，让良品铺子赶上微信发展红利期，到今年，良品铺子微信公众账号已有580万粉丝，微商城销售额增长很快。

学习目标

- 掌握微店的申请、装修与推广。
- 掌握有赞微商城的申请、装修技巧、推广方法。
- 掌握微店、商城与公众号的连接。

任务一　微店

任务描述

申请并注册微店，讲述微店首页主要功能模块的应用、店铺基本设置的方法，商品的发布以及店铺常用的推广方法。

任务目标

知识目标：掌握微店申请、版面设置及商品发布。

技能目标：掌握微店页面排版及美化，了解微店官方常用推广方式。

情感目标：体验顾客心理，选择适合产品类型的版面，提高动手能力和审美能力。

任务实施

一、店铺申请

北京口袋购物旗下的“微店”功能，简称“口袋微店”，目前推广期对微店商家实行零手续费。微店与微信的移动互联网方式结合较好，功能相对齐全，包括商品管理、促销管理，分享至微信及朋友圈等功能。目前微店支持苹果手机、ipad和安卓手机，安装方法如下。

方法一：登录微店的官方网站http：//vdian.com下载安装，如图7-1-1所示。

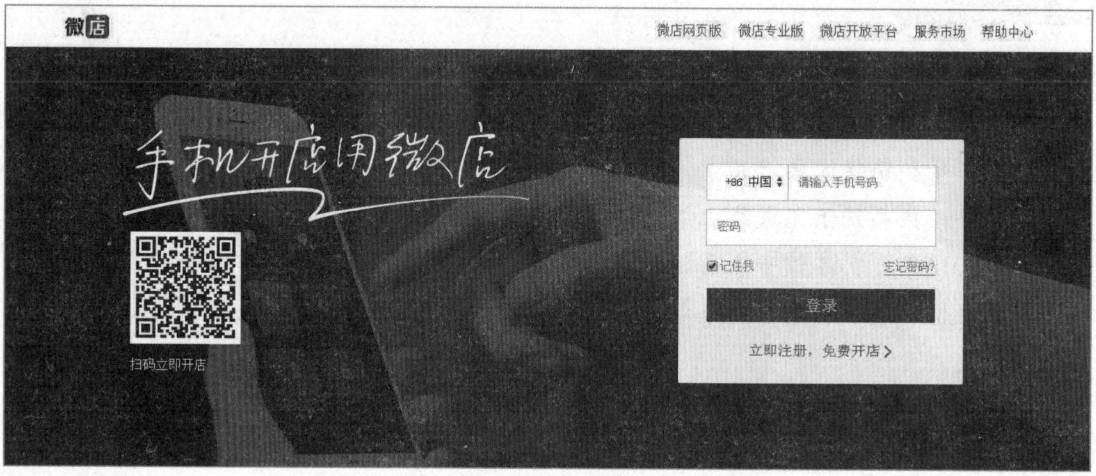

图7-1-1　PC端安装首页

方法二：在苹果、安卓功能市场搜索并下载“微店”，如图7-1-2所示。

方法三：登录个人微信，通过扫描如图7-1-2所示的二维码下载“微店”。

卖家在完成了“微店”安装后，接下来就根据窗口提示填写信息，最后设置微店头像和店铺名称。

图7–1–2　手机端安装页面

二、微店的主要功能

使用手机登录微店后，可以看到11个功能图标，分别为“客户”、“商品”、“订单和收入”、“消息”、“推广”、“经营分析”、“商学院”、“服务”、“货源”、“供货”、“为梦想打开”，左下角图标为“消息中心”，右下角的图标为“设置”，下面我们将详细介绍以下几个常用的功能模块。

1. 客户

该功能支持查看客户的收货信息、历史购买等数据，帮助卖家分析客户的喜好，以便有针对性地进行推销，在【客户】功能中卖家还可以看到买家进行过多少笔交易及其交易金额，可以用来维护老客户，如图7–1–3所示。

图7–1–3　客户管理

2. 商品

该功能支持查看出售中的商品、已下架商品以及商品的分类，可以通过页面底部添加商品、批量管理所有商品，如图7–1–4所示。

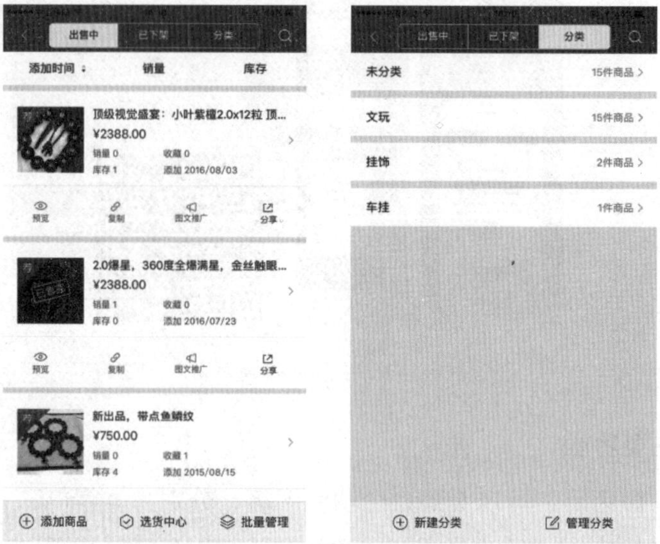

图7–1–4 商品功能模块

3. 订单和收入

可以查看进行中、已完成和已关闭的订单详情，在【我的收入】功能中可以查看已提现金额、收支明细，该功能还可以绑定收款银行卡，需要注意的是，填写的银行卡的开户人姓名、身份证必须与注册微店账号时填写的一致，否则将无法提现，如图7–1–5所示。

图7–1–5 订单管理

4. 消息

聊天工具，促进卖家与买家更好地沟通，确保交易处理的实效性，还可以设置买家同卖家初次聊天时的公告。

5. 推广

获得新客户的方法、常用营销工具与推广服务。

6. 经营分析

可以查看访客、商品数量、客户信息等内容。

三、微店的基本设置

在了解微店的各项功能后，要根据所售商品情况对微店进行自定义设置，下面将简单介绍如何设置微店。

1. 店铺logo

店标即店铺的标志，可以作为一个店铺的形象参考，给人的感觉是最直观的。店标代表着店铺的风格、店主的品味、商品的特性等，也可以起到宣传的作用。微店店标的尺寸为80PX×80PX，为了显示更加清晰，可以按1：1比例增加。

步骤：使用手机登录微店首页，单击微店白色区域转至【微店管理】页面，点击【编辑】按钮，进入编辑店铺名片页面，更换店铺图标，如图7–1–6所示。

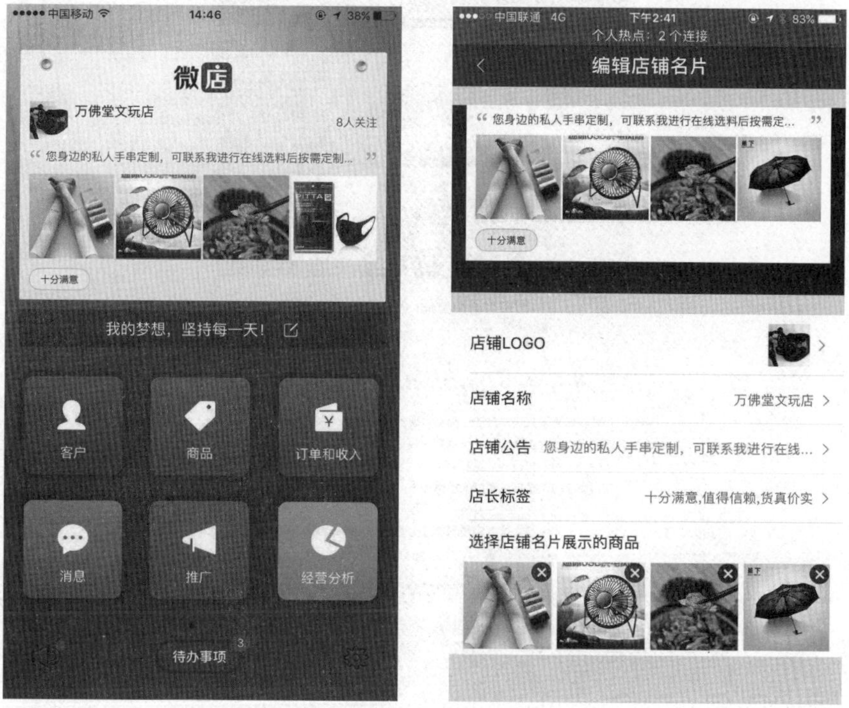

图7–1–6　更换图标页面

2. 店铺名称

一个店铺的名字对店铺至关重要，它决定了店铺在顾客心中的形象。给店铺起名字需要符合店铺内产品的品牌、功效、类型等，其次店铺名字要个性、有特点，具体操作步骤如上。

3. 店铺公告

店铺公告是介绍店铺最重要的地方，写好店铺公告是非常关键的。因为微店店铺公告的区域空间大概可以写50个字，所以文字一定要言简意赅，最好能一针见血，吸引顾客第一眼。店铺公告怎么写才吸引人，可以从以下几方面入手。

（1）活动。店铺近期折扣活动以及单品的主推优惠，这是买家最关心的，应该排在最前面。

（2）快递。买家下单前需要了解邮费和快递公司的选择。

（3）联系方式。留下店主的联系方式，如电话、微信等，保证买家及时联系到店主。

（4）注意事项。店铺正品保障承若以及售后服务的相关承诺可以采用图片方式，作为详情页在每个产品中体现。

需要值得注意是，店铺公告要把产品或服务的概念清晰地传递给买家，这个公告应该为目标消费者量身定做，如图7–1–7所示。

图7–1–7　店铺公告

4. 设置店铺封面

好的店铺封面可以瞬间吸引买家，更能够折射出卖家对自己商品定位的理解和创新。店铺封面美化可以通过修改封面模板和背景图来实现，店铺封面最小尺寸为720PX×1280PX，为了显示更加清晰，可以按1∶1比例增加。

步骤：进入微店管理页面，单击【装修市场】按钮，单击微店名称右侧【编辑】按钮，进入店铺装修页面，即可选择封面及分类导航，如图7–1–8所示。

图7–1–8　店铺封面展示

5. 设置店铺招牌

店铺招牌即店招，它是用来展示店铺名称和形象的，它出现在店铺的首页，可以由文字和图案组成，表现方法千变万化。店招是顾客看到店铺的第一印象，店招如果设计得非常出彩，对留住顾客有很大的帮助。店招设置最小尺寸为640PX×330PX，为了显示更加清晰，可以按1∶1比例增加。

步骤：进入微店管理页面，单击【打理店铺】按钮，进入自定义装修页面，即可更换店铺招牌，如图7–1–9所示。

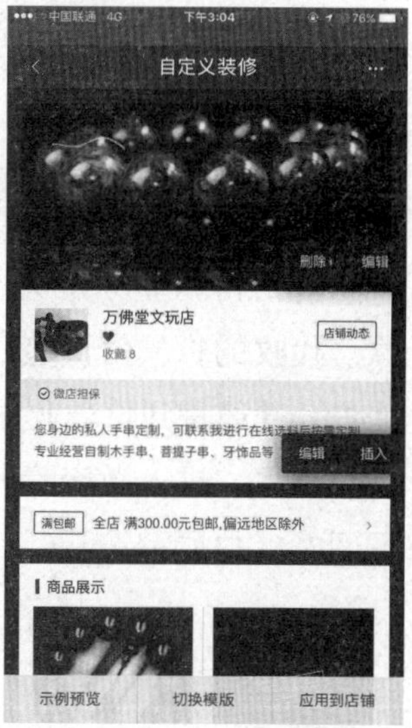

图7–1–9　店铺招牌编辑

6. 设置运费

网络购物过程中的邮费问题也是买家关注的焦点之一，这直接影响到买家对商品的评价。当前的邮费主要分为邮局、物流快递、特快专递等，平邮的价格较低，但周期比较长；物流的价格比较适中，送货时间也比较合适；特快专递时间虽然短，但价格昂贵。

店主可以根据买家所购买的商品数量相应地减免邮费，让买家从心理上觉得就像在家门口买东西一样。卖家还可以根据自身商品的实际情况，设置指定地区的运费。

步骤：进入微店管理页面，单击页面底部【交易设置】按钮，单击【运费设置】，如图7–1–10所示。

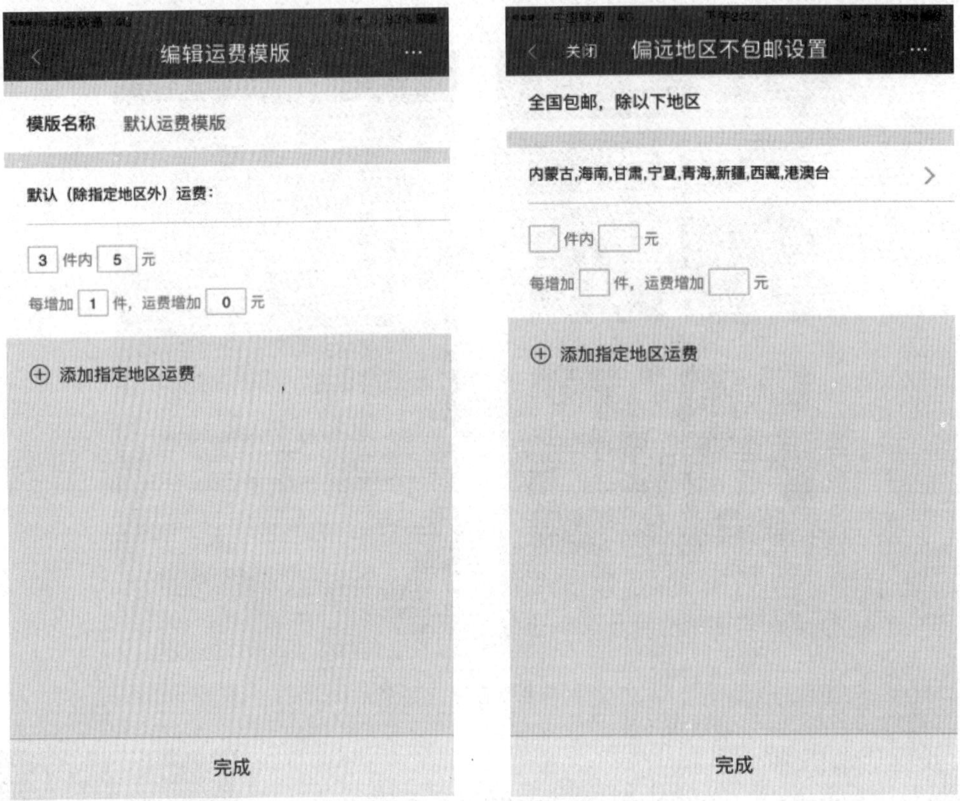

图7–1–10 运费设置

7. 开通货到付款

货到付款业务是买家在下单时不在线付款，需要卖家自己联系快递公司来代收货款。代收的货款由快递公司直接收给卖家，不经过微店处理，不会自动提现至卖家银行账户。开通货到付款业务后，还可以设置服务费率。

步骤：进入微店管理页面，单击页面底部【交易设置】按钮，单击【货到付款】，如图7–1–11所示。

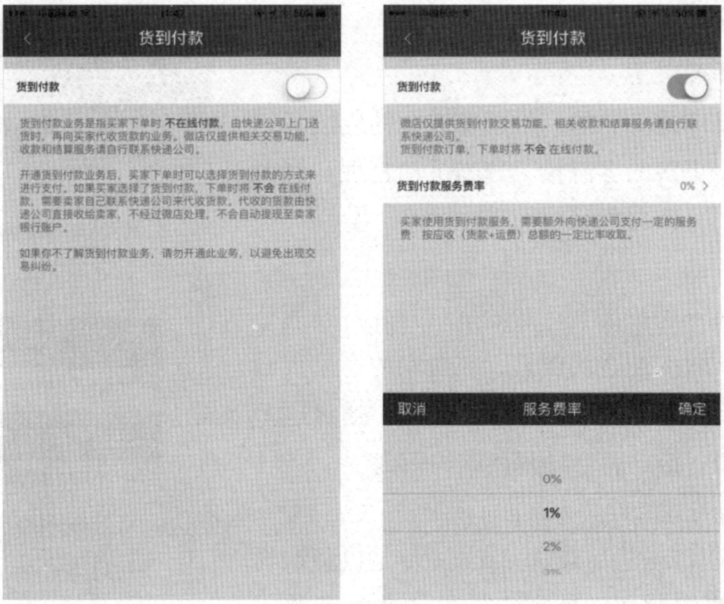

图7-1-11 货到付款设置

四、上传商品

卖家可以使用手机和电脑将商品添加到微店中，手机微店添加商品的方法如下。

步骤1：进入【商品】模块，单击页面左下角【添加商品】，进入添加商品页面，单击【添加商品图片】，可以进入拍照模式，也可以从手机相册选择，如图7-1-12所示。

步骤2：在页面下方填写商品描述、价格、库存等信息，单击【完成】，如图7-1-13所示。

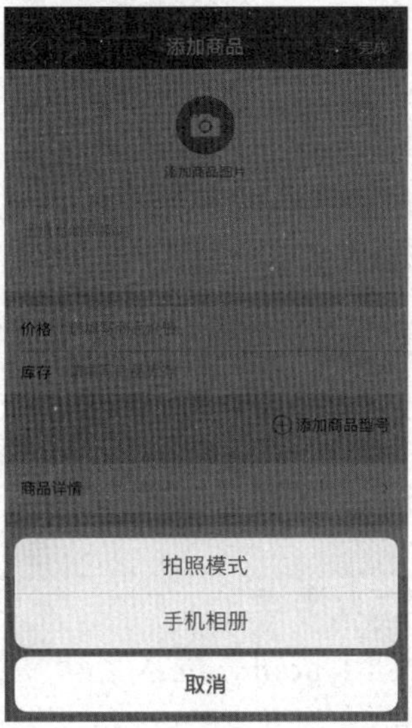

图7-1-12 添加商品页面

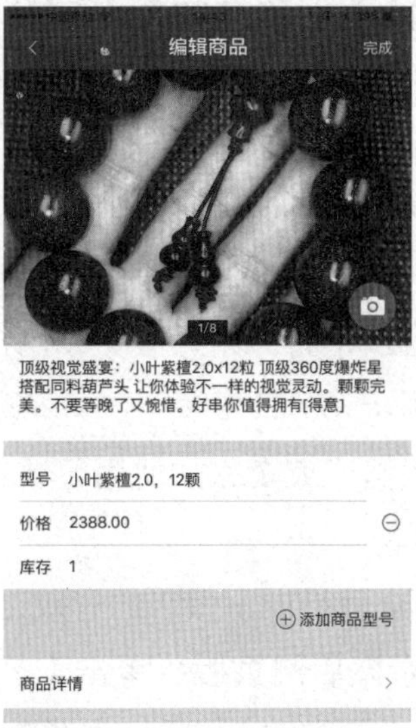

图7-1-13 商品编辑页面

五、店铺推广

1. 友情店铺推广

友情店铺推广是免费的，可以在彼此的店铺互相推荐，从而获得更多的客流量。分为手动管理和自动管理两种，如图7-1-14所示。

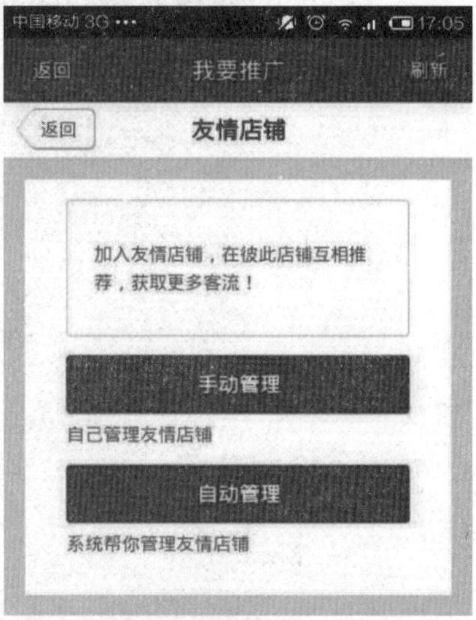

图7-1-14 友情店铺推广

2. 分成推广

分成推广是一种按成交计费的推广方式，开通分成推广并设置有效的佣金比例后，在卖家的商品页面会增加“点我有奖”，生成唯一标示链接，通过这个链接购买的订单，推广者会得到相应的佣金。

3. 口袋直通车推广

口袋直通车（http://sell.koudai.com）是口袋购物为广大商家量身定制的，按点击效果付费的营销工具，可以面对口袋购物上千万用户。开通口袋直通车可以快速获得更多的客户流量，但此推广方式是付费推广的一种，所以在选择时要谨慎，如图7-1-15所示。

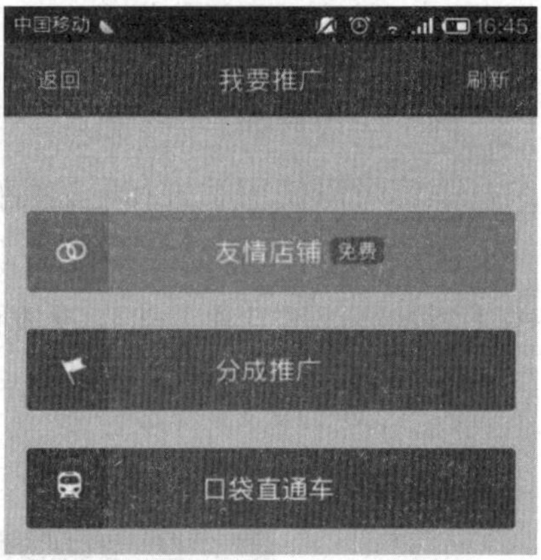

图7-1-15 口袋直通车推广

六、微店与微信公众号连接

微信公众号是微店拉来新用户，带动老买家的必备工具，绑定公众号到微店有以下优势：

● 公众号的图文信息如果内容给力，传播广泛，可以带来很多对品牌感兴趣的新用户。私人微信号只能分享在朋友圈，传播圈子有限。

● 公众号的粉丝目前没有上限数量，同时可以给粉丝分组，进行针对性的营销和推广。私人微信号上限为5000个，无法有针对性地推送内容。

● 公众号可24小时为用户服务，用户也能通过自动信息回复、菜单栏内容了解商品情况，进入店铺。

● 微店会根据广大卖家的使用习惯对公众号的众多功能进行二次开发，能轻松把店铺开在公众号上。

绑定微信公众号是展示微店的有效途径。操作方法如下：

步骤1：登录微店网页版，单击【公众号管理】按钮，进入公众号管理页面，单击【已有公众号，立刻绑定】按钮，如图7-1-16所示。

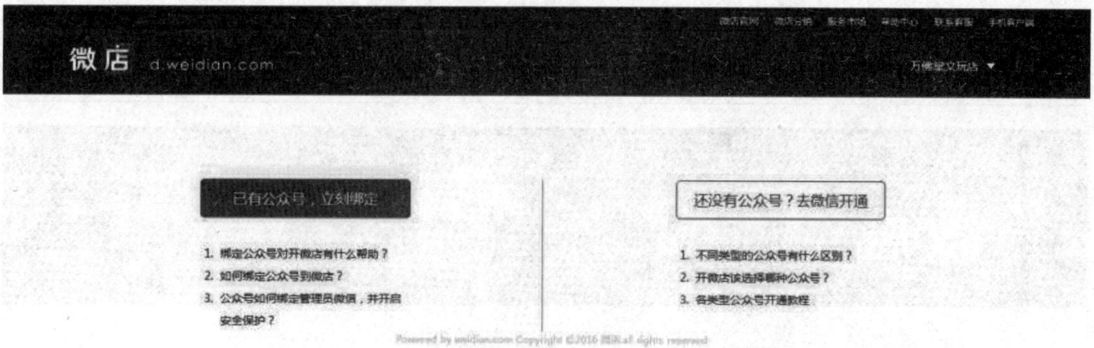

图7-1-16 微店网页版页面

步骤2：在打开的页面中默认连接已有的公众号，单击【登录并授权】按钮，如图7-1-17所示。

图7-1-17 公众平台账号授权

步骤3：进入“公众号授权”页面，使用手机微信扫一扫二维码进行安全验证，如图7-1-18所示。

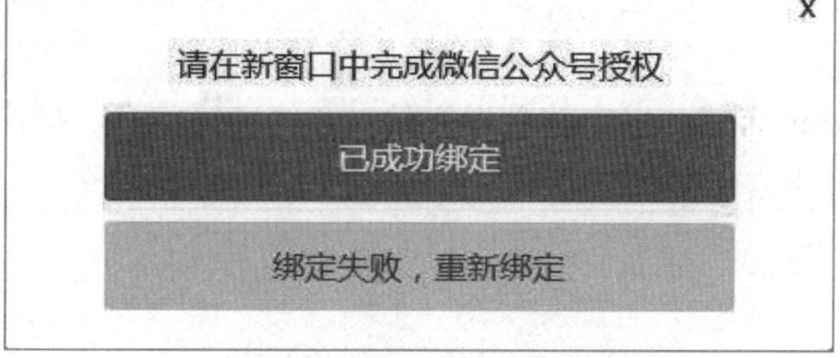

图7-1-18 验证成功后页面

步骤4：进入授权页面，单击【确认授权】按钮，在弹出的对话框中单击【已成功绑定】按钮，即可将公众号绑定到微店中，如图7-1-19所示。

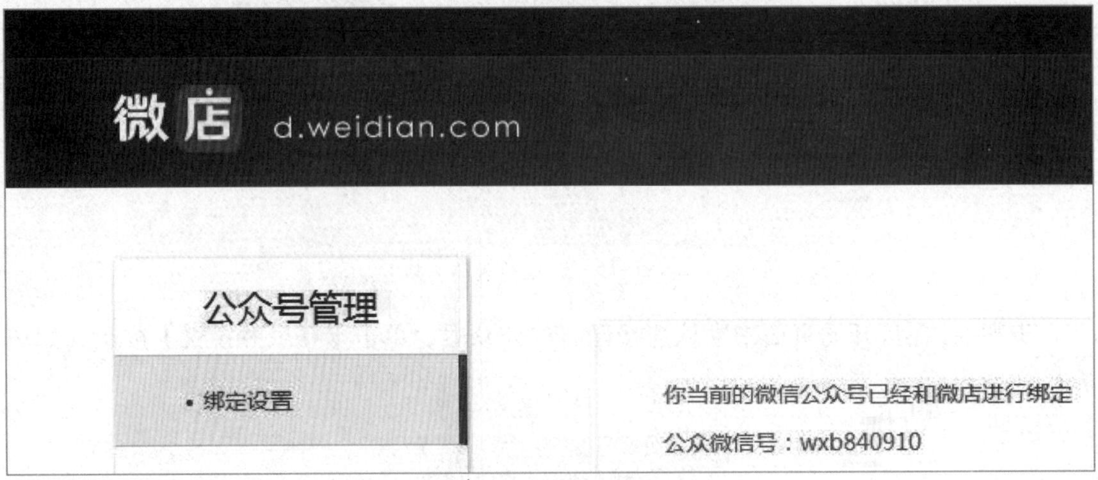

图7-1-19 微店与公众号绑定成功

当有用户关注自己的微店公众号时，一定要及时服务并维护用户，客源粉丝才能源源不断发展壮大。精美的软文+精美的图片+诱人的折扣，再用显著的标示指引大家点击原文链接（原文链接就是你的微店地址或者商品的商城地址），你的商品就不怕没人买了。

课后练习

练习一：申请并注册微店。

练习二：自行搭建丰富完美的微店，发布商品并完善商品详情，绑定微信公众号并推广自己的小店，完成简单交易。

任务二 有赞微商城

任务描述

通过讲述申请认证店铺、发布并管理商品、装修店铺主页、推广商品、设置营销工具等内容，轻松搭建丰富完美的微商城。

任务目标

知识目标：掌握有赞微商城的申请、主页装修、商品发布及推广运营。

技能目标：掌握商城页面排版及美化，通过推广商品和商城，增加商城的流量，促进买卖交易。

情感目标：选择适合商品及商城的配色风格，提升审美能力。

任务实施

有赞微商城是帮助商家在微信上搭建微信商城的平台，提供店铺、商品、订单、物流、消息和客户的管理模块，同时还提供丰富的营销应用和活动插件。

一、店铺申请

方法：登录有赞微商城首页（https://www.youzan.com），单击【注册】按钮，根据窗口提示进行内容填写及安装，如图7-2-1所示。

图7-2-1　有赞微商城首页

二、个人认证店铺

当有订单成交后，为了保障商家的资金安全，需要认证店铺才能够进行提现，认证审核可以通过三种方式：个人认证（快速审核）、个人认证（人工审核）、企业认证（人工审核）。三者入驻后店铺后台和功能没有任何区别。个人认证和企业认证在提现时间上有区别，个人认证提现需要3个工作日， 企业认证提现需要1个工作日。个人认证店铺的步骤如下：

步骤1：进入后台，单击头像右边【个人认证】按钮，进入“店铺认证”页面，选择【个人】选项，然后填写姓名、身份证号码等信息，如图7-2-2所示。

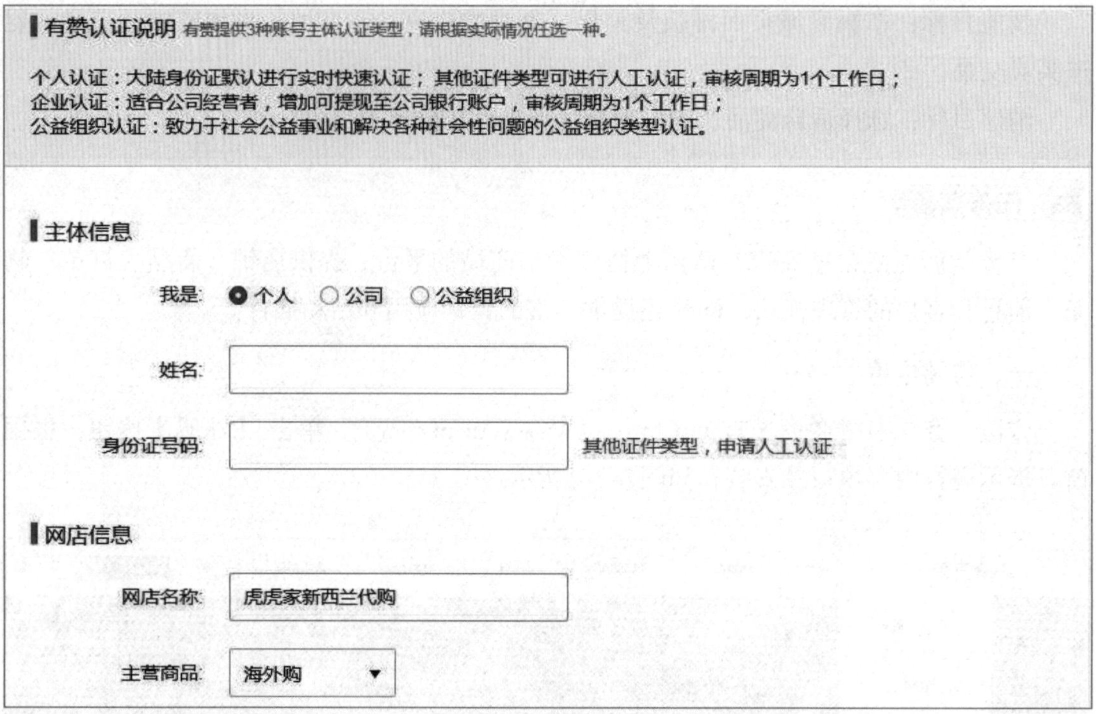

图7–2–2　有赞认证页面

步骤2：在打开的页面中确认验证信息，使用手机上的微信扫一扫二维码微信支付0.01元，验证填写真实姓名和身份证号码，单击【微信安全支付】按钮，如图7–2–3所示。

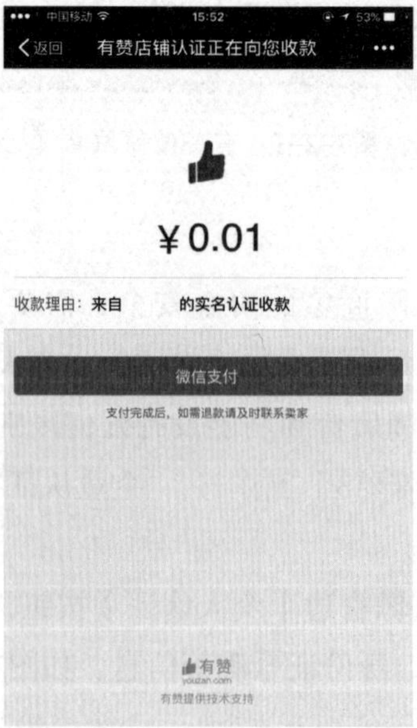

图7–2–3　微信支付页

步骤3：在打开的页面中提示店铺认证成功。

三、发布商品

发布商品时，一个精美的商品详情介绍，会为商家带来好的流量。商品详情页应简洁明了，说明商品属性，如产地、材质、主要功能和优点等。发布商品的方法如下：

步骤1：打开店铺后台页面，单击【发布商品】按钮，在打开的页面中选择商品品类，然后单击【下一步】，填写商品的基本信息，如图7-2-4所示。

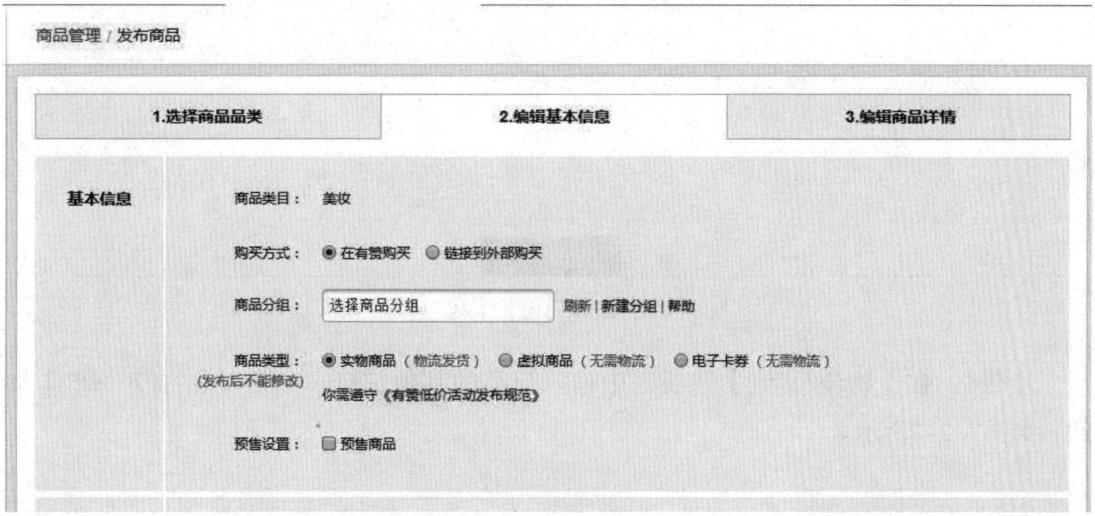

图7-2-4　发布商品页面

步骤2：输入【商品名】、【价格】等信息，单击【加图】按钮，如图7-2-5所示。

图7-2-5　发布商品页面

步骤3：在弹出的窗口中单击【新图片】选项卡，然后添加商品图片，单击【确定】按钮，如图7-2-6所示。

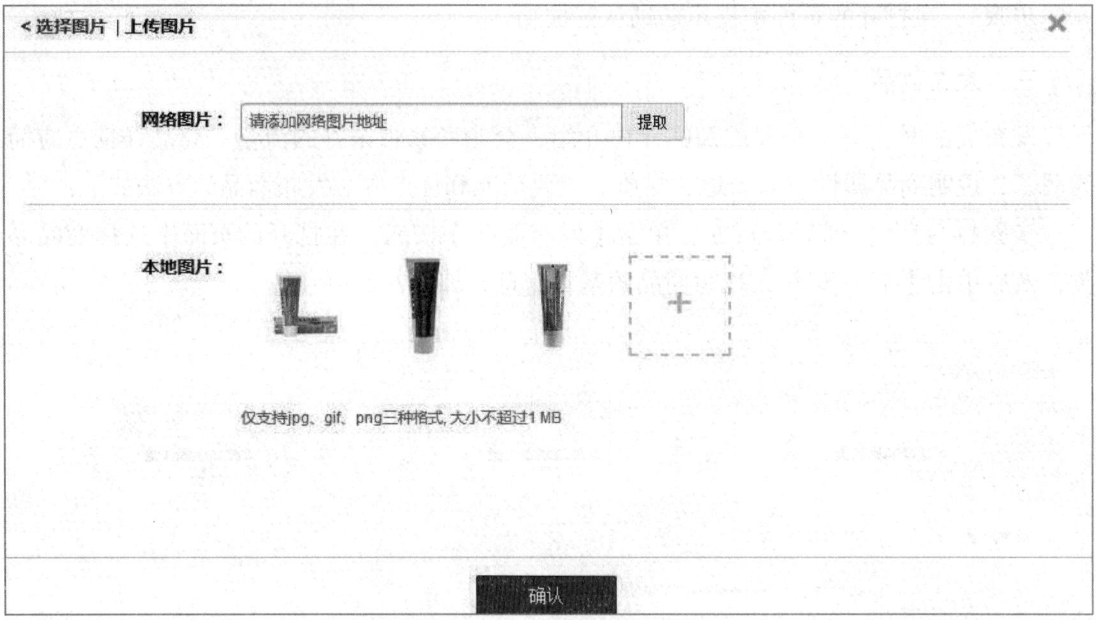

图7–2–6　图片上传

步骤4：在【物流/其他】选项区中输入商品的其他信息，然后单击【下一步】按钮，如图7–2–7所示。

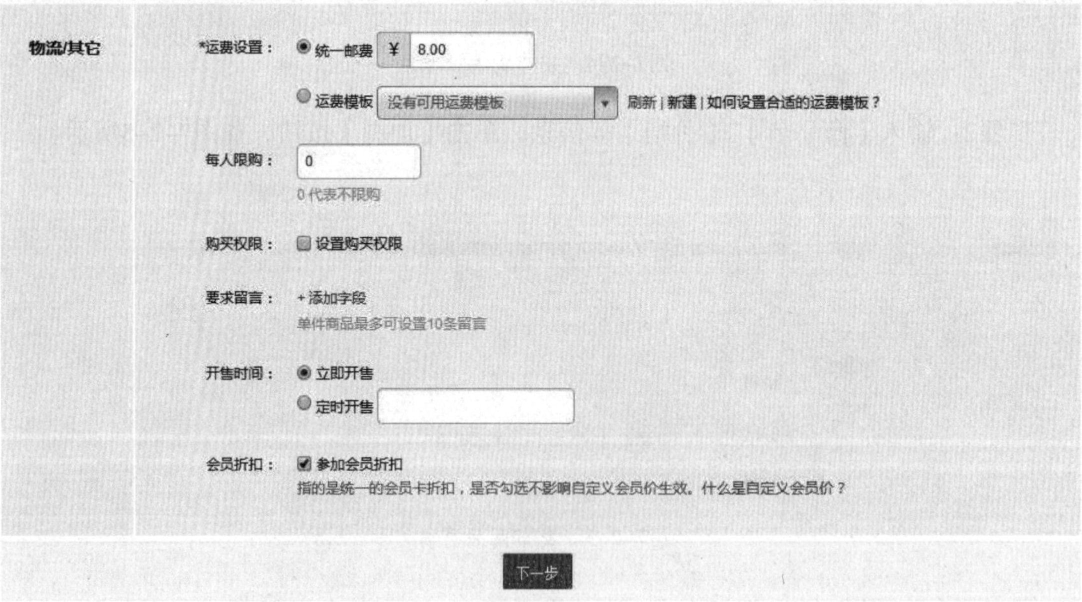

图7–2–7　设置物流信息

步骤5：进入“商品详情编辑”页面，在右侧文本框中输入商品的相关文本信息，如图7–2–8所示。

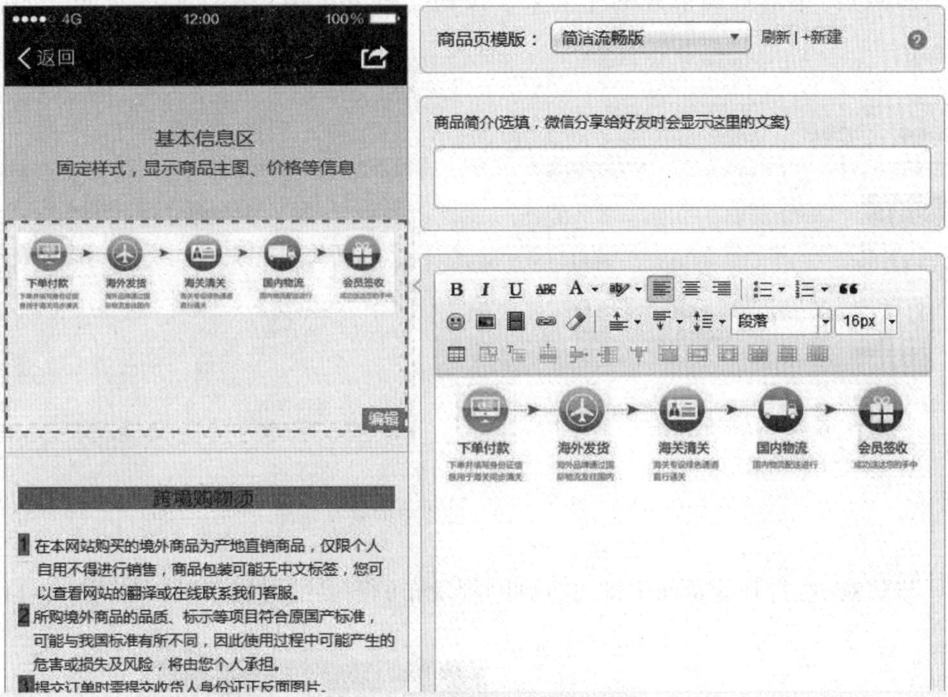

图7-2-8 填写商品信息

步骤6：单击【图片】按钮可以添加图片，如图7-2-9所示。

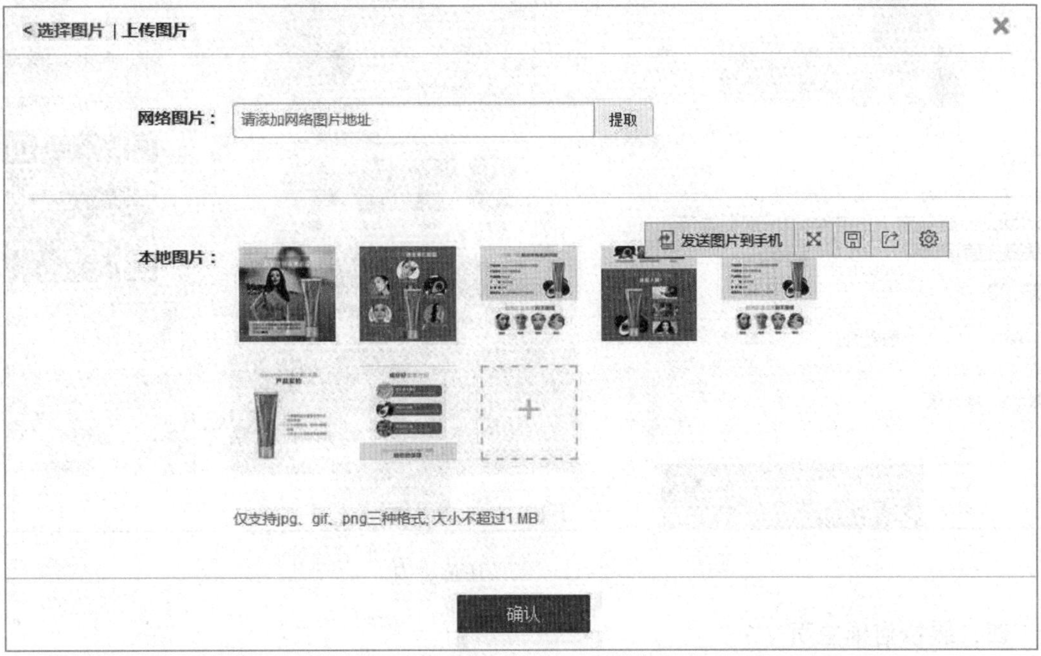

图7-2-9 添加宝贝详情图片

步骤7：单击页面下方的【上架】按钮，进入【出售中】商品页面，如图7-2-10所示。

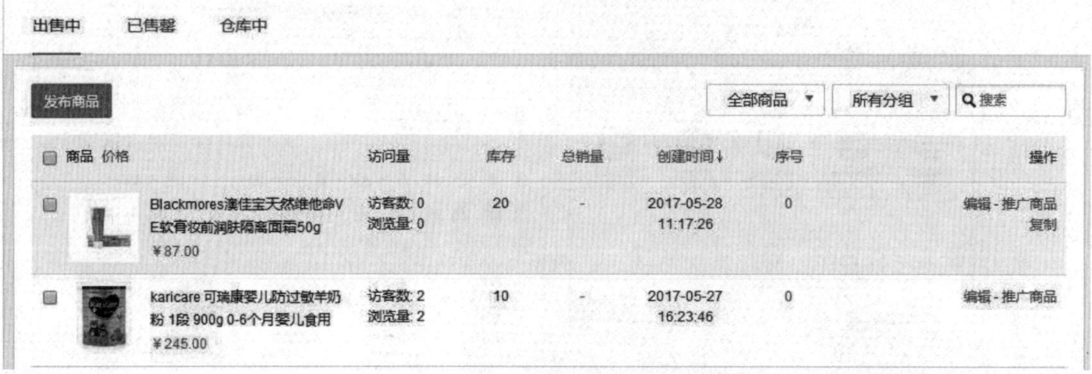

图7-2-10　出售中的商品信息

步骤8：在打开的页面中即可查到刚刚发布的商品的详细信息，如图7-2-11所示。

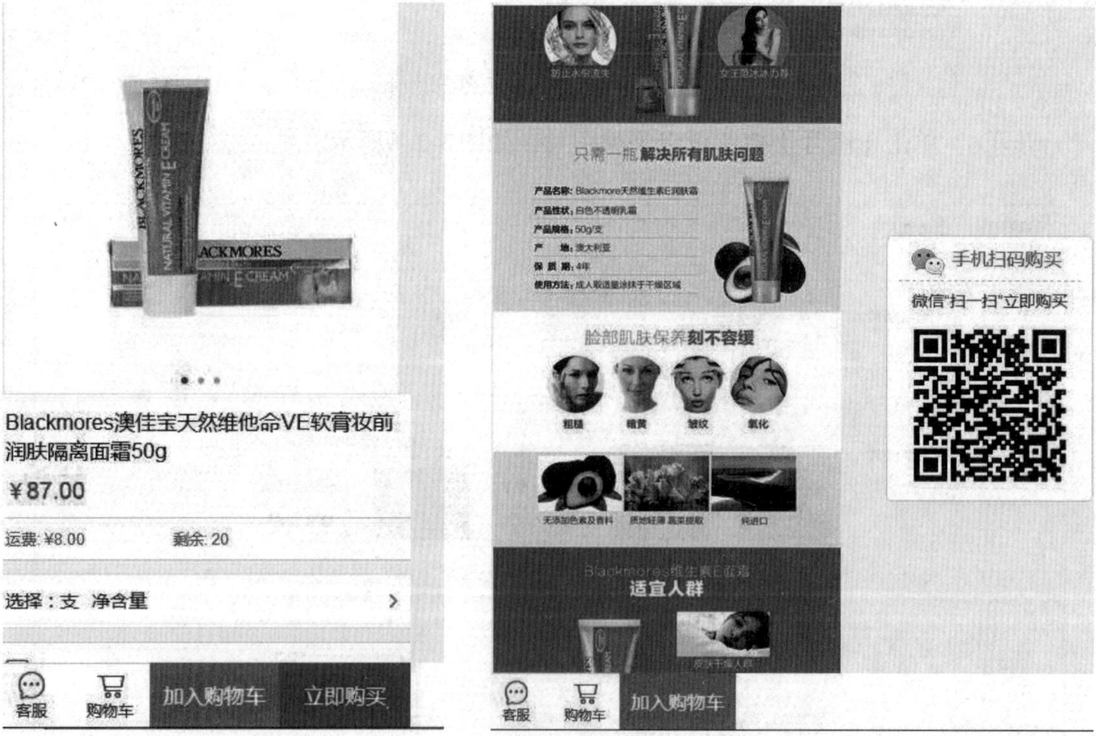

图7-2-11　宝贝详情页面

四、装修店铺主页

店铺主页即店铺首页，是店铺的门面。好的店铺门面可以引起粉丝浏览的兴趣，快速找到自己想要买的商品，给粉丝带来良好的购物体验，最终实现高转化率。店铺主页的内容要有吸引力，譬如上新、优惠活动等；结构要清晰，首页导航设置有利于粉丝快速找到自己想要买的商品。

微页面目前有三种模板类型：基础模板、场景导航、主页模板。

基础模板：完全空白的自定义模板，适合店铺主页搭建功底好的商家使用。

场景导航：用精美图片和音乐来介绍你的品牌和商品。

主页模板：已经搭建了简单的框架，只需要根据自己的要求，更换海报及商品即可。

下面介绍在微商城后台中如何利用主页模板新建微页面，具体操作方法如下：

步骤1：进入微商城后台，单击【新建微页面】按钮，如图7-2-12所示。

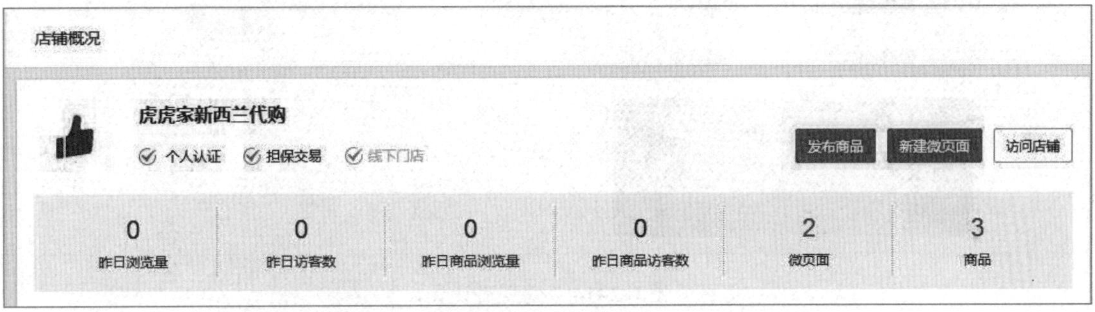

图7-2-12　商城后台

步骤2：在弹出的【选择页面模板】窗口中选择【微信小店】模板，如图7-2-13所示。

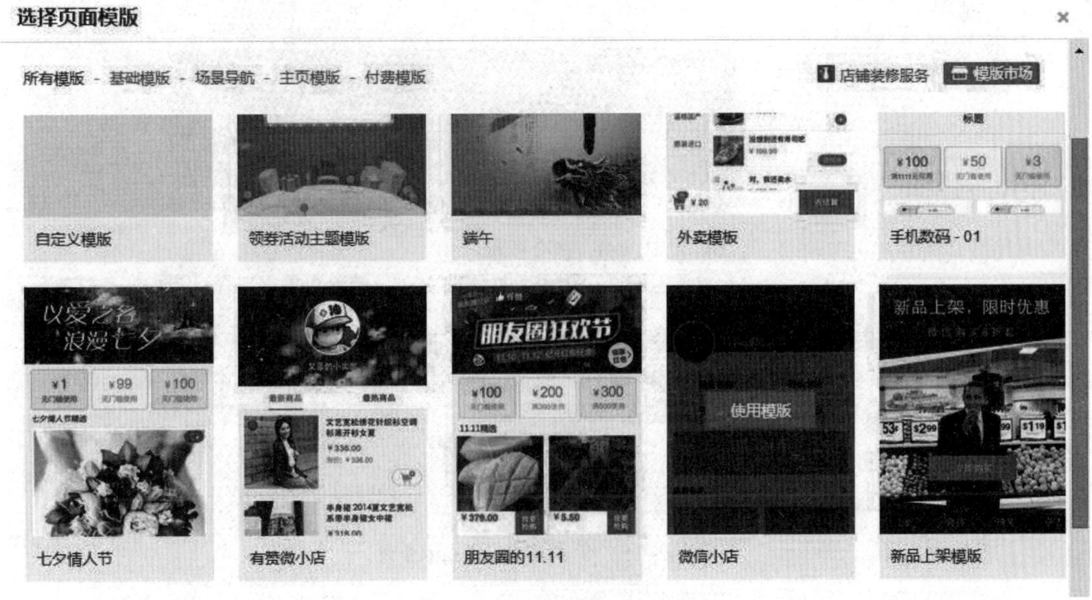

图7-2-13　主页模板选择

步骤3：进入“微页面”页面，在右侧设置页面名称、描述和分类及背景颜色等，如图7–2–14所示。

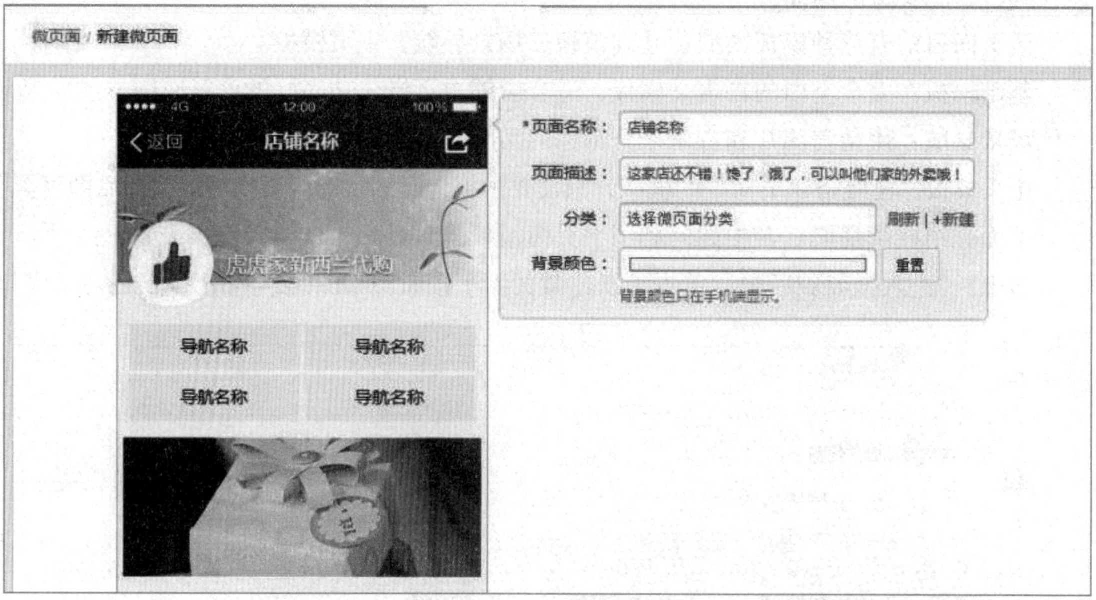

图7–2–14　微页面设置

步骤4：在手机店铺模拟器中选择背景图模块，此时在右侧出现的窗口中，单击【修改】超链接，可以更改背景图片（640PX × 200PX）和店铺Logo（160PX × 160PX），如图7–2–15所示。

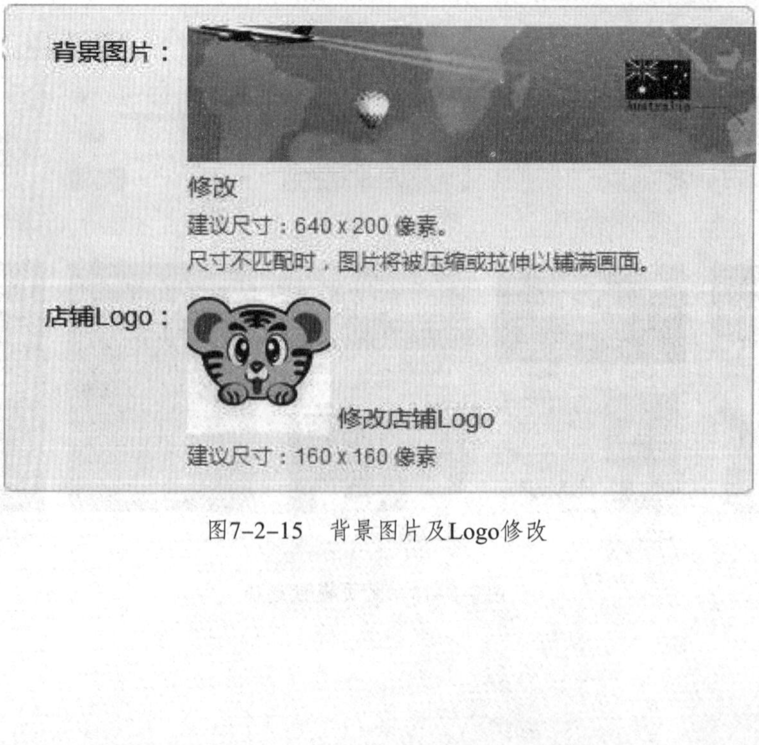

图7–2–15　背景图片及Logo修改

步骤5：编辑“导航名称”以及设置“超级链接”，如图7-2-16所示。

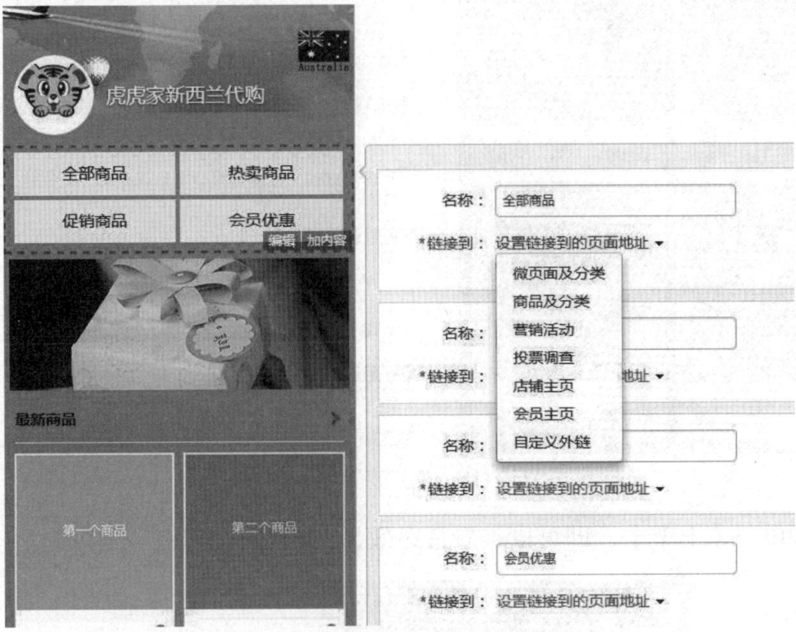

图7-2-16 页面导航设置

步骤6：手机店铺模拟器中选择广告图模块，添加广告海报，显示方式若为折叠轮播，则图片尺寸为宽度640PX， 高度不限；若选择分开显示，大图宽度580PX，小图宽度320PX，高度不限，如图7-2-17所示。

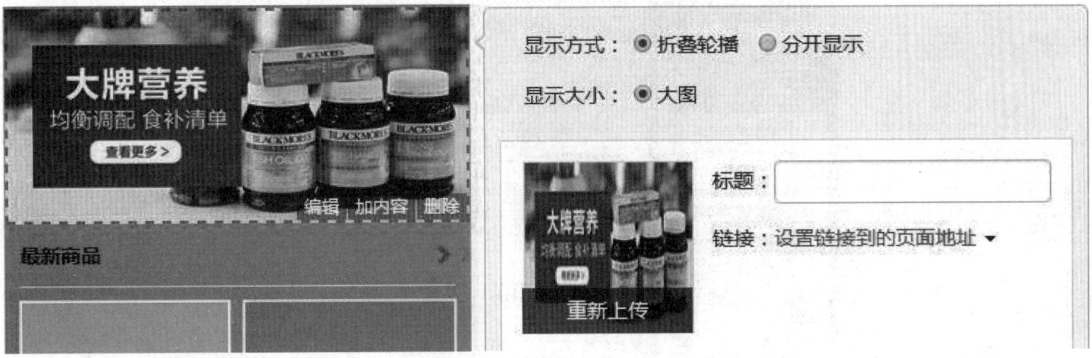

图7-2-17 广告图设置

步骤7：选择商品模块，设置商品来源、显示个数以及列表样式，如列表样式选择①大图，图片尺寸为640PX×640PX；②小图，图片尺寸为320PX×320PX；③一大两小，大图图片640PX×640PX，两小图图片尺寸320PX×320PX；④详细列表，图片尺寸为160PX×160PX；单击【上架】按钮，如图7-2-18所示。

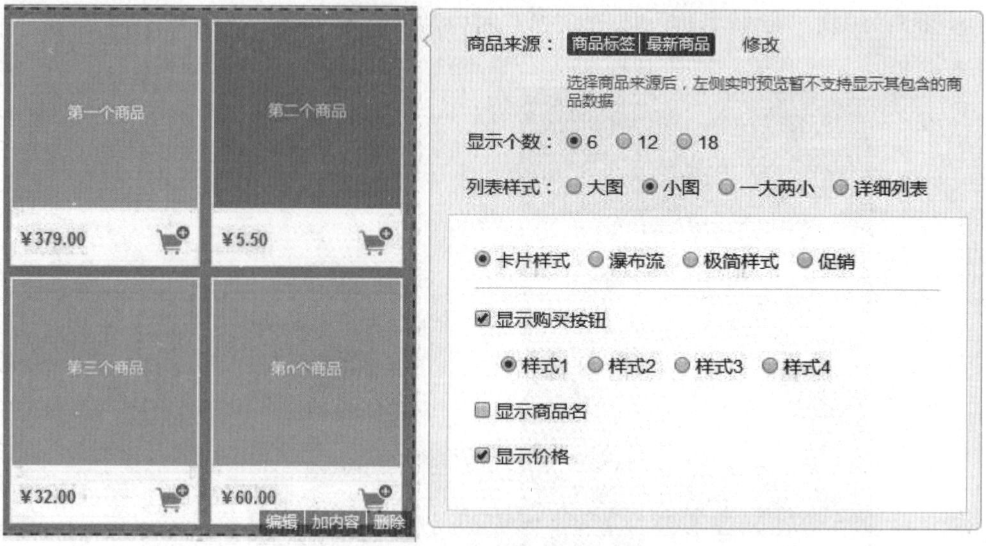

图7-2-18 设置商品显示方式

步骤8：单击【上架】，即可以查看最终效果，如图7-2-19所示。

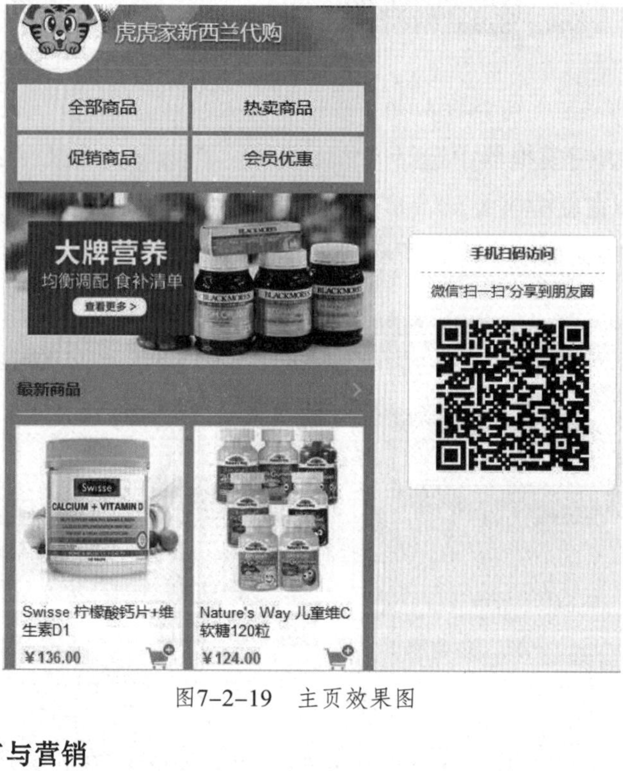

图7-2-19 主页效果图

五、店铺的推广与营销

1. 分享朋友圈

得到商品或店铺的二维码后，卖家就可以拿它们进行推广，如微信扫码访问分享到朋友圈。

2. 设置营销工具

有赞微商城为商家量身打造了店铺营销工具，通过设置订单返现、赠品、签到、幸运大抽奖等活动，商家可以结合积分优惠，打造店铺专属运营体系，提高买家黏性与成交转化率，如图7–2–20所示。

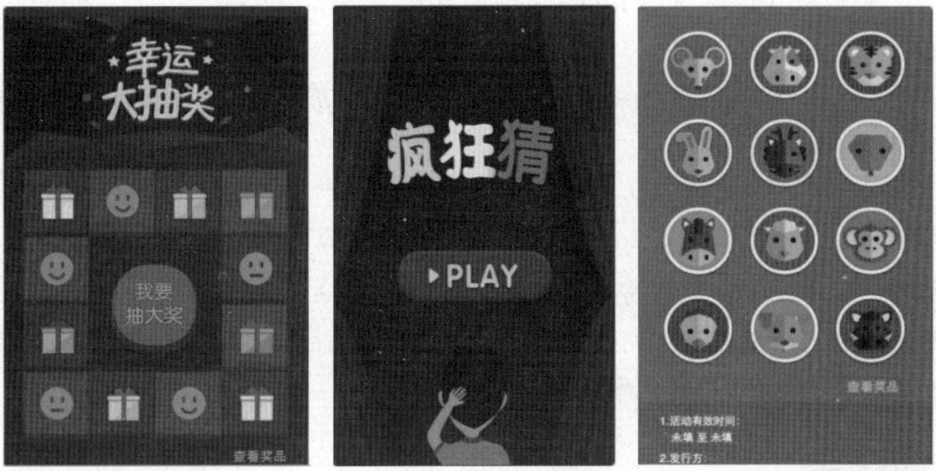

图7–2–20　有赞营销工具

3. 商城与公众号连接

有赞微商城提供的是底层整套的店铺系统，它和微信并没有直接联系，不过，把微信账号绑定到有赞微商城上之后，微信则成为商家店铺面向粉丝的重要出口。有赞微商城与公众号的连接我们可以参考微店与公众号的连接方法，在这我们不做详解。

六、有赞的支付方式

有赞微商城目前提供多种支付方式，交易过程中，不收取任何交易、提现手续费（微信和银行端提现的手续费由有赞全部补贴）。有赞的支付方式一共有以下几种：

1. 微信安全支付

（1）微信安全支付—自有

认证服务号可申请微信支付。当买家使用自有微信支付付款购买商品时，货款将直接进入微信支付对应的财付通账户。

（2）微信支付—代销

无论店铺是否绑定了微信公众号，店铺都可以通过口袋通代销商品，之后由口袋通结算货款，有赞不收取任何交易、提现手续费，此方式不能用于订阅号。

2. 银行卡支付

（1）信用卡支付

（2）储蓄卡支付

启用银行卡支付，买家就可以使用银行卡付款购买商品。货款将先进入有赞账号，卖家可以随时申请提现。

3. 货到付款

启用后买家可以选择货到付款下单，卖家需自行通过快递安排配送。卖家开箱验货无误后，快递公司向买家收款并与卖家结算费用。

4. 支付宝支付

启用支付宝后，买家可以使用支付宝进行付款。货款将先进入你的有赞店铺账户余额，你可以随时申请提现。

课后练习

练习一：申请并注册有赞微商城。

练习二：自行搭建丰富完美的商城，学会推广商品和商城，量身打造店铺营销工具，提高买家黏性与成交转化率。

项目小结

移动互联网占据了用户大量的碎片时间，导致用户不断从PC端向移动端迁移，也带来了用户购物习惯的改变。本章我们主要讲述了微店的申请安装、商品的发布与管理、微商城注册、产品上架、商城装修、商品推广与营销等，从多个方面为学生们解惑，从而引导学生们一步步做好自己的店铺，最后还学习了商城与公众号的连接方式，能更好地为自己的店铺吸粉。

学习自测

任务模块	测试内容	学习自测	分值权重
综合素质	协作能力		10
	沟通能力		10
基本知识	账号注册申请		10
	商城装修模板参数		10
	商城上传并发布商品		20
操作技能	有赞商城装修与推广		10
	微店功能模块、基本设置与推广		20
	微店、有赞微商城与公账号连接		10
学习感悟			

项目八 网店客服

项目导读

随着电商网站的大量增加，单靠电商网店店主的单打独斗已经不能满足整个行业的需求，从而催生出了一个新的行业——电商客服。

客服，就是为顾客服务，为顾客解决购物过程中碰到的各种疑惑和问题。客服人员业务水平的高低，直接影响到客户满意度和产品的销售额。

客服工作的目的：一是第一时间留住客户，将潜在客户转化成实际购买客户；二是利用对产品的了解帮助客户挑选最合适的产品；三是和客户进行议价、发货、售后服务，达到客户购买满意。

案例导入

“三只松鼠”：如何从零做到销售额三个亿

“三只松鼠”主要是以互联网技术为依托，利用B2C平台实行线上销售。凭借这种销售模式，“三只松鼠”迅速开创了一个食品产品的快速、新鲜的新型食品零售模式，开创了中国食品利用互联网进行线上销售的先河。以其独特的销售模式，“三只松鼠”在2012年双十一当天销售额跃居淘宝天猫坚果行业第一名，日销售额近800万元。其发展速度之快创造了中国电子商务历史上的一个奇迹。2013年，“三只松鼠”销售额突破3亿元。

“三只松鼠”的成功客服策略：

让客户把网购当成一种乐趣，用服务把客户的购物过程变得轻松、愉悦。所以“三只松鼠”赋予了每一位客服人员独特的角色——顾客的宠物“小松鼠”，让顾客成为“主人”，为顾客提供与众不同的服务。在对话的过程中，逐步实现场景化营销，一旦形成这样的场景，可能促成的结果是：通过“卖萌”、可爱、有趣的对话获得“主人”信任，给“主人”留下深刻印象，“主人”将会更加爱护小松鼠，又会介绍更多的“主人”来找小松鼠。

学习目标

- 具有良好的工作心态。

- 掌握一些顾客心理学，把握客户心里的想法。
- 掌握和熟悉产品的信息与特性。
- 掌握规范的客服流程和客服话术。
- 掌握客服技巧，以应对不同的客户需求。

任务一 客服流程

任务描述

客服流程，从客户购买的时间顺序上，基本上可以分为：售前客服部分，售后客服部分。

了解客服的重要性；客服水平高低对成交量的影响；客服态度好坏对成交量的影响；客服销售能力对成交量的影响。

任务目标

知识目标：掌握在不同的交易阶段，应当做哪些工作。

技能目标：提高客服销售能力，达到客户购买和多次购买的目的。

情感目标：客服态度直接影响成交量，通过客服专业的业务知识，让客户享受购买商品的乐趣。

任务实施

客服的整个工作流程如图8-1-1所示。

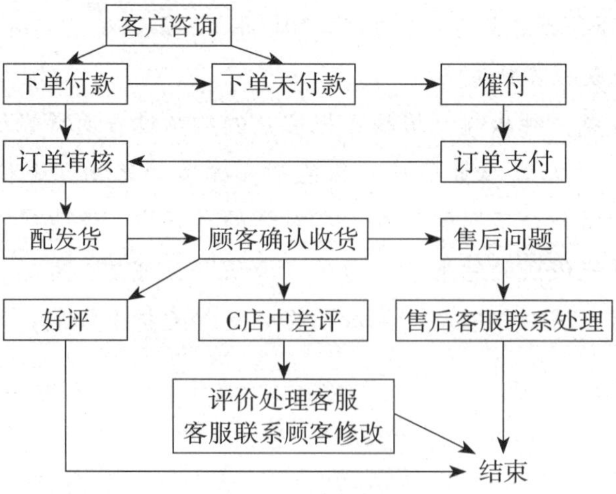

图 8-1-1 客服工作流程

步骤1：售前客服工作流程如图8-1-2所示。

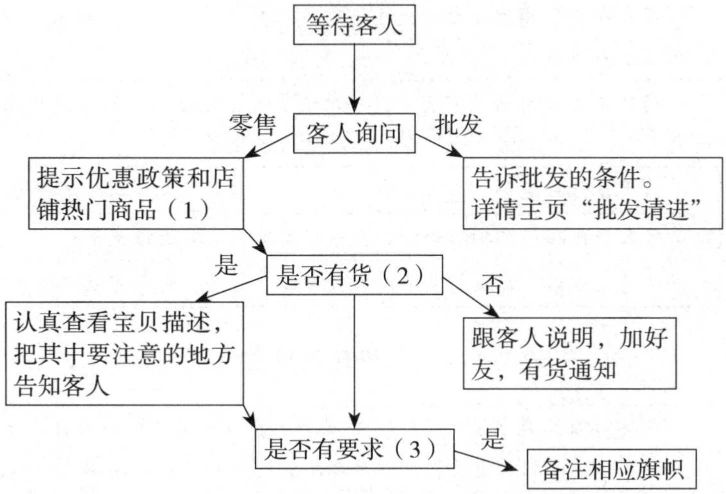

图8-1-2 售前客服工作流程

做好售前客服，必须做到对商品的深入了解，见表8-1-1。

表8-1-1 售前知识储备

产品知识	
材质	尺码
型号	容量
功效	重量
风格	长度

步骤2：售后客服流程

顾客对购买的商品都有不同的满意度，如果发生对商品不满意的情况，就需要找客服人员进行沟通。售后客服的职责是解决产品销售后产生的纠纷，降低客户投诉率以及对店铺带来的负面影响，并努力提高顾客的满意度和回头率。

作为一名合格的售后客服，面对顾客的投诉采取的处理步骤和处理流程应该见表8-1-2至表8-1-4。

表8-1-2 售后客服的基本思路

1	首先致歉，先了解顾客的订单情况再回答
2	衡量售后问题的轻重大小，衡量是否能妥协，如果不妥协的话后果是否严重
3	在刚开始时就缓和沟通气氛，不能恶化售后问题和纠纷

表8-1-3 普通售后处理流程

退货	买家在收到商品后由于大小、颜色、款式等不满意，要求店铺在不低于原价格的基础上退换商品
退款、普通维权	退款是买家对商品不满意，要求退货并退还货款。维权是买家和卖家无法达成一致，可以要求淘宝店小二介入，进行维权处理
差价、运费	对于差价和运费，淘宝没有硬性规定，需要买家和店铺进行沟通
索回包裹、退款	顾客将商品通过物流寄回，卖家将差价或货款退给买家
回评邀请	交易完成后，客服需要主动给买家回以好评，对顾客的光顾表示感谢

表8-1-4 特殊售后处理流程

严重投诉、维权	双方对商品存在较大争议，买家会有诸多不满意，一旦让淘宝介入调查，投诉成立，店铺会面临严重处罚。售后客服最重要的工作就是解决售后投诉
严重退款纠纷	买家在申请退款后，要求淘宝介入，无论是怎样的判决，都会产生退款纠纷，严重的退款纠纷会牵扯到店铺的退款纠纷率
修改中差评	卖家非常看中买家给的好评评价，如果碰到给差评，会是一件非常头疼的事情，作为客服不能被动，要主动对顾客的中差评进行响应，找准问题所在，通过使用代金券、下次购买折扣等方式让买家修改中差评
与仓库的其他客服交接	售后客服需要将与买家商议好的方案记录下来，需要使用客服登记表，让其他客服知晓，通知仓库以及其他相关人员

步骤3：了解一些顾客心理学

想要做一个成功的销售人员，一个合格的客服人员，就要学会换位思考，站在顾客角度去思考："为什么要去买这件商品？""为什么要在这一家买东西？"你需要给顾客一个选择你的店铺和商品的理由。因此，了解顾客心理，掌握顾客心理动态，是非常必要的。从消费需求的角度，顾客可以分为以下几类，见表8-1-5。

表8-1-5 顾客的分类

顾客分类	购买意向
经济型顾客	尽量少投入时间和金钱，对价格方面敏感，经常使用关键词搜索，如打折、清仓、优惠、甩卖等字眼；经常使用价格排序。留意购买渠道，如聚划算、天天特价、免费试用、一元秒杀等
个性化顾客	有明确的购买意向，懂得自己的需求，更注重的是个性的满足感。对品牌、款式、流行度、价格、售后有更高的要求。对商品的要求不局限于价格，会从多个方面进行选择
便利性顾客	大多数追求互联网购物的便利性，时效性，注重购买商品的效率和到货速度。多以男性消费者为主要代表。在购买过程中讲究一个"快"字

不同年龄、不同层次的顾客群体，消费需求和消费习惯又是不同的，见表8–1–6。

表8–1–6　不同顾客的消费心理

年龄/层次	购物特点
女性	存在天生购买欲 攀比心理普遍存在 追求购物的快感，产生冲动性消费的几率大于男性顾客
单身贵族	收入较高的未婚单身男性，对生活品质要求较高，大多理性消费，追求精致、稀有的商品，对商品品质要求较高
年轻工薪阶层	对商品的外在要求大于商品的内在品质 追求新鲜事物，渴望潮流产品 对价格敏感，打折促销对其购买影响较大
老年顾客	态度谨慎，对网络购物存在心理戒备，防备心较重，不会过分购买 财务独立自主，购买能力强 喜欢听取年轻人的意见，在年轻人的协助下进行购买

除此之外，还有很多影响顾客购买行为的因素，如图8–1–3所示：

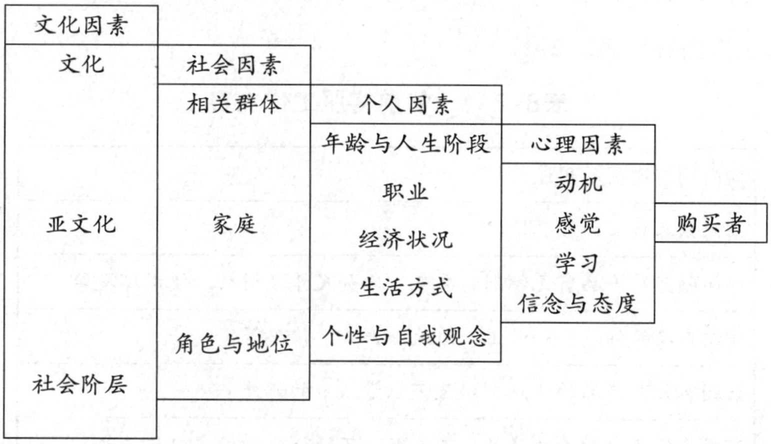

图8–1–3　影响消费者购买的因素

客服人员只有充分了解影响消费者购买行为的因素，才能在和顾客沟通的过程中洞察顾客需求，避开顾客心理禁忌，合理巧妙地推介自己的产品，提高成交率。

课后练习

练习一：网店客服都有哪些工作流程？

练习二：分组练习，如果顾客对买到的东西不满意，卖家如何解决？

任务二　客服技巧

任务描述

网店客服每天都要面对来自不同地区，有不同文化背景的方方面面的客户，平均每天在线接待的客户超过100人。每天都要被问到大量重复的问题。所以掌握良好的规范性工作语言，提高工作技巧，能够降低工作强度，增加客户满意度，促进销售额的增加。

任务目标

知识目标：掌握常用的规范性工作语言。

技能目标：提高工作技巧，做到尽可能完美处理各种问题。

情感目标：揣摩不同顾客的心理，不能情绪化面对问题，带给客户愉快的购物体验。

任务实施

一、售前客服的工作内容

售前客服工作内容见表8-2-1。

表8-2-1　售前客服工作内容

询问顾客购买的用途
询问顾客购买的预算情况
询问顾客对产品有无特别的要求，比如尺寸、材料、使用环境等
介绍产品的细节，如做工、质地、产地、价格等
让顾客知道产品的优点，以及可以带给他的好处
客观评价竞争对手的产品，不诋毁，不贬低，让顾客自己选择
主动询问客户还有没有不明白的地方
主动邀请顾客购买
给顾客留下好的印象，不管顾客有没有完成交易，礼貌致谢

礼貌地接待顾客，热情耐心地推荐商品，是客服的最基本职责，先比较图8-2-1中哪些会话技巧是对的：

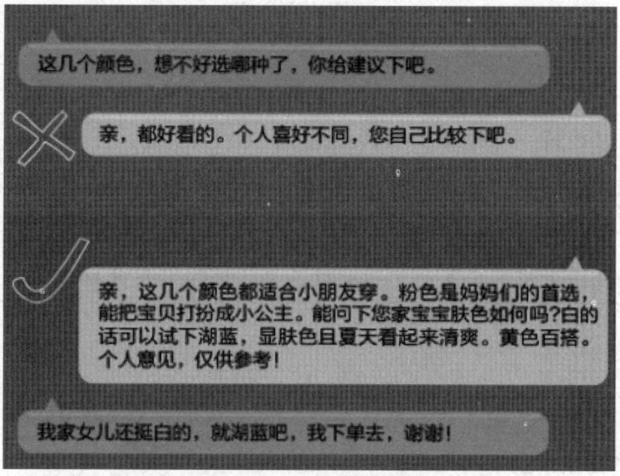

图8-2-1　会话技巧

二、客服话术技巧

（1）售前销售话术

问候类	1. 亲爱的，您知道我们产品的最高购物机密吗？6.18年中大促，全场包邮，还有部分宝贝半价销售呢，来寻找神秘优惠券吧~ 2. 好久不见了呀亲，最近你可是越来越漂亮啦！我们家的美衣也上新了不少，欢迎您来选购哟！
转接类	1. 亲，真的很抱歉给您带来麻烦了！您的问题我将帮您转接到售后尽快登记处理，请稍候。
推荐类	1. 亲的眼光很不错，我个人也很喜欢您挑选的这款呢！ 2. 亲，这是我们家刚上的新款，很多MM都来咨询哟，实物比照片看起来更好看呢！
议价类	1. 偷偷告诉亲，今天页面有藏50~300的优惠券，快去找找吧，找到不要忘记告诉我，好帮亲推荐属于您的那瓶精油~ 2. 亲，咱这是小店，薄利多销，我也做过市场调查的，我这样质量的衣服在淘宝上不多呢，你看我这个面料是……和别人的面料不一样呢！
催付类	1. 亲，您是付款遇到问题了吗？需要小丸子来帮忙吗？ 2. 亲，您今天拍到的宝贝正在大促销，数量有限，先到先得，赶紧拿下吧，错过今天明天就涨回原价了。
订单确认类	1. 亲，麻烦您确认一下地址是否正确，如果地址正确，我们今天就帮您发出货物了。 2. 亲，我已经看到您完成支付了，收获地址和收件人信息都准确无误是吧？
包邮类	1. 亲，价格已经是最优惠的啦，运费是快递公司收取的，实在是不能包邮了，如果可以进行包邮活动的话，我们会设置卖家包邮的哟~ 2. 亲，不同地区收取不同的运费，不接受运费的议价哦，我们现在满158元包邮，亲可以考虑一块购买其他东西哦！

（2）禁忌语

编号	禁忌语
1	常用的服务禁忌语：不知道、好像、应该、不可能
2	服务禁忌语气——反问语气：难道您不知道×××；您不会打开页面吗？刚才不是跟您说了吗？
3	服务禁用语气——质问语气：您不是说不要了吗？您还听不明白吗？

（3）售后维护话术

抱歉话术	亲，真的很抱歉，我们的服务没能让您满意，我这就为您登记售后信息，请问您这边是什么地方出现了问题呢？
同意退款	亲好，退款已经帮您同意了，建议亲用申通、圆通、百世汇通等大型快递将宝贝寄回，我们会给亲一个满意答复的。
尺码问题	亲，实在抱歉，也请您理解，我们售前客服的建议只是供您参考的，根据您提供的尺寸给您建议。亲可以量一下平时穿的合适衣服的尺寸，根据页面提示尺码选择哦。
快递丢失	亲，我已经叫快递公司尽快追回这个件了，如果是件丢了，我们会让快递公司赔付。如果两天之后还没有任何物流信息，仓库有现货的话，我们会给您重发，到时候您也提醒我一下。
无物流显示	亲，我们都是用ERP系统发货的哈，可能系统把单号弄错了哟，其实货是发出去的，亲再耐心等待几天，如果3天后还没有收到货，亲再联系我。
退货抱歉	亲，非常抱歉哟，我们的商品未让亲满意我们也是不开心，亲定的款式我们也卖了很多，每个人对商品的要求不一样，选择角度也不一样，我们也希望我们的商品能让所有客户满意，如果亲不喜欢我们的商品，可以在收到货7天内联系我们的售后办理退换货的。

（4）售后语言技巧——面对客户要求退款，客服不管拒绝还是同意，都需要注意说话的语气和态度，不能给顾客留下不好的印象

拒绝类	亲真的非常抱歉了，我们的产品原则上是可以给顾客7天无理由退换的，如果超出几天我们也可以尽量帮您申请退换货，但是现在超出时间太长了，已经影响货物的第二次销售了，所以希望您能谅解，现在已经没法帮您退换了哦。
部分妥协类	1. 亲真的为难我了哦，因为您的商品超出退换货时间太久了，真的无法保证是否会影响二次销售，我好不容易和老板申请了给您退还部分货款，您看可以吗？ 2. 亲，你也是我们的老客户了，货物超出退换时间太长了，而且包装已经都拆开了，没法进行二次销售，您看我送您100元代金券，全场无限制通用，您看可以吗？
妥协类	1. 亲，像这种情况本来都是不允许退换货的，因为超出规定时间太长了，我帮您申请了，您先把货物寄回来，如果衣服完好，不影响二次销售，我们会全额退款给您，您看这样好吗？ 2. 亲，您可是我们店铺的VIP用户了，就为了您破例一次吧，但您得保证货物不影响二次销售哦。

课后练习

练习一：如果有客户询问能不能降价，你如何礼貌地拒绝又不让客户反感呢？

练习二：客户对产品不满意，要去退货，你该如何做呢？

任务三　淘宝E客服

任务描述

阿里旺旺，是阿里巴巴提供给淘宝店主的在线客服系统，旨在让淘宝掌柜更高效地管理网店、及时把握商机消息，从容应对繁忙的生意。E客服是阿里软件网店版的一个功能，就是可以把1个旺旺号变成1~3个旺旺号，可以同时分流接收买家的消息。

任务目标

知识目标：掌握淘宝E客服的下载及注册。

技能目标：熟悉客服流程和话术，掌握淘宝客服的沟通技巧。

情感目标：分析不同顾客的心理，有针对性地提供产品解决方案。

任务实施

一、什么是E客服

1. “E客服”顾名思义，是阿里软件提供给淘宝掌柜的在线客户服务系统，旨在让淘宝掌柜更高效地管理网店、及时把握商机消息，从容应对繁忙的生意。

2. “E客服”的开通条件：淘宝商城用户和三心以上淘宝卖家。

3. “E客服”主账号就是掌柜使用的旺旺账号。

4. “E客服”子账号：

就是淘宝掌柜的“伙计”使用的账号（亲戚、朋友和“TA”都可以）。

5. “E客服”的购买分为两种情况，见8-3-1。

表8-3-1　E客服的购买

E客服的购买	淘宝商城用户免费使用，可以最多拥有6个子账号
	非淘宝商城用户，可以购买“E客服+网店版”套装，可以最多拥有3个子账号。每月30元，支付时可使用一个网店版红包

二、淘宝卖家怎样才能开通“旺旺E客服”

进入【我的淘宝】——【我是卖家】——【店铺管理】——【权限管理】——【角色管理】页面——【创建新角色】，如图8-3-1所示。

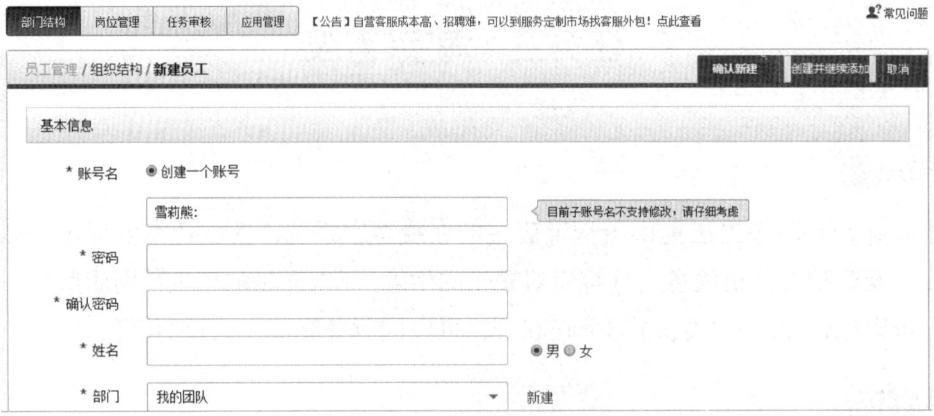

图8-3-1　创建新账号

【用户管理】页面——【创建用户】来创建子账号，如图8-3-2所示。

图8-3-2　创建子账号

注1：给子账号赋予的权限，子账号可以直接登录卖家中心分权限来管理后台，不再像之前，一旦授权就把所有的权限都给了子账号。

注2：子账号名的创建规则同淘宝ID的创建规则，不能申请如“客服”“小二”等不能使用的字符。子账号随着旺铺等级的提升，可增加个数。

三、E客服的使用

1. 子账号登录

使用的会员名为“主账号：子账号”的形式，输入主账号在创建子账号时设置的密码就可以登录了。

2. 子账号进入我的淘宝

子账号不能直接从旺旺左侧的“淘”、“交易”等处进入“我的淘宝”。打开E客服插件，在子账号的E客服面板下方显示“卖家中心”图标，点击可进入。

3. 挂起

当要暂时离开，或暂时不想接受客户旺旺咨询的时候，可选择“挂起”功能。

4. 转发

如果需要离开或忙不过来，也可以把之前交流过的客户转给团队成员进行服务。

使用“转发功能”可以把之前的聊天记录转给在线并未挂起的其他账号。

5. 查看在线聊天记录

主账号可以查看所有子账号的聊天记录。

子账号可以查看所有和自己交流过的用户的聊天记录。

6. 主账号私密联系人

如果不希望自己的朋友或大客户发给主账号的消息分流到其他子账号，你可以设置私密联系人。

四、E客服的分流原则

1. 阿里旺旺在线才“可能”被分流到

详细说明：消息只会分流给阿里旺旺在线的，并且设置为“参与分流”的旺旺账号，如果所有参与分流的子账号都不在线，消息一定会分给主账号。

2. 分到的总客户数和子账号在线时长有关系

详细说明：各账号接待到的人数与该账号登录旺旺的时长有关系，比如在线4小时的子账号一定会比在线1小时的子账号接待的人数多。

3. 忙时可以把消息转发给空的客服

详细说明：当有新的参与分流的子账号上线的时候，可以手动将其他比较忙的旺旺账号上面的消息转发给消息量少的旺旺。

4. 巧用“挂起”

当子账号有事离开座位，不想有新的客户进来的时候，可以设置为挂起，挂起之后就不会有新的客户分流进来，除非取消挂起。

5. 主账号可以“不被分流”

如果主账号不作为客服使用，可以在E客服后台将主账号设置为“不参与分流”，正常分流的消息就不会分到主账号。

课后练习

练习一：下载并注册淘宝E客服。

练习二：创建E客服子账号。

项目小结

电子商务的发展更加迅猛，在激烈的市场竞争下，对服务态度和服务质量的要求越来越高。在现实生活中，如餐饮酒店行业，客户对服务的需求甚至会大于产品本身，海底捞靠服务质量占领市场，就是一个很好的例子。在网络经济中，努力完善服务，给顾客更好的购物体验，是每个店主的任务，如何才能让顾客体会到宾至如归的感觉呢？

1. 培养团队意识。团队的每一位成员都有不可替代的作用，通过协作，组成战斗小组达到共同目标。

2. 以顾客为中心，专注研究顾客需求。对服务有严格的要求，切忌冷漠，以热情的态度、饱满的心态迎接每一位新顾客，让顾客体验“上帝”的感觉。

3. 建设企业文化。指导员工用科学的方法和态度进行工作，体现企业的社会价值，拥有明确的发展方向和奋斗目标。

学习自测

任务模块	测试内容	学习自测	分值权重
综合素质	产品销售能力		10
	客户沟通能力		10
基本知识	销售前期话术		10
	销售后期话术		10
	客服沟通技巧		20
操作技能	常用语的设置		10
	自动回复的设置		10
	阿里旺旺的使用		20
学习感悟			